美利坚之矛：
美国海军陆战队

作者：周明　李巍　著

上海社会科学院出版社

图书在版编目（CIP）数据

美利坚之矛 ：美国海军陆战队 / 周明，李巍著．— 上海 ：上海社会科学院出版社，2015

ISBN 978-7-5520-0973-6

Ⅰ．①美… Ⅱ．①周… ②李… Ⅲ．①海军陆战队 — 介绍 — 美国 Ⅳ．① E712.53

中国版本图书馆CIP数据核字（2015）第178478号

美利坚之矛：美国海军陆战队

作　　者：周明　李巍
策划编辑：王晨曦
责任编辑：霍　覃
封面设计：孙沁巍
出版发行：上海社会科学院出版社
上海淮海中路 622 弄 7 号　电话 63315947　邮编 200025
https://cbs.sass.org.cn　E-mail:sassp@sassp.cn
印　　刷：上海普顺印刷包装有限公司
开　　本：710 毫米 ×1000 毫米　1/16
印　　张：17
字　　数：312 千
版　　次：2015 年 10 月第 1 版　2024 年 4 月第 2 次印刷

ISBN 978-7-5520-0973-6/E·005　　定价：39.80 元

目录

contents

前　言

喜欢军事的人，关心时政的人，不可能没听说过美国海军陆战队（United States Marine Corps，简称 USMC），但是美国海军陆战队到底是一支怎样的部队，知道的人恐怕就不多了。本书正是一本对美国海军陆战队进行专门介绍的书籍。读完以后对美国海军陆战队如果能有所了解，就是我们编著者最大的心愿了。

这是一支很美国的部队，用撰写过《海军陆战队之旅》一书的美国著名军事作家汤姆·克兰西（Tom Clancy）的话来说，“海军陆战队是美国魂的一部分”，在美国人的心里，这和麦当劳、迪斯尼、可口可乐一样，都洋溢着典型的美国味，镌刻着浓重的美国印，甚至可以看作是美国的代表“图腾”。

这是一支很精锐的部队。在美国所有武装力量中，海军陆战队是被公认的训练最有素、意志最顽强、作风最强悍的部队。在美军中，海军陆战队以其在历次战争中的表现，尤其是在太平洋战场中的出色表现，在战斗力、战斗意志和战斗作风方面，都要压过陆军如第 1 步兵师、第 82 空降师、第 101 空降师这些招牌响亮的王牌部队一头，是美国民众最为崇敬的部队。

这是一支有历史的部队，其历史甚至比美国的历史还要长。在那些特别的时间和地点，都可以看到海军陆战队的身影。随手举个例子来：1942 年威克岛，1942 年瓜达尔卡纳尔，1943 年马绍尔群岛，1944 年诺曼底，

这支以地球、铁锚、白头鹰为军徽的部队是美国维护其国家利益的急先锋

美国海军陆战队，在美国所有武装力量中，是被公认的训练最有素、意志最顽强、作风最强悍的部队

1944年塞班岛，1945年硫黄岛，1945年冲绳岛，1950年仁川，1965年越南，1983年格林纳达，1989年巴拿马，1990年海湾，1992年索马里，1995年波黑，2003年伊拉克……海军陆战队在很多重大历史事件中所反复出现并不是巧合，而是由于他们始终作为美利坚的先锋，在前方冲锋陷阵。

这是一支很奇特的部队，与陆军、海军或是空军不同，那只是一种职业，离开了军营就恢复了平民百姓的生活。而陆战队有自己独特的典礼、制服、传统和行为标准，与其说是军队，不如说是更像宗教团体。具体来说，陆战队是美国武装力量中唯一将自己部队的辉煌历史作为新兵训练必修科目的部队，唯一对新兵进行高标准严酷训练的部队，唯一给军官和军士配发佩剑的部队，唯一给军官和士兵开列必读书单并组织学习和讨论的部队，唯一能使其成员保持终生忠诚的部队。陆战队有句箴言："一旦成为陆战队员，一生都是陆战队员！"（Once Marine Corps，Always Marine Corps！）

这是一支很有个性的部队，有着自己独特的传统和标准，还有一套被称之为"陆战队价值观"的行为准则，那是建立在陆战队员之间，彼此亲如兄弟的袍泽之情和对社会对国家永远忠诚的道德标准。例如，陆战队绝不允许在战场上丢弃受伤的战友，甚至不允许遗弃战友的遗体。再如，战场上军官只有在士兵吃饱后才能进餐，要是没有足够的食品，那么挨饿的首先就是军官。但在海军里，军官们却在穿着侍应生服装的水手的殷勤服务下，优先享用比士兵更精美的食物。

这是一支有自豪感的部队，它是美国武装力量中成立最早，但是规模最小的部队，然而却用鲜血、坚韧和勇气谱写了200多年铁血传奇的历史，树立起了近乎于神话的地位和形象。陆战队员通过更严酷的训练，期待着在更艰苦的战斗中，作出更重的贡献，来表达对这支部队的敬意。陆战队员不管是现役的士兵，还是已经退役的老兵，都对陆战队这个集体充满着感情。那种强烈的集体荣誉，浓郁的手足情谊。不会因为离开陆战队而中断，会伴随他们一生。只要是陆战队员，都会以各种方式表达对陆战队的热爱，在崇尚个性与自由的美国，有的做法甚至相当极端——一位在战斗中失去了一只眼睛的队员，居然没有安装义眼，而是戴了一块印着陆战队军徽的镜片。

对于这样一支部队，由于种种原因，国内一直以来都没有比较详细深入的报道，使人对美国海军陆战队产生了这样、那样的错误认识和理解。看过上述这些粗线条的介绍，现在你是否对陆战队充满好奇？那么就请允许笔者汇集众多素材，对美国海军陆战队的地位与任务、组织编制、训练教育、武器装备、军衔制服和战史征程进行深入的诠释和详细的介绍。

另外，本书中有些照片是资料照片，由于受当时条件和情况所限，所以不是很清晰，特此说明。

第一章

任务地位

人们都知道：一个国家需要陆军、海军和空军，但很难解释为什么还需要陆战队。像美国这样一个在海外有1800亿美元的投资、每年在海外有800亿美元海外贸易额的国家，必须要有一支能维护海外利益的、能迅速展开的部队。因为一旦需要在海外用兵，人们首先想到的必定是陆战队。

——美国海军陆战队第26任总司令 路易斯·威尔逊上将

美国最得力的马前卒

当美国总统遇到棘手的麻烦需要出动武装部队时，首先想到的不是威风八面的航空母舰编队，也不是彪悍精壮的特种部队“绿色贝雷帽”“三角洲”或者“海豹”，而是海军陆战队，这支以地球、铁锚、白头鹰为军徽的精锐部队。

因为根据美国法律规定，海军陆战队是美国总统在美国武装力量中唯一不需要经过国会批准就可动用的部队。美国总统对于这样一支可以不受国会掣肘而自由支配的武装力量，自然是格外青睐有加的。而海军陆战队法定基本任务的第四条就是执行总统指定的各种任务，说得简单些就等于是一支随时、完全听命于总统的别动队。海军陆战队自然也没有辜负总统的期望，凭借其通过严格训练培养出的高超军事战术素养、坚韧顽强的战斗作风，屡屡不辱使命，最终用自己的卓越表现和显赫战功赢得了历届总统和政府的信任与器重。使用方便、作用显著，这两大极具优势的特点便自然而然使海军陆战队成为美国总统和政府最为得心应手的“大棒”。据不完全统计，海军陆战队自组建以来的220多年间，在政治、外交方面为美国政府处置危机情况出动次数多达250次以上，尤其是在1945年到1975年美国政治外交历史上最活跃的30年里，出动海军陆战队就达77次，年平均2.56次。可以这么说，长期以来，海军陆战队与美国的国际事务处理同气相连、休戚相关，成为美国政府最为得力的马前卒和急先锋，因此被人们称之为美国的“国务院之军”，成为美国推行对外政策、维护国家权益的一张王牌。

在美国，海军陆战队还是最令全体国民，下至普通百姓上至总统最为信任的部队，在美国所有使领馆和驻外机构里，负责安全保卫的全是海军陆战队。在白宫，总统从其硕大办公室里望出去，能看到唯一的武装军人，就是陆战队员。而总统最常使用的交通工具一直升机，也是属于陆战队航空中队的建制，由陆战队飞行员驾驶。

美国海军陆战队自从1979年其司令正式成为美国参谋长联席会议成员后，正式成为美国武装力量的一个单独军种。与其他军种一样，海军陆战队有自己的军服、军徽、军旗、箴言、军歌、军乐、奖章、军官配剑、军种出版物、历史中心，甚至还有美国海军陆战队博物馆等，具备完整的军种特征。海军陆战队总司令由一名四星上将但任，直接向海军部长负责，他同时也是参谋长联席会议中的一员，但是他并不属于海军系统的决策层。因此，它不像大部分国家的陆战队那样由海军管辖指挥，而是一个独立的军种，从某种角度看其地位甚至可能还高于其他军兵种。美国国防部每年定期公布的各军种人员实力、部署、将官任命等，也均按四个军种分类，故而陆战队就有了“第四军种”之称。而海军陆战队本身就是一个小三军，海军和地面部队就不用多说了，陆战队还有自己独立的航空兵，而且在作战时常将陆战队地面部队和航空部队编组成不同规模的陆空联合特遣部队，海陆空三军协同作战配合更是非常默契。海军陆战队还有自己的坦克部队、炮兵部队以及自己的学校等，具有相对的独立自主性。在军费开支中，由于为总统和政府如此卖力，自然在三军里是享受优先保障的丰厚待遇。因此，在购买武器装备时远比其他军兵种更为潇洒。

从地缘政治上说，美国是个海洋国家，向海外投送军事力量是美国保护、夺取、扩大、巩固其利益极其重要的手段。因此，特别自 19 世纪开始，美国越来越重视两栖作战和由陆到海、由海到海的力量投送，海军陆战队也越来越得到重视与发展。目前，美国海军陆战队实力虽然是美国四大军种中规模最小的一个军种，但放到全球范围里看，却是全世界各国海军陆战队中实力最强的，甚至超过了一些中小国家三军全部武装力量的规模。

目前陆战队总兵力高达约 19 万人（另有 9 万预备役），包括 3 个陆战师和 3 个航空联队，其航空兵部队拥有 1300 多架各型飞机，其中作战飞机 400 多架，攻击直升机 100 多架，规模远远超过世界上大多数国家的空军。而且，随着美国军方对两栖作战日益重视，海军陆战队的发展更是迅速。无论是两栖作战理论、两栖作战装备，还是两栖作战能力，海军陆战队都走在世界最前列，目前已经发展成为一支具有高度机动能力和作战能力，时刻保持着高度戒备状态并能随时开赴全球各地的应急快速反应部队。

在英文中，海军陆战队是“Marine Corps”，Marine 意为海运，Corps 意为部队，Marine 和 Corps 组合在一起就是通过海运投放的部队，这一词语充分体现了海军陆战队的基本作战和兵力投放形式。美国海军陆战队始终将两栖作战作为自己最本质的使命，无论是两栖舰艇、装备还是两栖作战理论，都始终走在世界两栖作战发展的最前列，并充分利用其装备的舰艇、飞机所达成的机动能力，迅速应对各种突发情况，以绝佳的应变弹性去面对各种不同局面。因为他们知道，他们是谁，曾经到过哪里，曾经做过什么，而未来又能做些什么，这就是美国海军陆战队，维护美国国家利益的“急先锋”，美利坚最锋利的长矛。

陆战队的任务

毫无疑问，美国海军陆战队是美国武装力量中担负任务类型最为复杂的多用途部队，是名副其实的“万金油”。但是，海军陆战队的任务却又是美国武装力量中法律规定最为明晰的。根据1789年7月11日通过的关于组建海军陆战队的法案、1947年《国家安全法》以及1952年《国家安全法修正案》的有关规定，海军陆战队的基本使命是：投送兵力，参加两栖登陆作战和濒海方向上协同陆、空军实施战斗行动；在登陆作战中担任第一梯队，为后续部队上陆开辟登陆场。

在实施两栖登陆作战中，海军陆战队主要执行以下具体任务：

（1）夺取和巩固登陆场，肃清登陆场及附近敌人，组织有关登陆勤务，确保后续部队陆续上陆和上陆后向纵深发展进攻；

（2）袭击、占领敌方海军基地、港湾和附近岛屿；

（3）在登陆场构筑掩护区，并在必要时掩护登陆部队从敌海岸撤退。

除了上述最主要也是最根本的任务之外，陆战队还承担的其他任务有：

（1）为海军舰队提供陆战队地面和航空联合特遣部队，以配合舰队夺取并保卫海军前进基地，以及实施与海军战役有关的陆上战斗；

（2）为海军武装舰船提供舰上分遣队，为海军基地和场站提供安全警卫部队以保护其设备和财产；

（3）协同其他军兵种发展在两栖作战中所采用的原则、战术、技术和装备，特别是发展陆军和陆战队共同关心的有关登陆作战的原则、战术、技术和装备；

美国海军陆战队是美国武装力量中担负任务类型最为复杂的多用途部队

（4）为美国国务院和美国驻外使馆、机构提供警卫部队；

（5）根据联合动员的要求，负责平时陆战队的扩充，以满足战时的需要；

（6）执行美国总统赋予的其他任务。

此外，陆战队还有一条不成文的传统任务——充当美国的战备部队，随时做好准备，一有需要立即出动。

其实，在1775年陆战队成立的时候，它的任务就和当时的英国海军陆战队一样，仅仅是类似于海军军舰上的宪兵部队。因为在那个年代，水手生活条件很差，而招募标准又很低，水手素质参差不齐，如果再遇上个滥用职权的上司，兵变就顺理成章了。而纪律严明又相对独立的陆战队自然就成了军舰上维持纪律的不二人选。这一使命也一直延续到今天，在美国海军任何一艘现代化的大型军舰上，都驻有一个陆战队分遣队，担负着守卫机密文件和国家财产、维持军纪的任务。而陆战队的第二大任务就是以步枪手的身份协同海军作战。早期的海战中陆战队员往往被安排在桅杆顶上，远距离时用毛瑟枪射击敌舰上的目标，近距离时则向敌舰投掷手榴弹。两船相接后，陆战队员通常是第一批跳帮登上敌舰的人员，负责以近战甚至肉搏消灭敌人。因此，步枪作战也始终是陆战队的光荣传统，至今在陆战队士兵的军衔标志上仍赫然印着两支交叉的步枪。

安全警卫也一直是陆战队的任务，其实这些工作其他部队也完全可以胜任，但是就因为他们是陆战队，更值得信任，所以美国的核武器仓库、白宫等最为敏感的地点，都由陆战队来守卫。

从最早简单的使命逐渐发展到现在，陆战队的任务也不断随着世界局势的变化而变化。第二次世界大战期间，那主要就是作为两栖作战的骨干力量，充分发挥陆战队在两栖登陆作战方面的优势，而在实战中形成的一整套两栖作战的战法，自然也就成为战后陆战队两栖作战的各项条令的渊源。冷战时期，在原子弹、核潜艇这些具有战略威慑与打击力量面前，陆战队的地位一落千丈，沦为美国对苏作战时在欧洲和东北亚的一支侧翼掩护力量。冷战时期，陆战队最主要的任务是保障欧洲主战场的南北两翼安全，陆战队在战争初期必须迅速部署坚决守卫的有三个要点，北翼的挪威北部、格陵兰和冰岛一线、丹麦的波恩荷尔姆岛，南翼土耳其的达达尼尔海峡、博斯普鲁斯海峡。除了这些防御性任务外，陆战队还曾参与在苏联摩尔曼斯克和科拉半岛实施两栖登陆的主动进攻计划。而在东北亚，陆战队的任务是在战争初期迅速控制对马、津轻、宗古海峡，并在扼守鄂霍兹克海出口的北方四岛和堪察加半岛实施两栖登陆。

冷战结束后，陆战队不但没有随着冷战的结束而消亡，反而在应付地区性冲突和局部争端的快速反应中脱颖而出，显示出不可或缺的巨大价值和作用。20世纪80年代，美国为了应对冷战结束后地区冲突和局部争端频发的国际局势，开始组建快速反应部队。陆军为快速反应部队提供的部队是第82空降师和第101空中突击师，这两个师虽然可以迅速通过空运或海运部署到位。但这两支部队都是轻型师，编制内既无重型坦克，大口径火炮数量也是寥寥无几，在与对手的装甲部队和机械化部队的作战时很难形成优势，一旦开战甚至会有重大损失。而重型师如第 24 机械化步兵师等，却不能空运，只能海运，部署周期较长无法快速到位。此外，这些陆军师都没有直接配属的固定翼作战飞机，空中掩护和近距空中支援不得不依靠空军或海军。

陆战队就不一样了。陆战师远征部队编制内的陆战师就有重型坦克、两栖装甲车辆和轻型装甲车辆，大口径火炮数量也相当可观，完全可以与敌装甲部队或是机械化部队对阵。而且陆战队可以通过空运、海运同时投送，及时部署就位。同时，陆战队远征部队又编有航空联队，拥有长期与陆战师一起训练、配合默契的固定翼作战飞机和直升机，完全可以自给自足，保证空中掩护和近距空中支援。陆战队远征部队还有自己的勤务支援部队，可以保障在一个战役方向独立作战 30 天。这些特点，使陆战队真正成为最理想的快速反应部队，既有相当战斗力，又有相当自持力，还能迅速部署就位。在海湾战争中，陆战队就充分体现了这一点，最早在海湾地区形成重型地面打击力量的就是陆战队。虽然第 82 空降师能在 1 天半后到位，陆战队在 1 周后才到位，但是陆战队一到达战区就立即开始进行强力巡逻，并有足够的力量抗击敌装甲部队的进攻，而且还为 82 空降师提供后勤补给。

20 世纪 80 年代以后，随着地区冲突和局部争端越来越频繁，陆战队以其灵活的快速反应，强大的战斗力量，突显出无与伦比的战略价值，最终重新确立了其不可动摇的战略地位。尤其是在战争以外的低强度军事行动（简称 MOOTW）领域，陆战队更是表现出了巨大价值和作用。根据 1995 年 2 月美国国防部公布的《综合作战原理》中，对 MOOTW 进行了明确的阐释，MOOTW 包括：（1）军备管理；（2）反恐作战；（3）支援禁毒缉私；（4）海外援助（颠覆敌意国家政权和镇压友好国家的反政府暴动）;（5）帮助非战斗人员（外交人员和普通公民）撤离战区;（6）人道主义行动（人道援助、抢险救灾）;（7）当美国无法对该国宣战的情况下，向其反对派提供支援，包括训练反对派军队和提供武器装备等。这些任务陆战队都曾经出色地完成过，因此是执行 MOOTW 的理想部队。

上岸后进行警戒的陆战队员，远处可见登陆舰艇

进入 21 世纪，美军开始了新的军事革命，其战略目标也在不断调整中。从某种意义上讲，

整个美军，都在逐步向一支能够及时应对地区冲突和局部争端的快速反应部队过渡，而这样一支军队的尖兵，无疑就是海军陆战队。

除了两栖作战和快速反应这些大任务外，陆战队还经常被指派去执行一些小任务，如显示武力实施威慑、人道主义救援、抢险救灾、镇压暴乱等，陆战队因此成为美国一支最具灵活性和应变性的多用途突击部队。

美国海军陆战队现任总司令
约瑟夫·邓福德
（Joseph F. Dunford, Jr.）

1955 年出生，1977 年参加海军陆战队，在第 3 陆战师历任排长、连长，此后在陆战队总部、陆战队第 2 师等部任职。2002 年担任海军陆战队第 5 陆战团团长，2003 年率部参加伊拉克战争，是最早进入巴格达的美军部队指挥官，正是由于在伊拉克战争中的出色表现，2008 年 4 月，由准将直接越级晋升为中将。2009 年 5 月担任第 1 陆战远征军司令。2010 年 10 月升任海军陆战队副司令，晋升上将军衔。仅仅两年就从准将晋升为上将，这种火箭式的晋升速度在和平时期极为罕见。2013 年 2 月担任国际驻阿富汗部队总司令兼驻阿美军总司令。2014 年 10 月出任美国海军陆战队总司令。

先后在美国陆军战争学院、游骑兵学校以及两栖作战学校学习。

美国海军陆战队司令

海军陆战队司令（CMC）是美国海军陆战队军衔和职务最高的军官，是参谋长联席会议成员。海军陆战队司令受海军部长直接领导——而不是受海军作战部长直接领导，负责海军陆战队的组织、政策、规划、项目，另外也要向总统和国防部长、海军部长提供涉及海军陆战队相关事务的建议。和其他参联会成员一样，海军陆战队司令是一个行政职务，对美国海军陆战队没有作战指挥权。

海军陆战队司令由总统提名，在参议院获得多数同意方可就职，通常由陆战队的四星上将担任。从 1801 年开始，陆战队司令的家庭住址就设在位于华盛顿特区的海军陆战队兵营里，其主要办公地在弗吉尼亚州阿灵顿县的陆战队兵营里。

历任海军陆战队司令

第 1 任：塞缪尔・尼古拉斯上尉（后升少校）（Samuel Nicholas）
1775 年 11 月 28 日至 1783 年 8 月
第 2 任：威廉姆・布鲁斯少校（后升中校）（William W. Burrows）
1798 年 7 月 12 日至 1804 年 3 月 6 日
第 3 任：富兰克林・沃顿中校（Franklin Wharton）
1804 年 3 月 7 日至 1818 年 9 月 1 日
第 4 任：安东尼・盖尔中校（Anthony Gale）
1819 年 3 月 3 日至 1820 年 10 月 8 日
第 5 任：阿切伯尔德・汉德森中校（Archibald Henderson）
1820 年 10 月 17 日至 1859 年 1 月 6 日
第 6 任：约翰・哈里斯上校（John Harris）
1859 年 1 月 7 日至 1864 年 5 月 1 日
第 7 任：雅各布・塞伦准将（Jacob Zeilen）
1864 年 6 月 10 日至 1876 年 10 月 31 日
第 8 任：查尔斯・麦克考林上校（Charles G. McCawley）
1876 年 11 月 1 日至 1891 年 1 月 29 日
第 9 任：查尔斯・霍尔德少将（Charles Heywood）
1891 年 6 月 30 日至 1903 年 10 月 2 日
第 10 任：乔治・艾利沃特少将（George F. Elliot）
1903 年 10 月 3 日至 1911 年 11 月 30 日
第 11 任：威廉姆・比特少将（William P. Biddle）
1911 年 12 月 1 日至 1914 年 2 月 24 日
第 12 任：乔治・巴内特少将（George Barnett）
1914 年 2 月 25 日至 1920 年 6 月 30 日
第 13 任：约翰・罗杰尼少将（John A. Lejeune）
1920 年 7 月 1 日至 1929 年 3 月 4 日
第 14 任：温迪・内维尔少将（Wendall C. Neville）
1929 年 3 月 5 日至 1930 年 7 月 8 日
第 15 任：本・富勒少将（Ben H. Fuller）
1930 年 7 月 9 日至 1934 年 2 月 28 日
第 16 任：约翰・拉塞尔少将（John H. Russell, Jr）
1934 年 3 月 1 日至 1936 年 11 月 30 日
第 17 任：托马斯・汉库姆中将（Thomas Holcomb）
1936 年 12 月 1 日至 1943 年 12 月 31 日
第 18 任：亚历山大・范德格里弗特上将（Alexander A. Vandegrift ）
1944 年 1 月 1 日至 1947 年 12 月 31 日

第 19 任：克里夫特·凯兹上将（Clifton B. Cates）

1948 年 1 月 1 日至 1951 年 12 月 31 日

第 20 任：兰姆·谢菲尔德上将（Lemuel C. Shepherd, Jr ）

1952 年 1 月 1 日至 1955 年 12 月 31 日

第 21 任：鲁道夫·佩特上将（Randolph M. Pate）

1956 年 1 月 1 日至 1959 年 12 月 31 日

第 22 任：戴维·休普上将（David M. Shoup）

1959 年 1 月 1 日至 1963 年 12 月 31 日

第 23 任：沃雷斯·格林上将（Wallace M. Greene, Jr）

1964 年 1 月 1 日至 1967 年 12 月 31 日

第 24 任：里昂纳德·切普曼上将（Leonard F. Chapman, Jr）

1968 年 1 月 1 日至 1971 年 12 月 31 日

第 25 任：罗伯特·科什曼上将（Robert E. Cushman, Jr）

1972 年 1 月 1 日至 1975 年 6 月 30 日

第 26 任：路易斯·威尔逊上将（Louis H. Wilson, Jr）

1975 年 7 月 1 日至 1979 年 6 月 30 日

第 27 任：罗伯特·巴罗上将（Robert H. Barrow）

1979 年 7 月 1 日至 1983 年 6 月 30 日

第 28 任：保罗·凯利上将（Paul X. Kelley）

1983 年 7 月 1 日至 1987 年 6 月 30 日

第 29 人：阿弗莱德·格雷上将（Alfred M. Gray, Jr）

1987 年 7 月 1 日至 1991 年 6 月 30 日

第 30 任：卡尔·马丁上将（Carl E. Mundy, Jr）

1991 年 7 月 1 日至 1995 年 6 月 30 日

第 31 任：查尔斯·克鲁拉克上将（Charles C. Krulak）

1995 年 7 月 1 日至 1999 年 6 月 30 日

第 32 任：詹姆斯·琼斯上将（James L. Jones）

1999 年 7 月 1 日至 2003 年 1 月 12 日

第 33 任：麦克尔·黑格上将（Michael W. Hagee）

2003 年 1 月 13 日至 2006 年 11 月 13 日

第 34 任：詹姆斯·康威上将（James）

2006 年 11 月 14 日至 2010 年 10 月 22 日

第 35 任：詹姆斯·阿莫斯上将（James F. Amos）

2012 年 10 月 22 日至 2014 年 10 月 17 日

第 36 任：约瑟夫·邓福德上将（Joseph F. Dunford, Jr）

2014 年 10 月 17 日至今

陆战队的地位

陆战队在美国武装力量中具有非常特殊的地位，既是作为一个独立的军种，有着“第四军种”之称，同时又是海军的重要组成部分。在美国国防体系中，陆战队的地位也是非常特殊，一方面有自己独立的系统，另一方面又从属于海军系统，接受海军部的行政领导。更特殊的是，虽然说是从属于海军，并在行政上受海军部领导，陆战队却不是海军部的下属单位，而与海军作战部同级，是海军部直接领导的两大兵力机构之一。海军陆战队司令与海军作战部长一样，和平时期直接向海军部长负责，向海军部长报告各自有关军务，除非海军部长下达特别指示，陆战队司令才会接受海军作战部长以海军部长名义下达的命令，而在战时，陆战队司令只接受参谋长联席会议下达的命令。

陆战队平时执行海军的规章制度和条令，而在战时，与陆军协同作战时却执行陆军的规章制度和条令，同时又拥有自己完整的行政指挥体系。其司令 1979 年起成为美军参谋长联席会议正式成员，与陆海空三军首脑平起平坐。因此，海军陆战队又拥有“第四军种”的地位。但是又与海军有着非比寻常的密切关系，双方的下属单位和人员可以自由地交流，简直可以说是你中有我，我中有你。

比如说，海军的各级指挥参谋机构中都有陆战队军官；舰队陆战队的指挥部里又有海军军官担任舰炮火力联络参谋；陆战队没有自己的军医、牙医和牧师等专职人员，这些人员全部由海军派往陆战队的各个单位。海军的修建营和海滩大队等与两栖登陆有关的单位经常配属给陆战队；而在海军每一艘大型作战舰艇和每一处基地场站都派驻有陆战队的分遣队，担负安全警卫和宪兵职责。美国法律明文规定：美国“海军军种”（Naval Services）这个单词不能用单数，因为它实际上包括三个军种，即美国海军、美国海军陆战队和美国海岸警卫队。正因为美国海军和陆战队从来就是秤不离砣的“亲密伙伴”，作战时从不分离，所以美国法律将这两个军种并列划归美海军部长名下，分别称为“海军作战部”和“陆战队总部”。而美国海岸警卫队平时隶属国务院运输部，只有到了战时才归属美国海军部。

身着野战服准备登上直升机的陆战队员

因为海军陆战队的战斗任

务有相当部分与美国陆军重叠，所以美国陆军长期以来都将陆战队视为竞争对手。陆战队是和陆军在战斗能力、预算、任务以及名声等各方面相匹敌的对手。这种状态甚至可以一直追溯到海军陆战队成立之初。这一点表现最明显的就是，在第二次世界大战以后，在重建美国的国防编制时，陆军就一心想把陆战队解散，将其任务和功能合并到其他军种中去。

而在美国海军系统中，陆战队和海军又是属于伙伴关系。海军作战部长（CNO）和海军陆战队司令（CMC），各自领导各自的军种，并一起对文人领导的海军部（DON）负责。因此，陆战队与海军的关系，可能要比其他军种更为紧密。在美国政府最近公布的白皮书和宣传资料中，经常使用的宣传语是“海军陆战队”。这种关系是因为海军向陆战队提供运输、后勤、医疗、宗教服务以及作战支援。相反，陆战队则负责海军一些在陆地上的运作以支持海军的海上作战，包括占领、守卫海军基地或航空站。

陆战队与海军有许多体制上的合作，陆战队的军官中就有相当一部分军官来自美国海军学院和海军预备役军官训练团（NROTC）。陆战队飞行员也是通过海军飞行员的训练渠道进行培训，包括使用海军的武器和飞行员学校。海军的航空母舰上，通常都会编入一支陆战队的 F-18 大黄蜂战斗机中队。海军的蓝色天使特技飞行队也有陆战队飞行员，而且蓝色天使飞行队的表演飞机中的 C-130 大力神运输机就是属于陆战队的。

陆战队不培养牧师及医疗人员，由海军负责派出这两类专业人员到陆战队中服役。

另外，陆战队大多数的奖章是和海军共同享有的，例如陆战队的军事勋章中最高级别的优异服役十字勋章就是海军的优异服役十字勋章。只有少数勋章才是陆战队特有的，例如优良行为奖章。

陆战队就像是蝙蝠，能适应海陆空各种作战环境。当其在地面作战时，就像是陆军；当他在空中争夺制空权并进行对地攻击时，又像是空军；而在舰船上，则几乎完全分不清其与水手的区别。乍一看，陆战队使用与陆军、空军和海军一样的武器装备、交通工具、工作程序和其他一切日常物品，但是陆战队既不是陆军，也不是空军，更不是海军。正是因为这一点，有过好多任总统和议员都想要裁撤陆战队，因为陆战队很多任务是和陆军、空军或海军重合的，而陆战队往往被认为是多余的，所以不断有人会建议裁撤陆战队将其资源合并给其他部队。坐在办公室里的官僚们，自以为精于算计而得出不需要“第二陆军”或“第二空军”，尽管这些呼声一直不绝，但已经很难改变什么了，因为美国民众希望陆战队以原有的方式继续存在下去。而陆战队之所

在美国所有武装力量中，惟有海军陆战队是有明确法律规定规模、结构和任务的军种

以能得到美国民众的认可，是因为它的光荣传统与历史。那些在极其艰难的条件下，海军陆战队以巨大的牺牲，捍卫国家的利益，所发挥的不可替代的特殊作用和所承担的重大使命，使其得以生存下来。

在美国所有武装力量中，唯有海军陆战队是有明确的法律规定规模、结构和任务的军种。1947 年国家安全法及 1952 年修正案规定，海军陆战队必须包括至少 3 个陆战师和 3 个陆战队航空联队以及适当的支援部队。陆战队和海军的关系是青出于蓝而胜于蓝，陆战队出自于海军但又独立于海军之外，海军陆战队司令有权指挥陆战队，在全世界范围内与其他武装部队合作或是单独实施军事行动。1952 年的修正案特别规定，陆战队可以在没有陆军、空军或海军的帮助下独立处理一些不可避免的局部突发事件，同时作为美国武装部队的一个组成部分，参加规模更大的全面战争。

陆战队的组成

美国海军陆战队由陆战队司令部、作战部队和支援机构三大部分组成。

1. 陆战队司令部

陆战队司令部从 1800 年 4 月起由陆战队组建之地费城迁至首都华盛顿，是陆战队最高领导机构和行政管理部门。司令部设总司令一人，助理司令一人。总司令为上将军衔，由美国总统任命，任期一般为 4 年，可以连任。1775 年 11 月陆战队刚刚成立之时，其最高主官军衔才是上尉，1798 年 7 月美国重建陆战队时才将最高主官正式改称“总司令”，军衔级别也升至少校。1800 年 4 月，陆战队司令部由费城迁至华盛顿，陆战队总司令的军衔级别也水涨船高再升一级，为中校。第二次世界大战之后，随着美国领土面积不断扩大，海外利益不断增多，陆战队在美国武装力量中的地位日益突出，陆战队总司令军衔级别也于 1945 年 4 月升至上将。首任上将总司令为范德格里夫特，正是第二次世界大战中在瓜达尔卡纳尔岛率部浴血苦战的陆战 1 师师长。助理司令也有译作副司令的，军衔也为上将。

陆战队司令部最主要的下设机构是参谋部，设参谋长 1 人（军衔为上将，通常由助理司令兼任），副参谋长 6 人（分管计划与作战、人力资源、设施与后勤、需求与计划、航空、研究与发展 6 大事务），助理副参谋长 3 人。除参谋部以外，陆战队司令部还设有作战、情报、训练、航空、人事、军需、财务、政策、行政等部、处，对陆战队各种军事行动和行政事务进行领导管理，整个司令部总编制人数为 2600 余人，其中文职人员约 1100 人。目前陆战队总司令部就设在美国武装部队指挥核心华盛顿五角大楼。

陆战队的悍马车队

2. 陆战队作战部队

陆战队作战部队主要由舰队陆战队和安全警卫部队两大部分组成。舰队陆战队是美国海军陆战队的主体组成部分，是由美国海军部长指派给两洋舰队使用和指挥的陆战队部队。现有太平洋舰队陆战队和大西洋舰队陆战队两大单位，是海军两洋舰队的重要组成部分，其地位相当于舰队中的舰种部队。舰队陆战队司令军衔为中将。舰队陆战队兵力约占陆战队总兵力的 92%，作战上接受两洋舰队司令直接指挥，行政管理和训练仍由陆战队总司令领导。

舰队陆战队的主要任务是协同海军舰队夺取、保卫前进基地，参加与海战有关的陆上作战，派遣远征部队进行作战，发展两栖作战战术、理论、技术和装备。通常情况下，舰队陆战队包括舰队陆战队司令部、直属部队、1 个或数个陆战师、1 个或数个陆战航空联队和 1 个或数个陆战队勤务支援大队。

<海军陆战队组织结构图>

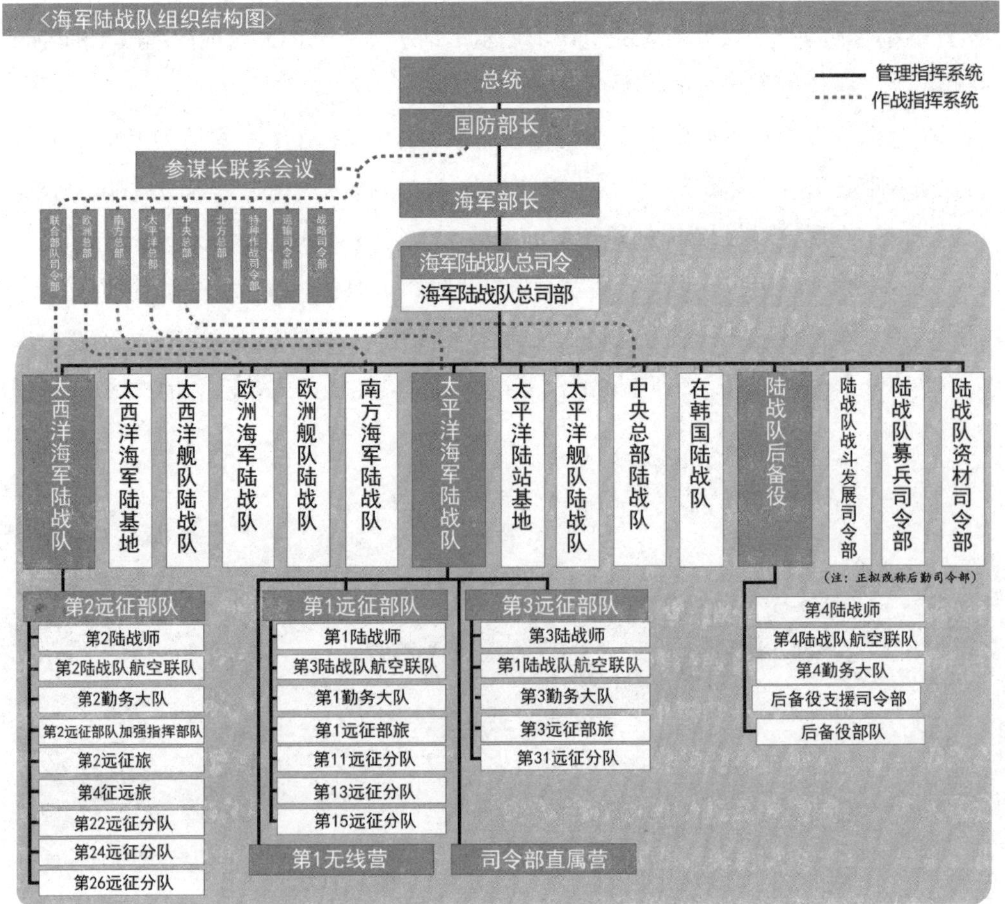

舰队陆战队是美国海军陆战队的主体组成部分

太平洋舰队陆战队司令部在夏威夷史密斯兵营，下辖第 1、第 3 陆战队远征部队和第 1、第 5、第 7、第 9 陆战队远征旅，其活动范围为东起美国西海岸，西至东非沿海的太平洋、印度洋及波斯湾地区，总兵力约 12 万人，占整个海军陆战队总兵力的 2/3，而且太平洋舰队陆战队平时也有 2/3 的兵力（相当于陆战队总兵力的 43%）处于待命状态，随时可前往目标地区执行作战任务。其中第 1 陆战师和第 3 陆战队航空联队是美军太平洋总部的战略机动部队，主要支援两洋战区作战，而第 3 陆战师和第 1 陆战队航空联队则是美军太平洋总部的机动作战部队，主要应对亚洲地区的突发事件，战时则是西太平洋地区的前沿部署部队。

大西洋舰队陆战队司令部设在诺福克，下辖第 2 陆战队远征部队和第 4、第 6 陆战队远征旅，总兵力约 4 万人，其活动范围为大西洋区域，其第 2 陆战师和第 2 陆战队航空联队是美军大西洋总部的战略预备队，主要用于欧洲和中东地区，战时向北大西洋公约组织提供支援。

除了太平洋和大西洋陆战队外，还有分别负责欧洲、中南美洲和中东地区的欧洲战区陆战队、南方战区陆战队和中央战区陆战队，但这三部分都没有常设部队，一旦需要投入部队时，则从太平洋或大西洋舰队陆战队中就近临时抽调。

陆战师（Marine Division，简称 MD）是陆战队地面作战的最高战术单位，师长为少将军衔，陆战师的任务是在航空兵和后勤支援部队的引导和支援下，实施两栖突击作战。目前有 3 个现役陆战师和一个后备役陆战师。现役的 3 个陆战师中，第 1 陆战师隶属于太平洋舰队陆战队，现驻扎在加利福尼亚州彭德尔顿营，是美海军陆战队的头号主力师和太平洋地区美军战略机动部队。第 2 陆战师隶属于大西洋舰队陆战队，现驻扎在北卡罗来纳州勒任兵营，是大西洋舰队陆战队机动突击部队。第 3 陆战师隶属于太平洋舰队陆战队，现驻扎在日本冲绳岛，是太平洋地区美军机动作战部队。此外，还有 1 个后备役师驻扎在路易斯安那州新奥尔良。

陆战师是当今世界上编制人数最多的地面作战师，也是目前美军惟一采用三团制的作战师。每个陆战师编有 1 个师部营和直属分队。直属分队包括 1 个轻型装甲车营、1 个坦克营、1 个侦察营、1 个工兵营、1 个两栖突击营和 1 个卫生营等。作战部队是 3 个步兵团，作战支援部队是 1 个炮兵团。按照陆战队正式文件《MCRPS—120：“海军陆战队的组织”》中的规定，全师编制人数约 1.85 万人，其中陆战队人员 1.76 万人，海军人员约 900 人。全师共装备 70 辆 M1A1 主战坦克、36 辆反坦克导弹发射车、36 辆轻型装甲车、108 门 155 毫米榴弹炮、12 门 203 毫米榴弹炮、208 辆 AAV7 两栖突击车、75 具“毒刺”单兵防空导弹。不过第 3 陆战师是个特例，编制最小，只有 2 个步兵团和 1 个炮兵团，全师编制人数仅 8000 人，而且还是唯一一个部署在海外的陆战师，驻扎在日本冲绳。

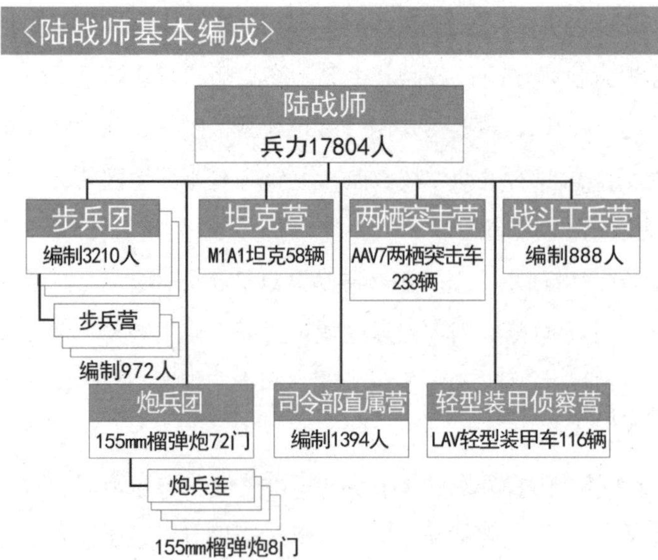

美国海军陆战队的 3 个现役陆战师，其平时的部署情况是：

第 1 陆战师：驻加利福尼亚州彭德尔顿兵营，隶属于太平洋舰队第 1 陆战队远征部队。

第 2 陆战师：驻北卡罗来纳州勒任兵营，隶属于大西洋舰队第 2 陆战队远征部队。

第 3 陆战师：驻日本冲绳科特尼兵营，隶属于太平洋舰队第3陆战队远征部队。

步兵团由团部连和三个步兵营编成。炮兵团编有团部连、一个目标搜索连和四个编制、装备各不相同的炮兵营。陆战队从团的番号就可看出兵种不同，如第1团到第9团为步兵团，第10团到第15团为炮兵团，第16团到第20团为工兵团，第21团到第29团为步兵团。目前步兵团和炮兵团都还存在，工兵团第二次世界大战以后就撤消了。

陆战1、2、3、4师师徽

步兵营则由营部连、武器连和3个步兵连编成。与美国陆军步兵营下属连番号不同，陆军各连不分步兵连还是武器连都按照ABCD、EFGH、IJKL的顺序编下去，其中前3个连（如ABC）是步兵连，D连就是兵器连。而陆战队则只有步兵连有番号，如ABC、DEF、GHI等，武器连就直称为武器连，不予以编号。步兵连由连部排、武器排和3个步兵排组成。武器连由连部排、迫击炮排、反坦克排和重机枪排编成。武器排由机枪班、迫击炮班和突击武器班组成。步兵排由排部班和3个步兵班组成，每个步兵班有13个人。步兵班再分为若干个战斗小组。因此，陆战队的步兵单位组织结构就是战斗小组（FIRE TEAM）—班（SQUAD）—排（PLATOOM）—连（COMPANY）—营（BATTALION）—团（REGIMENT）这六级组成。

陆战队航空联队（Marine Air Wing，简称MAW）是陆战队航空兵最高战术单位，联队长为少将军衔，地位相当于地面部队的陆战师，作战上接受舰队陆战队司令部指挥，行政管理和日常训练则受陆战队司令部和海军航空兵司令部的双重领导。目前有3个现役陆战队航空联队，主要担负为陆战队地面部队提供空中支援任务，必要时可移驻航空母舰与海军舰队航空兵一起执行作战任务。陆战队航空联队下辖联队司令部中队、2个固定翼飞机大队、2个旋转翼飞机大队、1个联队支援大队和1个航空控制大队，以及数个轻型防空导弹营和高炮连等地面防空部队。大队下设中队，全联队共有18-21个中队，编制飞机约300架，其中固定翼飞机约130架，24具“霍克”防空导弹，联队编制员额为1.2万人。

部队勤务支援大队（Force Service Support Group，简称FSSG）由8个不同类型

的勤务支援营组成，编制人数 9160 人，司令为少将或准将军衔。每个勤务支援大队下辖 1 个司令部勤务营、1 个摩托化运输营、1 个登陆支援营、1 个工兵支援营、1 个供应营、1 个设备保养营、1 个医务营和 1 个牙医营。

安全警卫部队兵力约占陆战队总兵力的 8%，主要负责美国海军大型舰艇、基地设施、美国政府机构和驻外使领馆的安全警卫工作。根据其工作地点的不同，又可分为舰上分遣队和陆上警卫分队。

舰上分遣队是指配属在美国海军航空母舰、战列舰、巡洋舰和大型两栖舰艇上的陆战队分队，主要负责军舰要害部门警卫和行使舰上宪兵职责，具体如警卫舰上贵重物资、器材、机密文件以及各重要舱室、操纵舰炮等，必要时还可与友舰上的陆战队分遣队组成临时登陆突击营，参加两栖登陆作战。因各舰种不同，陆战队分遣队的人数也各不相同，一般一艘航空母舰上的陆战队分遣队约 60 人，而巡洋舰上的陆战队分遣队就只有 40 人。

陆上警卫分队是负责海军岸上重要机构，如海军基地、场站、仓库等设施以及国务院和驻外使领馆的安全警卫，美国政府最重要机构的安全警卫如白宫、核武器仓库、核工厂等也都是由陆战队陆上警卫分队来承担的。美国驻世界 100 多个国家地区的使

陆战队航空联队是陆战队航空兵最高战术单位

领馆安全警卫也是由陆战队负责，每年陆战队都要派出约 1500 人来执行驻外机构的安全警卫。

除了这两大类部队外，海军陆战队还经常根据有关法律的规定，受美国总统的指派执行名目繁多的其他任务，往往在执行这些零碎任务时，被指派的陆战队部队甚至会脱离陆战队指挥体系，纳入联合部队或执行特别任务部队的指挥之下。

上述这些部队的组织结构实际上是陆战队平时的组织体系，而真正在战时，陆战队都采用战斗编组形式，即由陆战队地面部队和航空部队视情况不同组成规模不等的陆空特遣部队（Marine Air-Ground Take Force，简称 MAGTF ）。陆空特遣部队按照规模大小分为陆战队远征部队（Marine Expeditionary Force，简称 MEF）。陆战队远征旅（Marine Expeditionary Brigade，简称 MEB）和陆战队远征分队（Marine Expeditionary Unit，简称 MEU）3 个级别，每个级别的陆空特遣部队都由地面作战部队、航空兵部队和勤务支援部队 3 部分组成。

陆战队远征部队是陆战队规模最大、火力最强劲、实力最雄厚的陆空特遣部队，其实力几乎相当于军一级单位，主要为实施大规模的作战而编组。通常由 1 个陆战师、1 个陆战队航空联队、1 个监视侦察与情报大队和 1 个陆战队勤务支援大队组成（必要时甚至可以由数个陆战师和数个陆战队航空联队组成），其司令为中将或少将军衔，编制人数 4-6 万人，作战时由所辖的勤务支援大队负责提供 60 天战斗所需的后勤补给。根据陆战队的有关规定，在一般情况下，MEF 编制总人数约为 4.97 万人，其中陆战队约 4.47 万人，海军约 2300 人。参加 MEF 的海军人员主要是像海豹突击队（SEAL）和蛙人小组（VOT）这样的特种部队。

陆战队远征旅主要是为执行中等规模的作战而编组，可相对独立地执行较长时间的作战，通常由一个陆战团战斗群（Regimental Landing Team，简称 RLT）、一个陆战队航空大队（Mrrine Air Group，简称 MAG）和一个陆战队旅勤务支援大队组成，其司令为少将或准将军衔，编制人数约 1.5 万人，作战时由所辖的旅勤务支援大队负责提供 30 天战斗所需的后勤补给。远征旅的地面作战核心

战斗小组是陆战队地面部队最小的作战单位

<陆战队远征旅（MEB）基本编成>

陆战队远征旅
编制17000人

- 陆战队航空兵大队
  - 陆战队攻击机中队
  - 陆战队直升机中队
  - 支援部队
- 步兵团
  - 步兵营
  - 炮兵营
  - 坦克连
  - 轻型装甲步兵连
  - 两栖突击连
  - 战斗工兵连
- 远征旅勤务支援大队
  - 运输支援连
  - 补给连
  - 维护连
  - 工兵支援连
  - 燃料连
  - 医疗连

为陆战团战斗群，是在陆战团基础上根据情况配置1-2个陆战加强营，并配属1个炮兵营、1个坦克连、1个战斗工兵连、1个侦察连、1个两栖突击连和1个反坦克导弹排。航空大队则是1个混合编制单位，下辖14个中队，其实力约相当于1个陆战队航空联队的60%。特别需要指出的是，陆战队远征旅和远征部队不同，是独立的编制单位，本身没有作战部队，需要时由陆战师和陆战队航空联队抽调部队临时编组。但是实际上有些远征旅在平时也保持着一定兵力，担负战备值勤和训练任务，紧急情况下就可作为快速反应部队开赴战区。

陆战队远征分队主要是为了执行规模有限的作战而编组，是陆战队里规模最小的陆空特遣部队，也是陆战队反应速度最快的应急部队。平时就部署在两栖舰艇上，轮换值勤训练，接到命令就可立即出动。通常由1个陆战营分队（Battalion Landing Team，简称BLT）、1个陆战队航空中队和1个陆战队远征分队勤务大队组成，其司令为上校军衔，编制人数约2500人，作战时由所辖的远征分队勤务支援大队负责提供15天战斗所需的后勤补给。远征分队的地面作战核心是陆战营分队，是在陆战营基础上加强1-2个步兵连和装甲、炮兵、战斗工兵分队。航空中队也是一个混合编制单位，通常由攻击直升机、突击直升机和多用途直升机混合组成，必要时还可加强1个固定翼攻击机中队。MEU组建完成之后，除了通过基本训练外，还要进行特种作战训练（简称SOCEX）。只有通过了这项特种作战训练考核，才能获得在MEU后缀上（SOC）的称号，表示具备了特种作战能力。

3. 陆战队支援机构

陆战队支援机构负责陆战队作战部队的补充、训练、补给和支援任务，包括陆战队基地、航空站、兵营、补给设施、募兵机构、新兵营、陆战队院校和陆战队军区等单位。

陆战队基地和航空站为陆战队作战部队（地面部队和航空部队）的作战训练提供支援和补给，由陆战队司令部直接领导。

陆战队兵营负责为海军陆上设施和国务院机构的安全警卫提供保障，主要分布在美国本土和海外。

陆战队远征分队的CH46直升机在沙漠中加油

补给设施包括陆战队物资供应机构和后勤基地，主要是为陆战队提供补给、运输等后勤保障，并负责所有军需物品的采购、分配、保管和维修。陆战队在加利福尼亚州巴斯托和佐治亚州奥尔巴尼都设有后勤基地，构成美国本土东、西海岸两大补给中心。

募兵机构由陆战队司令部直接领导，在美国各地设有募兵站等分支机构，负责招募新兵，为陆战队不断补充新鲜血液。

陆战队目前分别在加利福尼亚州圣迭戈和南卡罗来纳州帕里斯岛设有两个新兵营，负责新兵的入伍基础训练。

陆战队院校目前主要有海军陆战队大学、海军陆战队指挥与参谋学院、海军陆战队两栖作战学校、海军陆战队基础学校、海军陆战队军官候补生学校、海军陆战队通信军官学校、海军陆战队计算机学校、海军陆战队防空学校、海军陆战队军士长学校、海军陆战队参谋军士学校、海军陆战队电子通信学校、海军陆战队海上部队学校、海军陆战队人事行政学校、海军陆战队新兵教练学校和海军陆战队警卫学校。这些学校负责对陆战队军官、专业士兵的教育训练，其中大多数隶属于弗吉尼亚州匡蒂科陆战队发展与教育司令部。

陆战队把美国本土划分为7个陆战队军区。陆战队军区就是分别负责管理各自军区内的陆战队后备役。陆战队后备役总兵力约9万人。预备役总部设在印弟安纳州的新奥林兹，平时都按照行政编组，现有1个后备役陆战师（第4陆战师）、1个后备役陆战队航空联队（第4陆战队航空联队）、1个后备役部队勤务支援大队（第4勤务支援大队），分别下辖3个陆战团、2个航空大队和8个支援营，这些后备役部队的规模和实力按照战斗编组可编成2个陆战队远征旅。

<陆战队远征分队编成. 兵力. 主要装备>

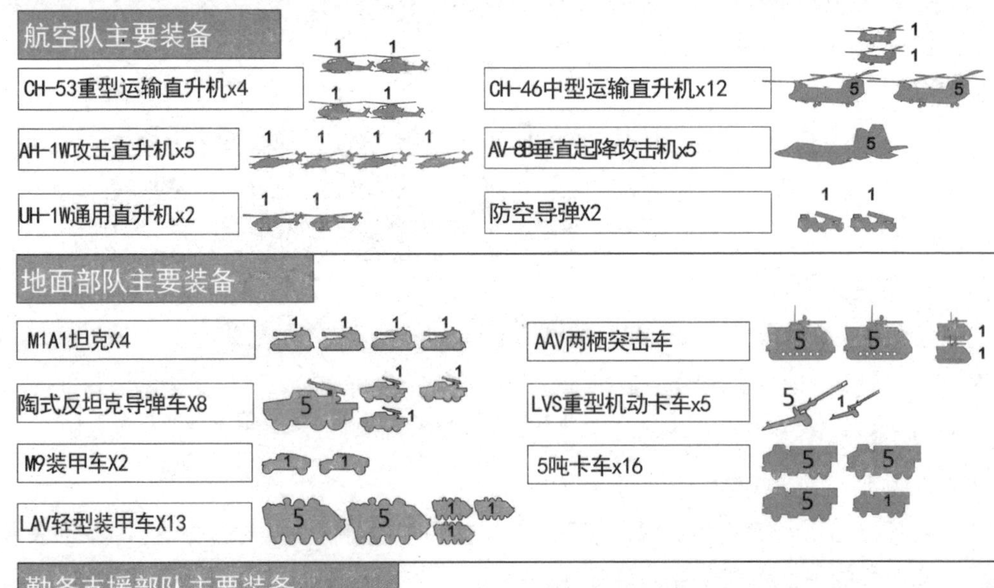
航空队主要装备
CH-53重型运输直升机x4
CH-46中型运输直升机x12
AH-1W攻击直升机x5
AV-8B垂直起降攻击机x5
UH-1W通用直升机x2
防空导弹X2
地面部队主要装备
M1A1坦克X4
AAV两栖突击车
陶式反坦克导弹车X8
LVS重型机动卡车x5
M9装甲车X2
5吨卡车x16
LAV轻型装甲车X13

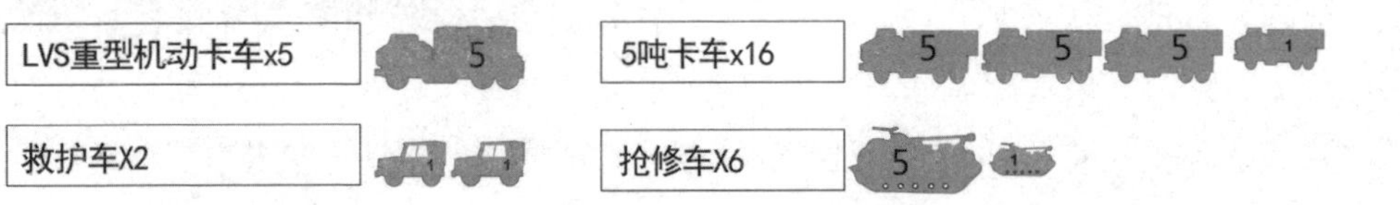
勤务支援部队主要装备
LVS重型机动卡车x5
5吨卡车x16
救护车X2
抢修车X6

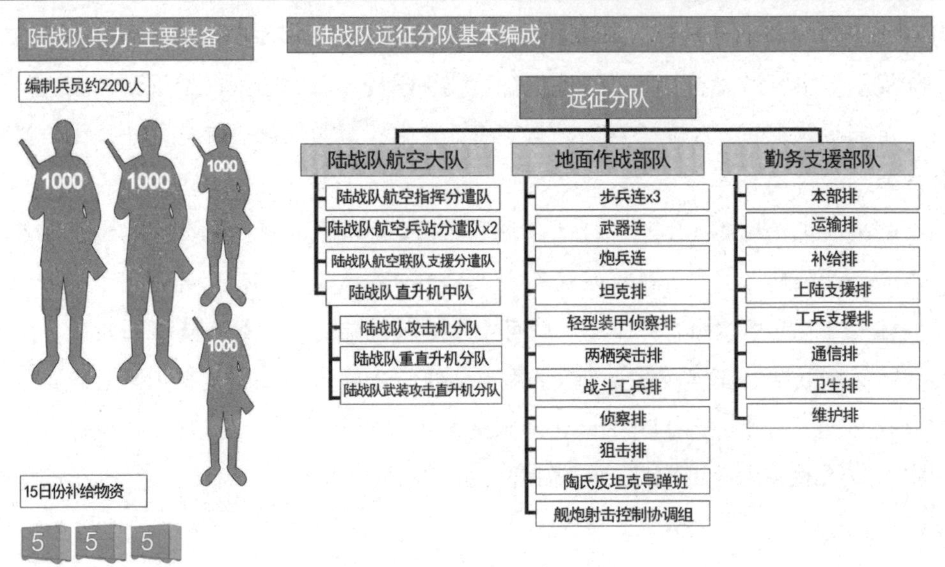
<陆战队远征分队兵力. 主要装备. 基本编成>
陆战队兵力. 主要装备
编制兵员约2200人
1000
1000
1000
1000
15日份补给物资
5
5
5
陆战队远征分队基本编成
远征分队
陆战队航空大队
陆战队航空指挥分遣队
陆战队航空兵站分遣队x2
陆战队航空联队支援分遣队
陆战队直升机中队
陆战队攻击机分队
陆战队重直升机分队
陆战队武装攻击直升机分队
地面作战部队
步兵连x3
武器连
炮兵连
坦克排
轻型装甲侦察排
两栖突击排
战斗工兵排
侦察排
狙击排
陶氏反坦克导弹班
舰炮射击控制协调组
勤务支援部队
本部排
运输排
补给排
上陆支援排
工兵支援排
通信排
卫生排
维护排

特种部队

很多人都认为整个海军陆战队就是一支规模庞大的特种部队。但是在陆战队内部却不那么认为，因为在陆战队里有专门的“特种部队”。能在陆战队中被冠以“特种部队”名号的简直是特种部队里的特种部队了，那就是侦察营（连），港台军事媒体通常称为侦搜营（连）。陆战队共有 3 个侦察营（连），分别配属给 3 个陆战师（第 3 陆战师为侦察连）。这些部队经常被用来执行一些小规模的特种行动，是陆战队名副其实的精锐部队。而我们耳熟能详的海豹突击队其实是整个海军的特种部队，其成员来自海军的各个单位，当然最主要都是来自陆战队。但是，海豹却不能算是陆战队的下属单位。

侦察连是侦察营的基本作战单位，根据陆战队部队组织的有关规定，1 个侦察连编制员额 167 人，由连部排、5 个侦察排和 1 个勤务排组成，每个侦察排由 4 个 4 人战斗小组组成。而侦察营的编制情况目前还没有比较准确的资料。

这些侦察连的官兵除了完成陆战队规定训练任务外，为了适应特种作战需要，还必须要进行额外的特种训练。这些特种训练和陆军的三角洲部队、海军的海豹突击队有着很多相似之处。特种训练课程共 7 周，包括纵深渗透侦察、小分队巡逻、驾驶直升机、使用水下呼吸器及无线电设备等内容，整个训练课程中体能训练也是贯彻始终的，每天 3 英里（约合 4.8 公里）的游泳是雷打不动的内容。到训练结束时的体能毕业考核则是全副武装夜间游泳。除了这 7 周的特种训练外，侦察营官兵还会被送到佐治亚州本宁堡陆军空降基础学校，接受空降跳伞训练。

陆战队除了侦察营外，还有一支幽灵般的部队，那就是直属于远征部队的监视侦察情报小组（SRIG）。该小组主要执行侦察、狙击、监视、战场伪装及欺骗任务。不过该小组比较偏重于技术，战斗力并不很强，海湾战争中在海夫吉被伊军俘虏的一队陆战队士兵就是 SRIG 小组，鉴于 SRIG 小组战斗薄弱的缺陷，有最新消息说，现在 SRIG 小组的任务已经逐渐由侦察营来取代。

“9·11”事件以后，美军大力加强反恐作战建设，作为经常在海外执行任务被唤作“美国国务院之军”的陆战队，反恐作战自然也就成为一项新的任务。为了适应反恐作战的特殊需求，陆战队于 2001 年 10 月组建了第 4 陆战队远征旅。该旅就是陆战队中专门执行反恐任务的部队，下辖反恐步兵营、处理生化武器部队（CBIRF）、陆战队安全警卫营（MSFB）和陆战队安全警备营（MSGB）。

反恐步兵营组织结构和陆战队其他步兵营基本一致，只是在部队训练科目中大大

第二侦察营营徽

陆战队侦察连是“特种部队”中的“特种部队”

强化了反恐作战训练。

处理生化武器部队是美军防生化部队中唯一进行反恐及快速反应训练的部队，主要任务就是发现、处理各种恐怖袭击的生化武器，该部队编制人数 380 人，现驻扎在马里兰州的印第安纳。

安全警卫营营部驻弗吉尼亚州诺福克，和美国海军大西洋舰队司令部在一起。海上警卫营的核心是舰队反恐安全保卫部队（FAST），共 2 个连分别驻扎在弗吉尼亚州诺福克和约克镇。目前这 2 个连，共有 13 个排，每排约 50 人。在不久的将来将扩充到 19 个排，以进一步加强安全保卫营的实力。有 1 个 FAST 排驻日本横须贺，每半年和本土的 FAST 排轮换一次。FAST 部队接受近战、狙击等特种战术强化训练，能熟练运用各种镇压暴动的非致命性武器。通常以 4 人为一组，执行反恐突击任务。但更多时候，FAST 还是从事相对被动的安全保卫任务。1998 年美国驻肯尼亚、坦桑尼亚大使馆和 2000 年美国海军“科尔”号驱逐舰遭到恐怖组织袭击时，FAST 均受命出动。

安全警卫营除 FAST 部队外，还有 10 个警卫连分别驻扎在美国本土华盛顿州班戈尔基地、佐治亚州金格斯基地、马里兰州巴尔的摩基地、巴林、关塔那摩、冰岛、英国伦敦、意大利那不勒斯和西班牙罗塔等地。

安全警备营也就是陆上警卫分队，主要负责美国在全世界范围 117 个国家 130 多处大使馆和领事馆的安全警备，下辖 8 个连，总编制人数 1200 人。在 8 个连中，A 连驻德国法兰克福，负责前苏联诸国及土耳其地区；B 连驻塞浦路斯的尼科西亚，负责中东和南亚地区；C 连驻泰国曼谷，负责东亚和大洋洲地区；D 连驻美国本土佛罗里达州福特·劳代尔堡，负责中、南美洲地区；E 连驻德国法兰克福，负责西欧地区；

F 连驻南非比勒托利亚，负责南部非洲地区；G 连驻象牙海岸的阿比让，负责北部非洲地区；H 连驻德国法兰克福，负责东欧地区。

作战能力浅析

具备兵力投送能力是陆战队的一大特色，因为实施两栖登陆作战就是从海向陆的兵力投送，而陆战队兵力投送的力量相当可观。陆战队利用编制内的大量直升机和两栖运输工具，不但可以运送携带轻武器的人员，还可以运载包括主战坦克、自行火炮、牵引榴弹炮在内的重型装备，因而能迅速应对高强度作战，与敌重装部队展开战斗。这一优势是空降部队和其他快速反应部队所无法比肩的。陆战队以两栖登陆作战为核心，虽然具备重装备的投送能力，但是投送距离一般只是从海上到内陆约 40 公里左右，因此"腿短"是陆战队兵力投送的一大局限。

空地协同能力则是陆战队的一大强项，陆军和空军分属不同军种，有着各自不同的训练标准和武器装备，只有在战时才凑在一起，再怎么重视协同总是有几分欠缺的。但陆战队就完全不同了。陆战队本身的编制里就有航空部队，平时无论是在行政管理、装备采购还是训练演习，都是长期与地面部队同在一起，彼此之间的默契在战时就是异常宝贵的财富了，所以陆战队的空地协同能力一向大大高于陆空两军。而且陆战队航空队不仅有大量直升机，还装备着独一无二的 AV-8B 垂直起降攻击机，可以利用其优异的短距起降性能在临时开辟的野战机场上进行展开，紧随地面部队推进，提供及时有效的空中支援。在 1991 年海湾战争中，陆战队的 AV-8B 就曾经部署到距离前线仅 60 公里的野战机场，那里也是所有多国部队中最接近前线的机场。这样近的距离，不仅大大提高了攻击机的载弹量，而且缩短反应时间，空中支援的强度和力度自然就提高了。

正从 V22 飞机上进行跳伞训练的陆战队

比较起来，陆战队装甲作战能力稍稍逊色，虽然陆战队的装甲部队（一般叫坦克 / 两栖突击车部队）主力是陆战师所属的坦克营，规模远远大于一般陆军的坦克营，达到70辆主战坦克的规模。但是与之配合的两栖突击车火力弱、机动性差，无法随伴主战坦克实施装甲突击，更不适应远距离纵深突击，而远距离纵深突击恰恰是装甲部队的强项。因此，陆战队的装甲部队主要还是作为直接支援步兵和反坦克预备队。而反坦克作战的主力则是陆战队航空队的攻击直升机。1991年海湾战争，陆战队航空队的攻击直升机就曾创下了击毁97辆坦克和104辆装甲车的战绩。

炮战能力就是陆战队的软肋所在了。尽管每个陆战师都配属有炮兵团，装备的火炮数量也不算少，但是火炮性能比较落后，即使面对像伊拉克军队炮兵都丝毫没有优势，只能在低强度作战中发挥作用，真正高强度作战的火力支援主要还是靠陆战队的法宝——空中支援。

陆战队的步兵作战能力自然不容小觑，陆战师不用说了，不但在美军而且在全世界师级地面部队中都是规模最为庞大的，陆战团的兵力则比美国陆军旅的都多，陆战队营、连、排、班各级建制都要比陆军同级建制要大。这当然是与陆战队主要担负背水攻坚的艰巨任务有关，需要这样超大规模保证部队在遭遇较大伤亡情况下依然还能保持一定作战能力，因此陆战队步兵作战能力的特点，一是突击力强，二是持续作战能力强。而陆战队步兵编制大的同时也就配备了更多的武器，火力也比一般陆军同级建制要强，除了常规的机枪、步枪以外，陆战队还配备大量SMAW肩射多用途突击武器，能有效攻击土木工事和混凝土建筑。换言之，一般部队比较发怵的近战和巷战，陆战队都可以胜任。1993年美陆军特种部队在索马里的破街漏巷中铩羽而归，要是换了陆战队就不大可能出现这样的窘境。

后勤保障能力也是陆战队的优势，远征部队、远征旅和远征分队内都直接编有勤务支援大队，能分别为所在部队提供60天、30天和15天的后勤补给。再加上海上预置舰储存的补给物资和装备，陆战队的后勤保障能力远远要强过陆军。1991年海湾战争初期，陆战队就曾向陆军第82空降师提供过后勤支援。

陆战队的M1A1坦克

应该注意的是，一支部队的综合战斗力不仅要在这些看得见、算得出的硬件方面，更是要取决于团队精神、部队荣誉和战斗作风意志等软件方面，而这方面恰恰是陆战队最大的财富。陆战队历来重视团队精神和部队荣誉，是目前美军部队中唯一一支对新兵系统进行部队战史教育的军种。战斗作风顽强、意志坚韧是陆战队一贯的传统，这些“情商”因素对于部队战斗力影响是非常巨大的。特别是在危急关头，往往这才是决定胜负的最后一个筹码，陆战队这个筹码的分量自然不在话下了。

陆战队炮兵主力装备 M198 牵引式 155 毫米榴弹炮

今日陆战队

目前美国海军陆战队总兵力约 19 万人（另有后备役约 9 万人），海军陆战队总兵力约占美国武装部队总数的 10%，相当于美国海军总兵力的 25%。陆战队的现有兵力中军官约 2 万人，士兵约 17 万人，军官与士兵比例约为 1:8.5。女军人约 1 万人，男女军人比例约为 1 : 18。在全部 19 万员额中，司令部人员 1500 人，作战部队约 14.5 万人（其中勤务支援部队约 3 万人），支援机构员额约 4.5 万人，这三者占陆战队总兵力的比例分别为 0.7%、76.3% 和 23.6%，此外还有近 2 万名文职人员。

200 多年来，美国海军陆战队的实力总体是向着逐步发展的趋势进行的，但也有几起几落，这些起落变化都是紧随美国对外政策变化而变。1775 年组建时，陆战队不过百十来号人，司令长官不过是个区区上尉，后来也不过发展到 2 个营，总兵力也只有 300 来人。1798 年重建陆战队后，实力虽稍有扩充，但也从未超过 5500 人。第一次世界大战爆发前，陆战队总兵力约为 1.3 万人，战争期间陆战队初步淬炼成形，战斗力也有了长足的进步，不仅出现了陆战队历史上最大编制的部队—陆战旅，而且成立了陆战队航空兵，还第一次出现陆战队女队员，最高峰时总兵力达到了 7.5 万人。战争结束后，由于美国逐步开始向海外扩展，不断介入亚洲、美洲一些国家的冲突，作为美国对外政策的马前卒，陆战队积极参与了这些“小型战争”，从中陆战队也积累了大量在两栖作战的本职任务之外例如反游击战之类的非传统作战经验，甚至陆战队战术专家还于 1939 年出版了一本《小型战争手册》。而 60 年后，陆战队在反恐怖战争中所扮演的角色和那时又是何其相似。正因为陆战队不断进行对外干预行动，其

今日陆战队女兵的比例越来越高

实力在战争结束后一直没有遭到大的削减，直到 1941 年太平洋战争爆发时，陆战队还保持着约 7 万人的规模。

第二次世界大战是陆战队大显身手的时候，陆战队参与了美军在欧洲和太平洋上的一系列登陆作战，陆战队的规模也因战争的需要而急剧膨胀。鼎盛时其作战部队达到 6 个陆战师和 5 个陆战队航空联队的惊人规模，总兵力更是达到了前所未有的 52.3 万人，陆战队总司令的军衔也在战争后期的 1945 年 4 月升到了上将。第二次世界大战是陆战队历史上发展的顶峰，不过涨得快、落得也快，战争结束后，陆战队就没有一战结束后未遭削减的好运，立即在大裁军的浪潮中进行了精简整编，1946 年作战部队规模就立即缩减到了 2 个陆战师和 2 个陆战队航空联队，总兵力也锐减到 15.5 万人。1950 年，陆战队总兵力更是降到了 7.4 万人，几乎又回到了第二次世界大战爆发时的水平。1950 年朝鲜爆发后，陆战队再次为美军高层所器重，实力迅速得到回升，至 1952 年其作战部队规模上升到 3 个陆战师和 3 个陆战队航空联队，总兵力也恢复到了 23 万人，朝鲜战争最高潮时，陆战队总兵力一度达到了 26 万人。也正是在朝鲜战争进行的 1952 年，美国国会通过了国家安全法修正案，明确规定了海军陆战队的作战部队必须保持不少于 3 个陆战师和 3 个陆战队航空联队的水平。朝鲜战争结束后，由于有了法律保障，陆战队得以保持在 3 个陆战师和 3 个陆战队航空联队的规模，总兵力则稍有下降，保持在 20 万人左右。1964 年美国介入越南战争，陆战队的实力又再次获得扩充，作战部队达到了 4 陆战师和 3 个陆战队航空联队，战争高潮时期总兵力甚至超过了朝鲜战争，达到了 31.7 万人。越南战争结束后，美国军事上采取了全面收缩的战略，加之陆战队在冷战时期原子弹和核潜艇当红的情况下，颇有几分英雄无用武之地的失意，实力也缩减到 20 万人以下，勉强保持在法律的最低规定线上。

1975 年，是陆战队成立 200 周年。到那年为止，陆战队累计参加过陆战队的人已有 300 万人之众，而当时陆战队的总兵力却只有 17 万人，而且再次面临着是否能在现代战争中发挥作用的困惑与疑问。但是随着冷战的结束，以及美国军事改革的推进，陆战队迅速找到自己的定位，那就是快速而有力的反应。陆战队充分发挥发挥自身的海空机动优势，凭借着反应灵敏、前沿部署、编制灵活、一专多能的诸多优势，成为应付“较小规模突发事件”的最佳部队。由此，开创了陆战队历史上又一段最为忙碌的时光，从 20 世纪 90 年代开始，可以这么说，只要牵涉到美国利益的地方，就能看到陆战队那个鹰、地球和铁锚的军徽，还有那些彪悍官兵的身影。

21 世纪，美国海军陆战队已经成为一支深受美国政府重视、时刻保持高度戒备随时能出动、并可以承担各种各样任务的应急应变之军。

海军陆战队最大的海外基地：冲绳岛基地

冲绳岛是琉球群岛中的第一大岛，位于日本九州岛和中国台湾岛之间的西太平洋上，面积 1200 余平方公里，将我国的东海与太平洋隔开，也是日本西南方向的重要屏障，东邻美国西太平洋最大的海空基地关岛，北瞰千岛群岛和朝鲜半岛，南探巴士海峡，西窥中国台湾海峡及中国沿海地区，具有极其重要的战略地位和军事价值。因此，在美军眼里，冲绳无疑是其“亚洲战略的基石”。以冲绳为中心环视亚太地区可以发现，与中国台湾省之间距离仅有 640 公里，与东京、汉城和马尼拉的距离基本相等（约 1400 公里）。从冲绳到朝鲜半岛，战斗机飞行时间不到 2 小时，舰艇航行也只要 1 天半时间。冲绳岛嘉手纳机场是美国在本土外具有快速反应作战能力的最大空军基地，从该基地起飞的战略轰炸机的空中作战半径 4000 公里，可以覆盖东南亚、中国和俄罗斯的远东地区。美国驻冲绳第 3 海军陆战队远征部队是美国海军陆战队中唯一常驻海外的部队，被美军称作可以“在夏威夷到好望角之间的广大地域内作出快速反应的部队”。有军事专家称：“能在 4-7 天内派遣到亚洲任何一个地方的美军机动部队只有驻扎在冲绳的海军陆战队。”在 1991 年的海湾战争中，美军 80% 左右的燃料和弹药都是由驻日美军基地提供的。

第二次世界大战结束后，美军就下大力气兴建冲绳岛基地，经过多年经营，冲绳岛现已是美军在西太平洋地区规模最大、设施最集中的基地群，既是美国战略空军的前进基地，海军的重要港湾，陆战队与空降兵的集结地域，又是美国在远东最大的补给基地。美军 1950 年宣布要把冲绳建成永久性基地。1965 年 3500 名海军陆战队员由此出发参加越南战争。1992 年美军被迫关闭其驻菲律宾基地后，冲绳在美驻西太平洋基地中的地位更加重要。

如今，冲绳岛已经成为美国在亚洲最大的军事基地。美军冲绳岛驻军约 3.4 万人，占美军在亚洲驻军的 30%，占驻日美军总数的 60%。美军在日本共有 133 处设施，在冲绳岛上就有 41 处。冲绳面积仅占日本全国面积的 0.6%,但美军在冲绳军事基地的面积却占整个驻日基地面积的 75%。冲绳岛现有主要基地设施 30 多处，分布在金武湾南北两大地区。北部地区主要是机动、两栖和空陆军训练基地，如面积最大的北部训练场、机降训练的伊江岛辅助机场和最大的实弹训练场汉森军营等。南部地区主要是作战、通信和后勤补给基地，如嘉手纳空军基地、中城湾海军基地、楚边通信站、嘉手纳弹药库和牧港勤务区等。

在冲绳岛的 3.4 万美军中，陆战队就占了约 2 万人，陆战队基地设施总面积占冲绳岛面积的 10%，统称为“巴特勒军营”。

陆战队巴特勒军营，位于冲绳岛西南海岸，嘉手纳空军基地西南 5 公里的川崎市，面积 80 平方公里。基地内有科特尼军营、施瓦步军营、汉森军营、福斯特军营、全瑟军营。1945 年启用，1957 年成为美海军陆战队基地。在巴特勒军营中，驻有第 3 陆战远征部队司令部，第 4、第 12 陆战炮团，第 1 航空联队司今部，第 17 陆战航空支援大队，第 3 部队勤务支援大队等单位。

普天间军用机场由美海军陆战队航空队使用，机场跑道长 2743 米，宽 152 米。此地驻有美国海军陆战队第 1 航空大队、第 36 航空大队等飞行部队，装备有 AH-1 攻击直升机、CH-53E 运输直升机等，未来还将装备 MV-22 倾转旋翼机。

冲绳附近的白滩军港，因基地西南边的一片洁白沙滩而得名，是陆战队重要的作战和训练基地，也是驻冲绳美军重要的后勤补给基地。该军港位于胜连半岛的东南岸，占地面积 1.58 平方公里，可进泊驱逐舰、两栖舰等大型水面舰船和核动力攻击潜艇等。除陆上设施外，建有一个大型港池和 A、B 两座栈桥式码头。现有驻军：空军第 18 联队、第 3 陆战队远征部队、第 3 陆战师、第 1 陆军海军联合部队。白滩能作为美海军陆战队基地，除了冲绳岛本身的地理因素外，还由于该基地附近的水文条件、码头设施、地理环境等，更适于两栖兵力集结。

在冲绳岛基地以南平安座岛基地则是美国海军第 3 远征部队的勤务支援大队所在地。这个大队负责各种军需物资、军事装餐的补给和维修。通常情况下储备 500 万吨油料和可供 1.65 万人使用的军需物资，可以保证第 3 远征部队两个月作战的补给。

作为参与美国历次对外战争的急先锋，海军陆战队却出乎意料地很少在本土以外拥有海外基地。纵观整个陆战队的海外基地，最大的也就是日本冲绳和古巴的关塔那摩 2 处，其他几乎全部都在美国本土，这也反过来可以看出，陆战队的快速反应和兵力投送能力确实是相当出色的。

海军陆战队主要部队所在驻地	
海军陆战队总司令部	华盛顿五角大楼
太平洋舰队陆战队司令部	夏威夷史密斯军营
大西洋舰队陆战队司令部	北卡罗来纳州勒任军营
第 1 远征部队	加利福尼亚州彭德尔顿军营
第 2 远征部队	弗吉尼亚州诺福克
第 3 远征部队	冲绳岛巴特勒军营
第 1 陆战师	加利福尼亚州彭德尔顿军营
第 2 陆战师	北卡罗来纳州勒任军营
第 3 陆战师	冲绳岛科特尼军营
第 1 航空联队	冲绳普天间机场、日本岩国机场
第 2 航空联队	北卡罗来纳州切里岬机场
第 3 航空联队	加利福尼亚州埃尔托罗机场
第 1 陆战队勤务支援大队	加利福尼亚州彭德尔顿军营
第 2 陆战队勤务支援大队	北卡罗来纳州勒任军营
第 3 陆战队勤务支援大队	冲绳牧港
第 1 陆战队远征旅	夏威夷史密斯军营
第 4 陆战队远征旅	北卡罗来纳州勒任军营
第 5 陆战队远征旅	加利福尼亚州彭德尔顿军营
第 6 陆战队远征旅	北卡罗来纳州勒任军营
第 7 陆战队远征旅	加利福尼亚州第 29 棕榈树军营
第 9 陆战队远征旅	冲绳巴特勒军营
预备役总部	印弟安纳州新奥林兹

SQUADRON 232

第二章

两栖作战

因为世界上人口稠密和经济发达的地区都在沿海，所以我们总可以在一个没有设防的地区登陆，在岸上执行我们的军事行动，打击敌人的要害，进而迅速打败他们。海军陆战队使我们具有了很大的灵活性，像使用气垫船和直升机进行的垂直登陆，使我们直插敌人的心脏。

——美国海军陆战队上尉 戴文·邦纳

两栖登陆战

两栖登陆战是人类最古老的作战样式之一，就是把一定规模的兵力从己方海岸经海上或空中投送到预定的敌岸，并攻占一定地域的进攻作战。因为地球表面是由大陆和海洋共同构成，而且海洋占了地球表面的71%，人类无论是在陆地上进行争夺，还是在海洋上进行征战，都不可避免地要遇到跨越海洋屏障的问题。部队要从一个大陆（或岛屿）频繁地穿越到另一个大陆（或岛屿），因此两栖登陆作战的战场环境就是两岸夹一水，登陆部队需跨越海洋和陆地两个不同的作战空间。自从人类开始“上船下海”，就一定会发生在怀有敌意的陆地登岸的问题。在陆上的人们往往企图阻止船上人员登岸，在这种情况下，从海上向陆地的进攻出现了，于是介乎于陆战和海战之间的作战样式——两栖登陆战就应运而生了，其历史几乎与人类的战争史一样久远。人类历史上有记录的第一次两栖登陆作战，是公元前1470年，古埃及人划着木船登上叙利亚沿岸。从此，登陆战这种作战方式便开始登上战争的舞台。

两栖登陆战其本质是一种由海向陆发起的攻击，是海上军事行动向陆上军事行动的过渡，它的最终目的是把军事力量从海上投送到陆地，把对海洋的控制转化为对陆地的控制，把对此岸的控制转化为对彼岸的控制。

综观人类的战争史，早在古希腊神话中著名的特洛伊木马之战，希腊人正是通过实施两栖登陆作战才打败了特洛伊人。罗马人正是通过在迦太基的两栖登陆才赢得了在地中海的霸权。威廉一世也是通过两栖登陆才成为英格兰的统治者。哥伦布发现新大陆后，西班牙人、葡萄牙人、荷兰人、英国人和法国人也都是通过一系列的两栖登陆战，踏上了亚洲、非洲、美洲和大洋洲的土地，建立起了庞大的殖民帝国。近代，英国军队正是在西班牙登陆，迫使法国受困于西班牙，才最终在滑铁卢一战中打败了不可一世的拿破仑。克里米亚战争中，英法两国也是在克里米亚半岛登陆，才迫使沙皇俄国放弃了对土耳其的领土要求。甲午

1066年，法国诺曼底公爵率军横渡英吉利海峡，政府英国，于当年12月加冕为威廉一世。强大的两栖运输能力，是诺曼底公爵敢于下登陆英国的决心所在。

战争中，日本通过登陆并攻占旅顺和威海，全歼北洋水师，最终迫使中国签下了历史上最为屈辱的不平等条约——《马关条约》。历史充分证明，两栖登陆战不仅是一种战术手段，而且也改变了很多国家的历史进程，甚至对很多战争的结局都有着决定性的影响。

18 世纪登陆战中，马匹的运输是最困难的

加利波利登陆

1915 年 4 月 25 日，协约国军队在奥斯曼土耳其帝国的加利波利半岛登陆。协约国军队登陆后即遭到土耳其军队的顽强抵抗，加上登陆地形不利，战斗僵持不下，协约国军队一直无法突破土军防线，登陆部队被迫于 1916 年 1 月 9 日全军从加利波利半岛撤退。此战，协约国先后投入近 50 万部队，伤亡达 26 万余人。土耳其军亦投入 50 万部队，伤亡约 25 万余人。

战役中共有 7600 名澳大利亚士兵和 2500 名新西兰士兵阵亡，澳新两国因此将 4 月 25 日定为澳新军团纪念日。

这次战役改变了四个人的命运：

· 英国首相阿斯奎斯，因此战的惨败在 1916 年 12 月下台；

· 英国海军大臣丘吉尔（后来成为第二次世界大战期间的英国首相）也丢了乌纱帽，被降为步兵营长；

· 土耳其军队司令凯末尔成为了民族英雄，后来成为现代土耳其共和国的缔造者并被尊为国父；

· 时年 29 岁的战地记者凯思 · 默多克了解到有关战役的很多内情后向澳大利亚总理费希尔写了一封长信，详述了澳大利亚士兵的英勇以及高级将领的无能。英国首相阿斯奎斯将这封信的副本作为内阁文件复印，英国的达达内尔委员会主席、军需大臣、陆军大臣、海军大臣分别接见了这个无名的小记者，直接导致了协约国军队战役总指挥汉米尔顿将军被撤职，继任的门罗中将随即建议放弃计划撤回部队，并很快获得批准。在制止这场战役中发挥了重要作用的小记者默多克一跃成为英国新闻界的名人。他后来回到澳大利亚，开始了自己的新闻事业。他的儿子鲁伯特 · 默多克进而把它扩大为今天世界上最强大的新闻传播帝国——新闻集团。目前新闻集团是当今世界上规模最大、国际化程度最高的综合性传媒公司之一，净资产超过 400 亿美元，集团经营的核心业务涵盖电影、电视节目的制作和发行，无线电视、卫星电视和有线电视广播，报纸、杂志、书籍出版以及数字广播、加密和收视管理系统开发。今天的新闻集团控制着澳大利亚 2 / 3 的报纸，还有英国的《太阳报》和《泰晤士报》、英国的天空电视台、美国的福克斯电视网、香港的亚洲卫视等著名新闻媒体。

1915 年至 1916 年，协约国军队在加利波利登陆遭到惨败，图为正在撤退的协约国军队

而在工业革命之前，由于技术装备的落后，两栖作战的优势大大掩盖了其作战的缺陷，特别是陆战队海上机动的速度大大高于陆地机动速度，所以登陆方可以随心所欲地选择对方无设防地域实施登陆作战，加上由于技术装备落后对后勤补给要求也很低。通常陆战队只需要占领一两个小港口就足以解决登陆部队的后勤补给需求，因此那个时代的两栖登陆战基本形式就是登陆方在敌方无设防地域登陆，然后进行陆战。两栖登陆的过程中基本遇不到抵抗，更谈不上激烈的战斗。对此，美国海军陆战队专门以“两栖登陆”（Amolibious Land）来界定这种无抵抗的两栖登陆行动，而另以“两栖攻击”（Amolibious Assaults）一词来定义有顽强抵抗的两栖登陆作战。在那个只有“两栖登陆”的时代，两栖登陆作战最大的敌人是恶劣的大自然天气条件，如公元前 5 世纪，波斯军队横渡博斯普鲁斯海峡，还有公元 13 世纪，元朝大军远征日本这些都是受挫于自然风暴面前。不过 14 世纪以后，随着人类对气象和海洋的认识逐渐加深，来自大自然的障碍大大消除，两栖登陆战成功的几率因此而提高。

但是，工业革命又使一切发生了巨变。工业革命的成果，火车、汽车、火炮、机枪、电报、电话等在军事领域广泛使用，使抗登陆方能迅速判明登陆方的登陆地点，并迅速向登陆点集结机动部队，火车、汽车和电报、电话使陆上机动速度第一次超过了海上机动速度，因此抗登陆方能抢在登陆方上陆前控制海滩有利地形，随即用火炮机枪将海滩化为登陆方的坟场。虽然在 19 世纪，西方列强的一系列登陆侵略作战都获得了成功，但这都是对于落后国家或民族所实施的两栖登陆行动，实质上是工业化军队对非工业化军队的不平等对话，不能真正体现工业革命对两栖登陆战所带来的深远影响。而到了第一次世界大战的加利波利（Gallipoli）登陆战时，工业化的抗登陆方与工业化的登陆方第一次直接对话，立即就将两栖登陆拖入了无底深渊，几乎所有的军事专家和学者都从加利波利之战中得出悲观的结论。他们认定在有防御地域实施白昼登陆纯粹就是自杀行为，大规模两栖登陆作战已经被工业革命成果所扼杀。

两栖登陆战，简单而言就是船上人员登岸并与岸上的人进行战斗，对于岸上的人来说，进行这种战斗没什么特别之处，但对于登陆者来说，战斗就比较特殊。水手就要从船上活动过渡到陆上战斗，本身就是很棘手的问题。多半情况是水手留在船上，由作为船上乘客的士兵承担登岸的任务，当然从乘客转变为战斗员也是很麻烦的事情。这样一个尴尬的转变，使得登陆作战变得既复杂又危险。纵观历史上无数登陆作战，成功的固然很多，但失败的也不在少数。水手（海军）负责船只操纵和运载士兵上岸，士兵（陆军）上岸后负责战斗。这两种人员之间早在计划的阶段，往往意见不一致，还有少数例外。海上作战和陆地作战完全不同，水手、士兵之间观点不同，是非常正常的，所以两者之间摩擦的产生几乎不可避免。登陆战是一种兼备陆战和海战特点而有之，又不同于陆战海战的特殊作战样式。它必须是由陆军海军（后来还有空军）共同承担。面对两栖作战这样一种复杂而高风险的作战样式，任务分配上就存在很多问题，特别是加利波利登陆战以后，陆海军相互扯皮推诿也就在情理之中了：陆军把登陆战推给海军，让海军去伤脑筋，而海军当然也这么想，于是两栖登陆战一时间竟然成为了无人过问的“烫手山芋”，只有战史学家以悲观灰暗的笔调将两栖登陆战的失败记述下来。

美国海军陆战队与两栖登陆战

就在这样万马齐喑的时候，美国海军陆战队站到了两栖登陆战的风口浪尖。其实，美国海军陆战队组建之初主要任务是充当军舰上的宪兵和岸上基地的警卫。虽说在历次战争中也曾进行过一些小规模的登陆作战，但在规模稍大些的两栖登陆战中，陆战队都是在陆军的指挥下，甚至还使用过陆军的番号，而且陆战队的训练内容也基本是照搬陆军的，一句话，陆战队地位十分尴尬。

改变这一切的是 1898 年的美西战争，就在这场战争中，美国海军要打败西班牙舰队，必须要占领关塔那摩湾，而最终完成这一任务就是海军舰队搭载的陆战队，全部兵力 1 个营。同样在这场战争中，由杜威少将指挥的美军舰队穿越太平洋远征菲律宾，从西班牙手里夺取了菲律宾，而随同杜威舰队远征的 2000 名陆战队队员无论是在击败西班牙军队占领菲律宾，还是在后来平息菲律宾土著反美起义中都发挥了巨大的作用。通过这场战争，美国海军意识到任何一支以煤或油为动力的舰队都不可能长期在海上作战，不要说到远隔万里的菲律宾，就是到鼻子底下的古巴也不行。舰队要想在海上活动，必须要有可以补充燃料和其他物资的前进基地，而前进基地就必须要有部队去夺取去守卫。巧的是，在美西战争之前，提出“海权论”思想的现代最负盛名的海军理论家阿尔弗莱德·赛耶·马汉（Alfred Thayer Mahan）就已经提出了前进基地的概念，战争的实际又验证了这一理论，于是美国海军欣然接受了“前进基地”理论，开始在菲律宾和加勒比海建立前进基地。夺取和守卫这些前进基地的部队，自然就一定是在战争中表现突出的海军陆战队了。

享有盛名的海军战略家
阿尔弗莱德·赛耶·马汉
（Alfred Thayer Mahan）

马汉1840年出生在美国陆军军官学院的一个教授家庭，1859年在安纳波利斯海军学校毕业后先后在护卫舰、驱逐舰、炮舰和巡洋舰上服役。历任副舰长、舰长、海军学院院长等职，获海军上校军衔。1914年去世。他潜心于海军理论的研究，共有著作20部，其中最著名的是海权论三部曲《海上力量对历史的影响，1660-1783》、《海上力量对法国大革命和帝国的影响》、《海上力量的影响与1812年战争的关系》。

马汉主要军事思想观点是，海权是历史发展的决定因素，应强调海洋的重要性和控制海洋的意义。他认为以商业立国的国家，必须拥有优势的海上力量，夺取殖民地，占据战略要点，控制海洋，以保证国家战略利益，并指出海权的重要环节是国内产品—海洋运输—殖民地。海军战略的目标是保证国家获得平时和战时的海权，而掌握制海权有赖于强大的海军。他主张美国突破传统的近岸防御思想的束缚，建设一支具有进攻能力的强大海军。马汉的军事思想适应19世纪末20世纪初美国垄断资本向海外发展的需要，是当时历届美国政府制定对外政策和海洋战略的重要依据，对美国军事思想和其他许多国家的海军理论都产生了重要影响。

1901 年，美国海军陆战队在罗得岛纽波特开办了一个训练班，对陆战队的军官和士官进行的培训。1902 年，陆战队又派出 1 个营随美国海军舰队出海，在波多黎各的库莱布拉岛进行了夺取和守卫前进基地的演习。正是从这两点开始，两栖登陆作战开始成为美国海军陆战队的首要任务。

1898 年美西战争中，美军正在登船准备前往战区

从此后，库莱布拉岛也就成为了美国海军陆战队的训练基地，被称为美国海军陆战队现代两栖登陆战的摇篮。美国陆战第 1 师首任师长、第二次世界大战时期太平洋舰队陆战队总司令霍兰·史密斯上将对库莱布拉岛给予了极高的评价：“如果说滑铁卢之战的胜利是在伊顿公学的操场上赢得的，那么美国在太平洋战争中的胜利就是在库莱布拉岛的海滩上赢得的。”

1910 年，海军陆战队又在新伦敦开设了训练学校，专门针对前进基地这一课题进行研究和培训。但在 1920 年以前，陆战队在前进基地课题上主要注重的是防御，也就是如何保卫前进基地。一直到第一次世界大战结束后，日本夺取了德国在太平洋上的属地马里亚纳群岛、加罗林群岛和马绍尔群岛，从东、北、西南三个方向对美国在太平洋最重要的属地菲律宾形成了包围，从而使美国意识到了日本的严重威胁。美国开始将日本看作是假想敌，海军陆战队也随之开始考虑如何夺取前进基地的问题。

这时，陆战队一名少校军官 E·艾利斯（E.Ellis）在 1919 年举办了一个题为《海军基地：它们的位置、资源及安全》的讲座，在这个讲座中艾利斯先知般地预言道：日本出于其无法自制的侵略野心，必将成为太平洋上危害美国利益的唯一国家。为了保卫美国在太平洋上的地位和权益，美国必须在西太平洋上建立一系列的前进基地，以保障美国海军舰队的行动。而这些前进基地统分为两类，一类是已在美国控制下的基地，如珍珠港、关岛、菲律宾，另一类则是在日本控制下的基地，如马里亚纳群岛、琉球群岛。1921 年，艾利斯更是根据西太平洋战略态势提出，为了保障美国在西太平洋的利益，必须将舰队和地面部队送过太平洋，在日本海域与之作战。而在这些兵力的投送过程中，必须要有前进基地为依托。由于日本占据着加罗林群岛、马绍尔

第二次世界大战期间，陆战队在匡蒂科进行两栖训练

群岛和贝劳群岛，从两翼对美国中太平洋的海上交通线构成了严重威胁，因此夺取这些岛屿，将是美国对日作战不可避免的第一步。艾利斯强调，要在敌方猛烈炮火下强行登陆并粉碎敌人的抵抗，必须要有精心而周密的准备，参战部队必须要进行严格而特殊的训练。士兵光靠普通训练是远远不够的，这些士兵必须既是了解大海的水手，又是能征惯战的战士，而能达到这一要求的，只有海军陆战队。艾利斯的报告呈交给陆战队司令部后立即获得批准，并很快成为陆战队的官方政策指导性文件。随舰队出海，组织实施两栖登陆战，夺取敌占岛屿，为海军舰队提供前进基地，开始成为海军陆战队最重要的使命。陆战队随即开始根据这一战略着手进行两栖登陆战的艰苦探索和尝试。艾利斯本人为了实地研究而单枪匹马进入日本在太平洋上占据的岛屿，结果就在日本人禁止任何外国人进入的岛屿上神秘失踪。但是，他的报告为美国海军陆战队打开了一扇通往未来战争之门。20 年以后，太平洋战争中美国海军几乎就是按照艾利斯的设想进行的。1921 年起，陆战队开始全力投入到对两栖登陆战的研究中，并一直到今天从未间断。就在这年，陆战队在弗吉尼亚州匡蒂科（Quantico）建立了第一所海军陆战队学校，开始系统地进行与两栖登陆作战有关的所有理论和学术研究，并仔细分析历次登陆作战的经验教训，从中归纳出一整套理论，并不断根据新的科学技术加以修正，为陆战队的两栖作战提供理论依据。

鉴于西太平洋上越来越严峻的局势，美国陆军和海军终于认识到了海军陆战队的价值，并最终明确赋予陆战队的任务是："以受过高度专业训练、装备完善的远征部队支援海军舰队，占领那些必须占领的岛屿，保障舰队完成其打通连接海外驻军的海上通道之主要任务。"1921 年，可以说是美国海军陆战队历史上最为关键的一年，陆战队成立了由艾利·科尔准将任司令的"远征部队"（Expeditionary Forces），专门承担为海军舰队夺取前进基地的重任。

为了消除陆军和海军在实施联合作战时必然出现的摩擦，美国陆军海军联席局（即美国参谋长会议联席会议的前身机构）于 1927 年颁布了《陆军海军联合行动》条令，明确规定了陆军和海军在实施联合作战时各自所承担的任务和权限。在这一条令中，对海军陆战队也作出了明确规定："海军陆战队与海军有着不间断的联系，在登陆作战的实施过程中，将发挥特殊作用。"这所谓的特殊作用，就是指陆战队将以数量不多但经过严格专业训练的精锐部队实施两栖突击，为海军舰队夺取前进基地。

陆战队除了努力在两栖登陆战的理论、部队组织方面进行探索之外，在两栖登陆专用装备方面，也有了突破性进展。1924 年，一种被叫作 A 型部队驳船的新装备投入使用，这是一种使用两具发动机，船头装有装甲铁板，放下就成了跳板，可以在抢摊登陆时方便进行物资卸载的小型船只，这也是日后在二次世界大战中被广泛采用的各种登陆艇的鼻祖。同年，第一辆具有实战价值的两栖坦克也出现了。1929 年，海军成立了装备局，开始进行有关两栖作战专用装备的研制开发。在装备局的不懈努力下，陆战队推动了几种登陆战专用装备的研制和发展。

第一种是 1934 年安德鲁 · 希金斯自行研制的能直接上岸又能灵活退入水中，并在浅水中行驶自如的登陆艇原型船——希金斯船。陆战队对希金斯船大感兴趣，希金斯也根据陆战队的要求对船只进行了改进。1939 年，以后随着希金斯船在历次演习中的抢眼表现，逐渐引起了装备局的注意。在装备局的建议下，希金斯对船头进行了重新设计，采用可收放式船首（放下时就是跳板），可以直接把卡车和坦克送上海滩。1941 年希金斯船被确定为陆战队的正式装备，在战争中成为极为抢手的宝贝——中型登陆艇 LCM。

第二种是 1935 年研制成功一种可以运载 155 毫米火炮的炮兵运输船。

第三种则是同在 1935 年由美国唐纳德 · 罗布林公司设计研制的一种履带式水陆两栖车。这种两栖车可以在水网沼泽地带灵活使用。当时公司员工根据这种车辆的形状和使用取了"鳄鱼"这个绰号，不料这个名称就此传开，从此在英语里"Alligator"一词除了鳄鱼的原意外还多了两栖车的引申意。1938 年改进后的第二代两栖车引起了陆战队的高度重视，认为可以在未来登陆战中发挥重大作用。装备局迅速为此申请了专项拨款，于 1941 年订购了 200 辆，并正式命名为 LVT1 履带式登陆车（Landing Vehicle Tracked）。第二次世界大战中 LVT 系列两栖输送车各型号总产量达 18621 辆，除了装备美军外，还提供给英国、中国等同盟国。这些车辆在欧洲和太平洋战

希金斯船

场的历次登陆战中都发挥了巨大的作用。

同时，陆战队在指挥体系方面也进行了积极尝试。1932 年陆战队副司令约翰·拉塞尔（John H. Russell, Jr）少将奉命研究陆战队与海军的组织关系问题，并制订一项能迅速动员并随海军舰队出动的陆战队突击部队的组织结构计划。1933 年 8 月，拉塞尔提交了研究报告，建议将原来的陆战队远征部队改为舰队陆战队，作为海军舰队不可分割的一个组成部分，接受海军舰队总司令的指挥。该报告获得了海军作战部长、海军舰队总司令和陆战队总司令的一致批准。1933 年 12 月，陆战队远征部队正式改称舰队陆战队（Fleet Marine Force）。

在舰队陆战队成立之初，才只有 1 个旅的编制，下辖 1 个陆战团、2 个炮兵连、1 个高射炮连和 2 个飞行中队。但这是海军陆战队组织结构方面一个全新的起点，它明确了陆战队与海军舰队的相互关系，从根本上消除了海军、陆军（也包括未来的空军）在两栖登陆战时总要产生扯皮、摩擦、怀疑、忌妒、争执等顽症，同时使陆战队明确了自己的身份和地位，彻底改变了陆战队多年来如同私生子一般的尴尬处境。美国海军开始将陆战队作为自己的一部分，而且是在未来对日作战时不可或缺的一部分来看待，认真考虑陆战队所提出的关于两栖登陆战对于海军的一些特殊要求，并把两栖登陆战纳入海军对日作战的整体计划。舰队陆战队的成立对于海军陆战队来说是如此重要，所以这一名称一直延续至今。今天，舰队陆战队不仅为海军舰队效力，更是成为海军舰队的一个重要组成部分，这种密切而又相互渗透的跨军种组合，使海军和陆战队之间彼此了解信任，在陆战队的组织结构方面具有极大的价值。

两栖登陆作战理论的“圣经”

1933 年 1 月，美国陆海军联席局颁布了陆海军实施联合作战总则，其中对两栖登陆明确定义为：“在敌有防御的地域以海军舰炮代替各师、军、集团军所属炮兵、以海军飞机代替陆军飞机的进攻。”并规定了两栖登陆战的实施程序：战斗装载、登陆滩头的选择、航空和海军炮火准备、登陆部队换乘、由舰到岸的运动、滩头的交通组织。这些原则基本正确，甚至直到今天还具有指导意义，只是过于简单，要想据此来组织作战是远远不够的，海军陆战队学院便承担了将这些总则具体化的工作。1933 年 11 月，陆战队学院中断了正常教学工作，集中最优秀的教官和学员开始进行两栖登陆战有关指导性文件的制定工作。这是一项极富挑战性的工作，需要大胆的想象和创造。因为除了陆海军联席局的那个简单得不能再简单的总则之外，海军陆战队学院再没有其他可以参考的东西了。历史上的两栖登陆战，除了那场以惨败而告终的加利波利战役以外，几乎全都是两栖登陆而不是两栖攻击。参加编写文件的教官和学员，既没有任何的条令条例，也没有任何可以借鉴的经验，所能依靠的除了直觉就是想象。一位参加文件编写的陆战队航空队上尉这样回忆：“我们在研究的时候，就好像是一手提着灯笼一手举着蜡烛，但这些微弱的光亮都无法照亮目标，于是我们干脆收起灯笼吹灭蜡烛，用上帝赋予我们的想象，向目标走近。……我们到达了目标，却又害怕得发抖，担心根据这样的条令无法为登陆部队提供必需的空中掩护，也为那些根据这样条令去作战的飞行员而担心。”就是这样，陆战队终于在 1934 年编写出了现代两栖登陆战的基本原则性的经典文件——《登陆作战试行手册》。

《手册》首先指出两栖登陆战与普通的陆战既有相同之处，又有不同之处。相同之处是登陆部队在上岸以后的纵深战斗的战术原则与普通陆战基本一致，而不同之处则是两栖登陆战中，登陆部队必须乘船进行长距离的航渡，然后再换乘登陆艇，携带轻型武器冒着敌军炮火强行冲上敌方守备之下的海岸，而且在滩头阵地扩大到能容纳炮火放列阵地之前，登陆部队是得不到任何火力支援的，他们所能依靠的就只有手里的轻武器了。《手册》完全是从未来太平洋岛屿争夺战的角度出发来考虑，而且这些岛屿面积都很小，没有回旋余地，所以陆战队既无法像大陆登陆战那样选择敌方防御薄弱之处实施登陆，也不可能在登陆地点上进行欺骗和伪装。只要登陆编队一靠近目标岛屿，一切都是清晰可见的。而且由于岛屿面积狭小，敌军必定会在海滩上与登陆部队进行殊死战斗，所以登陆部队一上岸，就要立即面对残酷的战斗。出于这样的实际情况，《手册》列举并深入研究了六项在两栖登陆中所必须周密考虑的问题：指挥关系，海军舰炮支援，航空火力支援，由舰到岸的运动，抢占滩头，后勤。

两栖登陆作战的类型

（1）两栖突击：通过攻占敌岸目标地域并巩固所占领地域，从而达到作战目的的两栖作战类型叫作两栖突击。这是一种大规模的两栖作战，其主要任务是实施突击登陆行动，夺取并巩固登陆场，为之后的地面作战或建立海空基地创造条件。

（2）两栖袭击：使用陆战队远征分队或特种部队分队从海上向敌岸发起突然袭击，短暂占领目标后快速撤出，以达成获取情报、摧毁预定部队、营救人员或撤出重要物资装备目的的两栖作战类型叫作两栖袭击。这是一种小规模的两栖作战，其主要任务是实施袭击，攻占预定目标，完成预定任务后安全撤出。

（3）两栖撤退：使用海军舰艇从海上撤出部队以达成撤出战斗转移兵力之目的的两栖作战类

型叫作两栖撤退。其主要任务是保护撤退地域的上船点及其附近海域，为两栖撤退创造条件，将人员和物资装备装载上船，将任务和物资装备转移至指定地域。

（4）两栖佯动：显示两栖作战能力以达成欺骗敌人，诱使其采取有利于己方行动之目的的两栖作战类型叫作两栖佯动。其主要任务是在所选择的佯动方向实施逼真的两栖作战行动，并采取各种欺骗手段以造成敌方错误判断和错误行动。

两栖作战的阶段划分

两栖作战根据登陆部队主力的行动时间可以分为五个阶段：

（1）制定计划阶段：指下达预先号令到部队登船为止，主要任务是根据预先号令和后续命令中所规定的任务确定两栖作战的基本决心，拟制各项计划，并完成部队登船前的一切准备。

（2）登船阶段：指登陆部队根据有关计划在指定地点将人员、物资、装备等装载上船。

（3）预先演练阶段：指根据作战预案在最接近实战情况下进行演练，可以在航渡前进行，也可以在航渡中进行,还可以在到达待机海域后进行。演练内容可以分为司令部演练、独立部队（或分队）演练和综合演练等。可以是实兵实弹演练，也可以是模拟实战演练。

（4）航渡阶段：指部队从登船地点向目标海域运动的阶段。根据各种舰船到达目标海域的时间不同，航渡队形可分为登陆日前到达船队、登陆日到达船队和登陆日后到达船队。登陆日前到达船队一般是战役侦察、反潜、预先火力准备和登陆先遣部队，登陆日到达船队一般就是登陆突击梯队，登陆日后到达船队除了后续支援部队外，还包括运载重装备和作战物资的运输船。在军以上规模的两栖作战中，为隐蔽作战企图与两栖登陆方向，各航渡船队应采取多航线分散航渡，最后到目标海域会合。

（5）突击上陆阶段：指登陆部队主力到达目标海域到完成两栖作战任务为止，这是两栖作战决定性的阶段，也是两栖登陆作战中最激烈、最困难的阶段。主要任务就是夺取并巩固登陆场，主要作战行动分别是编组海上梯队队形，实施直接火力准备，突击上陆、夺占、巩固、扩大登陆场。

指挥关系，《手册》指出加利波利战役失利的主要原因就是陆海军没有统一的指挥。在两栖登陆战中陆海军必须要有统一的指挥和明确的职责、权限分工，由统一的指挥系统通过有效的通信网络将所有参战的陆、海、空军联系起来。鉴于陆战队已经组建了完全归属于海军领导的舰队陆战队，这一指挥关系已经基本理顺，所以《手册》只以比较少的篇幅来说明这一问题。登陆特混舰队是海军舰队所属的特混舰队，受海军舰队司令的直接指挥。登陆特混舰队同时也是两栖登陆的攻击部队，由登陆部队和海军支援部队两大部分组成，登陆部队一般情况下就是舰队陆战队，特殊情况下也可由受过两栖登陆作战训练的陆军部队充任。海军支援部队包括舰炮支援兵力、舰载航空支援兵力以及反潜、扫雷、运输、掩护等兵力组成，这两部分统一由登陆特混舰队司令指挥。

海军舰炮支援，这是两栖登陆必不可少的火力支援环节之一。陆战队十分了解海军舰炮在进行对岸轰击时的局限和不足，因此《手册》针对历次演习中所暴露的问题对舰炮支援提出了四大建议：一是尽量利用军舰的机动优势占领能对敌防御阵地反切面炮兵进行有效轰击的射击阵位；二是以突然而猛烈的高强度持续轰击迫使敌守军进入掩体而无法进行射击，来解决舰炮难以精确摧毁敌防御阵地中的火力点的难题；三是舰炮射击阵位应在登陆部队侧翼或与登陆部队进攻线平行，尽量缩小与目标距离以提高命中精度；四是建立舰岸通信联络协调网络，以海军火力控制人员和陆战队炮兵人员共同组成火力控制组，伴随登陆部队行动，进行实时通信协同，以解决火力召唤的及时性问题和误伤问题。

航空火力支援，《手册》认为两栖登陆作战胜利的先决条件之一是至少要达到3：1的空中优势。航空兵在两栖登陆中首先是空中侦察，其次是掩护部队航渡和换乘过程中的安全，当登陆开始后，航空兵将为登陆部队提供空中掩护、引导登陆船只前往指定登陆海滩、为海军舰炮指引目标、在舰炮火力延伸后对海滩目标进行火力压制等任务。当登陆部队建立起巩固的滩头向纵深推进后，航空兵的任务就和普通陆战中的空中支援一样了。《手册》提出，在登陆作战的初期阶段，航空火力支援主要是由海军舰载机来承担，到取得岸上机场之后，将由陆战队航空队的岸基航空兵来接替航空火力支援任务。《手册》特别指出，海军陆战队为了能对登陆部队提供有效的空中支援，应有自己的航空母舰，但是陆战队的这一夙愿直到今天依然没能实现，虽然最新型的两栖攻击舰已经是准航母了。

在两栖登陆中，海军舰炮火力支援是必不可少的

两栖作战基本样式

按登陆区地理条件可分为：

1、岛礁两栖登陆战　2、大陆两栖登陆战　3、江河两栖登陆战

按作战规模和性质可分为：

1、战略性两栖登陆战　2、战术性两栖登陆战

3、战役性两栖登陆战　4、突击性两栖登陆战

舰到岸的运动，《手册》认为这是两栖登陆战的开始，而这一过程并非简单地把士兵送上海滩。这一阶段主要要解决的问题是如何迅速完成登陆部队从运输船只到登陆艇的换乘，登陆艇队如何保持队形，迅速而有序地冲击上陆。为了避免运输船只遭到敌方火力的打击，换乘区应在敌海岸炮火射程之外。而为了保持登陆部队的建制完整，能一登上海滩立即投入战斗，登陆艇应组成编队，每一编队均由海军军官指挥，登陆艇编队必须同时出发并沿事先用浮标或其他手段标定的航线前进，这样才能保证将一支成建制的战斗部队送上指定登陆滩头。

抢占滩头，《手册》把登陆滩头定义为海滩及其邻近地区，要求滩头面积必须足够大，以保证后续部队、物资和装备上陆，而且有部队机动的足够空间。《手册》认为抢占滩头有两大困难：一是登陆初期登陆部队自身火力太弱，难以有效压制敌方火力，因此必须在第一登陆波内编入两栖坦克和轻型火炮；二是随着大量人员、物资和装备的上陆，狭小的滩头必定会出现混乱的局面，因此必须成立由陆战队领导、由海军人员参与的滩头协调组，临机处理滩头有关秩序的各项事务。协调组将随第一或第二登陆波上陆，规定各部队的分界线、保持与舰队和登陆部队的通信联络、指挥物资装备的卸载和伤员的运送，而在登陆艇出发线则由海军军官为主的协调组指挥从出发线到海滩的人员和物资运输，从而形成从军舰到滩头、滩头到内陆的交通秩序控制体系。

后勤，《手册》吸取了美国海军陆战队历次两栖登陆演习的经验教训，创造性地提出了“战斗装载”（Combat Ioading）的概念，也就是在任何一条船里必须装载登陆部队所需的全部（或大部分）品种的物资和装备，这样就可避免一条船只装载某一类物资和装备的现象，防止出现一旦被击沉就会严重影响作战的问题。而且这些物资和装备都必须按照在战斗中使用的轻重缓急顺序来装船，也就是说战斗最急需的物资和装备放在货舱的最上面，打开舱盖就能卸载。但是说说简单，真正做起来可不容易，因为登陆作战所需的物资和装备种类繁多，单位重量也各不一样，而不同重量的货物在

1944 年 5 月，为冲绳登陆作战而准备的燃料

船只货舱的摆放位置又会影响船只航行的稳定性，所以战斗装载是一项极其复杂烦琐的工作。《手册》建议在每条运输船上设一名战斗装载指挥官，他必须对所负责的这艘运输船的性能、货舱位置大小了如指掌，还要对登陆部队所需物资和装备的用途、尺寸、重量和需求时间非常熟悉，这样只能才能既保证战斗装载能满足登陆作战的需要，又不影响运输船只的正常航行。战斗装载在第二次世界大战中的瓜岛登陆战中得到了淋漓尽致的发挥。当时由于日军舰队的威胁，美国海军舰队没等运输船卸完物资装备就匆匆撤走，好在陆战队执行了战斗装载才保证了最先卸载下来的都是部队最急需的物资，就凭着这点刚刚满足最低限度需要的物资和装备，在瓜岛登陆的陆战队熬过了最艰难的时光，如果没有战斗装载，简直不敢想象。

《登陆作战试行手册》制定出台后，经过数个专业委员会的严格审查，终于获得通过，并迅速颁布执行，成为美国海军陆战队进行两栖登陆作战训练、演习的指导性纲领性文件。从此之后，美国海军陆战队的所有训练、教学和演习都是围绕着这一手册来进行，并对《手册》进行修正、补充和完善。可以毫不夸张地说，《登陆作战试行手册》对美国海军陆战队的发展具有极其重大的影响。它不仅是第二次世界大战中美国海军陆战队进行两栖登陆作战的理论基础，也堪称世界两栖登陆作战理论的里程碑，被誉为两栖登陆战的“圣经”。即使到了今天，出现了“垂直登陆”和“超视平线登陆”等全新两栖登陆理论之后，《登陆作战试行手册》所提到的各项两栖登陆作战的原则也没有过时，依旧具有指导意义。因此，《登陆作战试行手册》被两栖登陆战专家学者一致尊奉为两栖登陆作战理论的经典圭臬。

1934 年，陆战队在匡蒂科成立了海军陆战队学校，开始依据《登陆作战试行手册》为未来的两栖登陆战系统培养各级陆战队军官。1935 年起，陆战队通过海军舰队的年度演习，不断验证《手册》的正确性与合理性，不断加以完善修正。通过演习，陆战队发现并解决了火力控制、滩头协调、战斗装载等环节中存在的一系列问题，比较典型的，如挑选了 20 名海军少尉接受陆战队炮火使用训练，专门负责指引协调海军舰炮与陆战队地面进攻，这 20 人又如同种子一样培养出更多的火力控制人员，在整个第二次世界大战期间，所有的火力控制组人员都是出自这 20 人的门下。

登陆场的选择原则：

登陆场是指登陆地域的陆上部分。登陆地域在拟制两栖登陆作战计划时初步确定，在目标地域内初选出几个可能登陆地域，其中1个为基本登陆地域，另有几个预备登陆地域。在航渡过程中，应根据最新情报加以筛选，确定最终登陆地域，并在到达登陆地域之后明确登陆场。

由于登陆地域是两栖作战部队从海到陆发起进攻的作战区域，是包括海上、水下、陆地和空中的多维空间，因此在选择登陆地域时必须要兼顾陆、海、空军各部队的要求。

选择登陆场的原则主要有：

（1）有利于登陆部队的突击上陆行动，海岸线比较平直，水域开阔，水文、地质条件理想，并在海岸浅近纵深有适合机降或伞降的地区。

（2）登陆地域内要有可以利用的机场、港口，或者是可以迅速修复的机场、港口，或者是具备迅速修建临时机场、港口的条件。

（3）敌防御薄弱地区或可以通过佯动、欺骗或伪装寻找其防御薄弱的地区。

（4）有利于海、空军的作战活动。

（5）有利于达成战役战术突然性。

1938年，在《登陆作战试行手册》基础上陆战队又出版了另一本两栖登陆作战的教范文件《FTP167H号文件》（Fleet Training Problems，舰队训练问题第167号）作为美国两栖登陆作战的基本教范。此时，美国海军陆战队可以说已经基本完成了应对未来两栖登陆作战的准备。虽然在此时，美国海军陆战队的实力还不足以实施大规模两栖登陆战，但是陆战队已经拥有了大批经过相当严格的两栖登陆战专业训练的军官和士官，完全可以在需要的时候作为成为迅速扩充的骨干和基础。

舰队陆战队的规模也逐渐获得扩大，1941年2月陆战队第1支师级作战单位——第1陆战师组建，并很快又组建了第2陆战师。陆战队的两栖登陆演习引起了美国陆军的极大关注。陆军先是派观察员，后来派陆军部队参加演习，最后干脆选派第1、第3、第7和第9步兵师参加陆战队组织的两栖登陆训练。这4个陆军师，在第二次世界大战中都是陆军进行两栖登陆战的先锋，从北非、西西里、安齐奥一直到诺曼底，历次陆军实施的两栖登陆战几乎都是由这4个陆军师作为登陆第一梯队来完成的。

美国海军陆战队对于两栖登陆作战贡献良多，正是陆战队以岛屿登陆战为突破口，从理论上解决了两栖登陆作战的诸多难题，从而彻底推翻了盛行一时的两栖登陆作战不可能成功的谬论，为太平洋战争的胜利奠定了坚实的理论基础、组织基础、训练基础和装备基础。不过尺有所短，美军是从其自身战略态势出发，主要考虑的是岛屿登陆战，因而对大陆登陆战不免有些忽视，尽管以岛屿登陆战为突破口取得了很大成效，但是岛屿登陆战有其局限性的一面，特别是和大陆登陆战在战略思想、战场环境和组织等方面存在很大差别，最明显的例子就是美国海军陆战队没有发展大陆登陆战所需要的大型坦克登陆舰。而对大陆登陆战贡献甚大，包括最早研制开发出大型坦克登陆舰的，恰恰是对两栖登陆战有着切肤之痛而且最为悲观的英国，这里因篇幅有限就不对英国的大陆登陆战多加介绍了。

在太平洋战场

太平洋战争爆发之后，如艾利斯所预料，夏威夷群岛以西的美国属地很快就落入了日本之手，而且比艾利斯预料更为严重的是，美国海军太平洋舰队主力也在珍珠港遭到了惨重损失。面对这样不利的态势，美国迅速确定了对日作战第一阶段的战略方针，那就是确保美国本土与夏威夷、澳大利亚之间的海上交通，并大量建造各型军舰，积蓄力量，为以后的反攻创造条件。1942 年 5 月和 6 月，美国海军在珊瑚海和中途岛先后挫败了日军的攻势，扭转了战争初期的被动不利，进而在 1942 年 8 月发起了太平洋战争中的第一次两栖登陆作战——瓜达尔卡纳尔岛登陆。这场载入史册的开场戏却并不顺利，尤其是战前准备更是一团糟。对瓜岛的情报只有一张 90 年前的海图、几张曾到过岛上的传教士拍摄的旧照片，外加杰克·伦敦的小说。参战部队虽然是美军中最早进行两栖登陆作战训练的种子部队陆战 1 师，但是此时的陆战 1 师那些久经训练的高素质军官、士官和士兵都被抽调出去作为新组建的其他陆战师的骨干。当时的陆战 1 师绝大部分都是才入伍半年的新兵。7 月底在科罗岛举行的临战演习中，部队表现极其糟糕，令所有的指挥官大为失望，陆战 1 师师长范德格里夫特只能阿 Q 式地自嘲道："好莱坞的传统是，糟糕的彩排意味着成功的演出。"更为严重的是，当时战役指挥并没有在舰队和登陆部队之间建立统一的指挥关系，战区司令戈姆利中将无权指挥弗莱彻中将的海军舰队。当蒙受了 8 月 8 日夜间的萨沃岛海战失利之后，弗莱彻便不顾刚刚登陆的陆战 1 师，匆匆带着海军舰队撤走，幸亏运输船队司令特纳少将判断日军 9 日白天还不会到来，果断率领船队在瓜岛停留一个白天以便尽可能多的卸下物资装备。不过失去舰队掩护的运输船队在日落前也被迫带着还有一半多没卸下的物资和装备撤走，只留下陆战 1 师孤零零地被抛在岛上。好在陆战队有"战斗装载"的要求，这些抢卸下的物资装备全是最急需的，使得陆战 1 师能挺过了最初的艰难时光。经过四个月的艰苦鏖战，美军最终赢得了瓜岛之战的胜利，并夺回了战争的主动权。

在瓜岛海滩上刚刚建立起的登陆场

陆战1师在此役中表现杰出，使他们获得了总统集体嘉奖，这是第一支荣膺这一殊荣的师级部队。不过瓜岛之战，真正在两栖登陆过程中并未遇到日军的顽强抵抗，倒是在登陆以后围绕岛上机场的激烈争夺使陆战1师名垂青史。瓜岛之战也体现了制空权对登陆作战的重大作用，双方的殊死争夺都是围绕机场展开，谁控制了机场谁就等于控制了周围几百公里范围的海面和空中。当时陆战队航空兵在陆战1师夺取岛上机场之后就立即派飞机进驻，并以在中途岛海战中壮烈牺牲的陆战队航空队少校亨德森名字命名机场。美军先后派驻瓜岛的航空兵力是个大杂烩，有陆战队航空兵，有海军航空兵，还有陆军航空兵（美国空军的前身），当然主力还是陆战队航空兵。这支混编航空队的飞行员见机场四周长满了仙人掌，就把自己这支小飞行队自称为“仙人掌航空队”。就是这支小而杂的航空队，一面忍受着补给不足疾病流行的折磨，一面抗击着日军飞机军舰对机场的不停袭扰。只要机场跑道能起飞，只要有汽油和弹药，就斗志昂扬地升空作战，给予日军沉重打击。先后有6个陆战队航空队战斗机中队进驻瓜岛，在空战中涌现了一大批陆战队航空队的王牌飞行员，其中包括第二次世界大战中第一个达到美军一战最高王牌瑞肯巴克26架战绩的VMF-121中队的福斯少校，连日军飞行员也不得不承认：“美国海军陆战队飞行员的斗志超过了我们。”

首战瓜岛，确切说，在两栖登陆突击上岸的过程中没有遇到多大抵抗，也使仓促上阵准备草率的陆战1师捡了个便宜，不过紧接着11月在吉尔伯特群岛的塔拉瓦岛可就没有这么好的事情了。塔拉瓦岛是美军开战以来水文条件最复杂、日军防御最坚固的岛屿，美军登陆部队遭遇到了前所未有的困难和危险。

美军火力准备从理论上看是很不错的，从登陆部队换乘、接敌到抢摊突击上陆，都有不间断的火力支援。但是美中不足的是，整个火力支援计划过于死板，缺乏应变的灵活性，一旦某个环节出现纰漏，那么整个计划就要全部被打乱。而在战斗中恰恰出现了纰漏，第一轮40分钟舰炮轰击结束后应该是由舰载机来进行对地攻击，但不知什么缘故舰载机却未能按时到达，加上登陆特混编队没有专门的指挥舰，临时用

陆战队航空队232中队飞行员在战绩榜前，航空队是登陆作战最重要的支援力量

“马里兰”号战列舰作旗舰。这艘老爷舰在两次舰炮齐射后通信设备就无法正常使用，登陆编队因此无法联系掩护舰队，更无法询问、催促舰载机。此时日军的炮火越来越猛，登陆编队只得再度恢复舰炮轰击，一直到6时15分比预定计划晚了整整半小时，舰载机才姗姗来迟，然而此刻舰炮轰击还在进行，密集的炮弹把个小岛炸得昏天黑地、硝烟弥漫，舰载机飞行员根本看不清地面目标，而且在舰炮轰击的时候也无法进行低空攻击，只得草草扔下炸弹了事。从表面上看，塔拉瓦岛到处是烈焰浓烟，在如此猛烈的炮击下简直没有什么生物可以存活，而实际上当时美国海军毫无对岸射击

塔拉瓦战役中，陆战队艰难地向前推进

的经验，用的是爆破弹，射击时又是像军舰炮战那样的快速连射，看上去惊天动地硝烟蔽日很是热闹，其实对日军深埋在地下的火力点根本没起作用。日军的海岸炮还在不时还击，迫使美军登陆舰一度撤出日军炮火射程之外。好不容易完成换乘，LVT两栖车却因为驾驶员全部都是新手，甚至在战前都还没来得及进行过编队演练。雪上加霜的是负责布设浮标来标示出LVT两栖车航线的“追踪”号扫雷舰因为规避日军海岸炮火，使标示的航线偏西，而且当时西风正劲，LVL两栖车的新手驾驶员根本无法在风浪里有效地操纵控制，从驶离出发线到整个抢摊航行过程都比预定计划大大推迟，舰炮轰击本来已经按预定计划开始向纵深延伸射击，发现LVT两栖车无法按时抢摊便又重新对滩头进行了15分钟的轰击。当舰炮再次向纵深延伸后，第二波舰载机也飞临滩头，但是飞行员没有接受过攻击地面点状目标的训练，在浓烟滚滚烈焰腾腾的滩头根本找不到目标，只得毫无目标地扔下炸弹就飞走了。就这样，在登陆抢摊突击前的最关键时刻，美军火力支援整整出现了23分钟的间隙，这点时间足以使日军防御部队从隐蔽部冲上海滩阵地了。因此，当美军第一登陆波抢摊之时受到了日军火力极其猛烈的“欢迎”，一时间死伤惨重，海滩到处是死尸、伤员和被击毁的两栖车，近岸处的海水都被鲜血染红。第二波、第三波也和第一波一样，死伤累累，寸步难行，完全被压制在海滩上。第四波和第五波编有坦克，但是恰值退潮，坦克登陆艇无法越过珊瑚礁将坦克送上海滩，只能在珊瑚礁外放下坦克，结果涉水而行的坦克有的发动机进水而熄火，有的沉入海底，好不容易爬上海滩少数几辆也很快被日军炮火击毁。登陆部队的电台绝大部分都已失灵，无法与登陆编队取得联系。直到近两个小时后，登陆部队指挥官陆战2团团长肖恩上校才找到一部能用的电台与登陆编队联系上，此前登陆部队指挥官陆战2师师长史密斯已经通过侦察机报告知道海滩情况非常不妙，但是肖恩的报告更是使他大为震惊。他一面要求海

经过连日苦战撤下战线休整的美军，其疲惫的神态可以想见战斗的艰苦

军舰炮继续轰击以提供火力支援，一面急调师预备队增援，同时向登陆编队总司令特纳报告，请求总预备队支援。

此时仍是低潮，登陆艇被困在珊瑚礁上动弹不得，在炮火下所剩无几的 LVT 两栖车只能用来从海滩上撤下重伤员送上最急需的补给。眼看塔拉瓦之战已经到了失败的边缘，但是就是在这样的危急时刻，陆战队的顽强斗志开始发挥作用，在建制被打乱的情况下士兵们自动组织起来，勇敢投入战斗。最终有一个排靠着炸药包、手榴弹和刺刀一步步向前推进，终于夺取了纵深 300 米长的一段海滩，控制了一块能勉强设立炮兵阵地的地方。后续部队立即将 75 毫米炮分拆开，一个部件一个部件扛上海滩，然后再组装起来，为部队提供直接炮火支援，最终打开了僵局。至日落时分，美军已有 5000 人上陆，但伤亡超过 1/3，付出如此巨大的代价也只不过占领了一段纵深 300 米的海滩。入夜，美军不敢怠慢，抓紧时间挖壕固守，为策安全，美军始终以一半人休息一半人警戒。好在日军没有在夜间进行大规模的反击。这倒不是日军仁慈善良，而是美军猛烈的炮火破坏了其通信系统，分散在各防御工事内的部队无法与指挥部取得联系，因此只有一些零星袭扰，使美军得以平安度过最为紧张的第一夜。

第二天午后，美军期盼已久的高潮终于来了。总预备队、重武器和坦克陆续上陆，携带电台的火力控制组也上岸了，在他们的指引下，海军舰炮支援越来越准确，美军终于开始向纵深推进了。但是日军仍在负隅顽抗，战斗激烈的程度难以用笔墨形容。

陆战队员发现步枪和手榴弹对隐蔽在地下工事里的日军作用不大，于是参加过瓜岛之战的老兵又使出了瓜岛的故技，用火焰喷射器和TNT炸药块一个个去解决日军工事。经过整整四天的惨烈鏖战，美军终于完全控制了塔拉瓦岛。此战美军付出了阵亡失踪984人、伤2072人的巨大代价，全歼日军守备部队4000余人，其中日军被生俘的不过百余人。战后第5两栖军军长霍兰·史密斯和太平洋战区总司令尼米兹均亲临塔拉瓦岛视察，面对防御部署极其完备的岛屿，尼米兹觉得对以后作战极有参考借鉴价值，立即指示有关人员进行分析研究，总结经验教训。11月30日，特纳向尼米兹提交了题为《塔拉瓦的经验教训》的报告，陈述了一系列经验：对于坚固设防的岛屿，光凭几小时的海空火力准备是远远不够的，有条件的话，应先夺取附近小岛，配置地面火炮，进行炮火支援；对于有珊瑚障碍的岛屿，必须准备足够数量的两栖车或吃水较浅的登陆艇；在登陆部队抢滩上陆的时候，海军必须实施抵近射击，以进行有效地火力掩护；为保障作战指挥的顺利实施，必须要建造专用的登陆指挥舰等。此外，根据尼米兹的指示，美军在夏威夷的卡胡拉瓦岛，完全仿照塔拉瓦的情况，修建了完备的防御工事，然后组织军舰进行射击，终于发现要摧毁这样坚固的工事，只有慢速精确射击，并发射大口径延时引信炮弹才能奏效。这一经验后来在历次两栖登陆战中被推广采用，美国海军还组织担负火力支援任务的军舰根据这一经验专门进行了对岸精确射击的强化训练。

尽管由于美军在塔拉瓦岛的巨大伤亡，使太平洋舰队遭致了很多批评，但无可否认，从塔拉瓦岛之战中美军所获取的两栖登陆作战的宝贵经验，对于以后的两栖登陆战，具有极其重要的价值和意义。正如尼米兹所说，即使不在塔拉瓦岛取得上述经验，也不免要用同样的甚至更大的代价，在其他地方获取。因此，对于塔拉瓦岛战斗，太平洋战区陆军总司令理查逊中将认为："（塔拉瓦）所获得的教训，在未来的两栖登陆战中有着最伟大的价值。"而美国海军战史学家莫里逊少将，更是形象地将塔拉瓦之战誉为"太平洋战争胜利的摇篮"。

陆战队在塔拉瓦付出的鲜血和生命没有白费，在随后的马绍尔群岛登陆作战中就获得了丰厚的回报。在对罗伊岛和夸贾林岛的登陆中，陆战队的进攻都非常顺利。罗伊岛两栖登陆战中，美军先是以舰炮和架设在附近小岛上的地面火炮进行了长达4小时的轰击，然后登陆艇和两栖车开始冲击，海军观察机始终盘旋在两栖车上空，不断报告与海滩距离。当第一波两栖车距离海滩仅有450米，航行时间约5分钟时，观察机投下信号弹，所有舰炮支援军舰立即停火，而编在第一登陆波里装有火箭炮的LCI炮艇马上开火，多管火箭炮如同无数条火龙扑向海滩，火箭炮射击刚刚结束，LVT两栖车上的 37 毫米炮和迫击炮紧接着开火。整个抢摊过程中，火力支援没有丝毫间断，当两栖车冲上海滩时，日军的防御工事已基本被摧毁，即使在少数没被摧毁的工事里，日军也被猛烈炮火震得头晕目眩，哪里还能组织起有效抵抗。陆战队冲上海滩仅仅 20 分钟后，就已经顺利推进到当天任务线，2 个小时后就建立并巩固了滩头阵地。

在夸贾林岛，陆战队的表现更是如同一场完美的两栖登陆表演。6 时在距离海滩约 7000 米处开始换乘，担负火力支援的 4 艘战列舰、4 艘巡洋舰和 10 艘驱逐舰同时开始舰炮火力准备，驱逐舰更是一直逼近到距离海滩仅 1700 米处进行射击，这一距离对于 127 毫米炮来说简直就是上刺刀。8 时，架设在附近小岛上的陆军 105 毫米榴弹炮开始射击，同时 B-24 轰炸机使用 1000 磅穿甲炸弹对岛上目标进行轰炸。8 时 40 分，舰炮和地面火炮停火，炮击的硝烟刚刚被吹散，18 架 SB2C“无畏”式俯冲轰炸机和 15 架经过改装的 TBF“复仇者”式鱼雷机便扑了下来，对岛上目标进行低空攻击。俯冲轰炸机刚走，从航母起飞的 30 架 F6F“恶妇”式舰载战斗机又赶到了，用集束火箭和机枪对地面目标进行扫射。9 时 05 分，所有空中支援的飞机全部退出，舰炮恢复射击，此时两栖车和登陆艇正好到达距离海滩 4570 米的出发线，开始突击抢摊。整个登陆部队分为四个登陆波，每波由 16 辆 LVT 履带两栖登陆车和水陆坦克、3 艘 LCI 登陆炮艇、4 艘登陆控制指挥艇和 2 艘车辆人员登陆艇组成，以 5 节航速向海滩冲击，每个登陆波时间间隔为 4 分钟。为保持队形，4 艘登陆控制指挥艇在履带登陆车和水陆坦克队形的左右两翼分别配置 1 艘，在中间配置 2 艘，所有履带登陆车和水陆坦克均以这 4 艘控制指挥艇为基准，而 3 艘登陆炮艇则在两栖车的前方 200 米开道。因此，四个登陆波始终井然有序、队形严整。9 时 25 分，舰炮火力开始向纵深延伸，同时 LCI 炮艇上的火箭炮对海滩进行齐射。当被最后一轮火箭炮齐射炸起的土块、树枝还没落下，第一波两栖车的履带就已经碾上了海滩。火力支援达到如此完美境界，简直令人叹为观止。整个火力支援消耗的弹药总量达到 1.2 万吨。在 12 分钟里，首批两个加强营的登陆部队 1200 名官兵就顺利登上了海滩，日军仅有零星的轻武器射击，抵抗极其微弱，美军无一伤亡，用一名陆战队军官的话来说 :“简

佩利留岛上日美两军激烈争夺的战场，因伤亡惨重而被美军称为“血鼻山脊”

直就像是在进行演习，比演习还要成功！”

在夸贾林岛纵深战斗中，遇到日军工事，先由火力控制组呼叫舰炮支援，而在舰炮难以摧毁的反切面阵地，则呼叫空中支援。夸贾林之战中，美军空中支援可以说是达到了登峰造极的地步，先是俯冲轰炸机投弹，再是战斗机扫射，这些炸弹和炮弹一开始简直就像是擦着地面部队的头皮飞过，吓得地面部队在电台里急着要停止攻击，但过后一看，所有炸弹和炮弹都异常准确地在几十米外的日军阵地上开了花，不由得用尽好话来为这些技术精湛的飞行员喝彩叫好。在夸贾林岛作战中，美军阵亡177人，伤1037人，消灭日军守备部队约5000人，伤亡比例达到1∶5，这在两栖登陆战中是难得见到的高比例。而在整个马绍尔群岛登陆作战中，美军阵亡失踪567人，伤2103人，击毙日军10547人，生俘329人，伤亡比例更是破天荒的高达1∶19。因此美军在马绍尔群岛的两栖登陆战被作为岛屿登陆战的经典之作载入史册，尤其是在战役中美军表现出来的各军兵种之间的默契配合和完美协同，堪称绝世之作，很多美军将领认为此役是最漂亮的一次两栖登陆战，就连一贯极少夸奖的第5两栖军军长霍兰·史密斯也赞道：“在夸贾林的战斗，是迄今为止最令人满意的一次！”

陆战队在马绍尔群岛的两栖登陆战达到了一个颠峰，在随后的马里亚纳群岛登陆战中，由于几个主要岛屿面积都相对比较大，故而日军采取了放弃争夺滩头而集中力量进行纵深战斗的战术，美军在抢摊突击上陆这一环节基本上没有遇到多大阻力。只有在提尼安岛还值得一说，美军发现适合登陆的两处海滩分别只有20米和50米宽，在如此狭窄的海滩组织师一级部队的登陆在战争初期简直是不可想象，但是经过2年战火考验的陆战队在两栖登陆作战方面已经大大提高，具备了应付各种复杂情况的能力。结果，美军成功地在这两个狭小海滩上组织了登陆，陆战队表现出了极高的两栖作战素质，十几个间隔仅为4分钟的两栖车和登陆艇波次，居然没有发生一点混乱。在首批部队登陆后，陆战队迅速运上推土机，改造地形。最后还架设起两个浮桥码头，使满载物资的卡车直接从坦克登陆舰上开上海滩。在这样狭小的海滩上，美军在18小时内就上陆1.5万人，其两栖登陆的组织水平之高令人拍案击节。

登陆战中坦克和步兵协同作战威力更大

就在两栖登陆战水平有了

长足提高之后，陆战队又面临了一个严峻的考验，那就是在整个太平洋战争中最为血腥惨烈的硫黄岛登陆战。美军在正式发起两栖登陆前，就已经对硫黄岛进行了长达半年之久的海空火力打击。在这半年时间里，美军共出动舰载机 1269 架次、岸基航空兵 1479 架次、军舰 64 艘次，总共投掷炸弹 6800 余吨，发射大口径舰炮 2 万余发，其中 406 毫米炮弹 203 发、203 毫米炮弹 6472 发、127 毫米炮弹 15251 发。火力准备时间之长、力度之强，是第二次世界大战中前所未有的。但是美军如此猛烈密集的火力轰击，收效却甚微。因为日军通过历次登陆作战已经领教到了美军火力的厉害，因而在硫黄岛上是倾注全力修筑以坑道为骨干的防御工事，有效经受住了美军如此猛烈的火力打击。登陆一开始非常顺利，日军抵抗十分微弱，只有迫击炮和轻武器的零星射击，美军遇到的最大阻碍是海滩上松软异常的火山灰，两栖车全部陷在火山灰中难以前进，后面的登陆艇一波接一波驶上岸，却被这些无法动弹的履带登陆车阻挡，根本无法抢滩登陆，艇上的登陆兵只好涉水上岸。登陆总指挥特纳见到登陆如此顺利乐观地认为照此发展，只需 5 天就可占领全岛。但是好景不长，登陆的美军才推进了 200 余米，日军等美军炮火开始延伸，就从坑道进入阵地，随后根据事先早已测算好的射击诸元，炮火准确覆盖了登陆滩头，一时间，美军被准确而密集的炮火完全压制在滩头，伤亡惨重，前进受阻。此后的战斗中日军一反自杀冲锋的惯例，龟缩在以坑道为骨干的坚固工事里拼死顽抗，使陆战队付出了巨大代价。三天中，美军在硫黄岛上阵亡、失踪人数已达 1204 人，负伤 4108 人。美国国内新闻界甚至强烈要求“让陆战队喘口气——给日本人放毒气”。陆战队在岛上几乎是一步一步用鲜血和生命为代价向前推进，特别是围绕全岛制高点折钵山的争夺更为激烈，日军几乎将整座山掏空，修筑有数以千计的火力点，经过四天血战，陆战 5 师 28 团才攻上了折钵山山顶，并升起一面美国国旗，美联社记者乔·罗森塔尔拍下了插旗时的情景，这张照片后来广为流传，成为胜利的象征。刚赶到硫黄岛视察的美国海军部长福雷斯特尔注视着在折钵山山顶飘扬的国旗，非常激动地总结道：“折钵山升起的国旗意味着，海军陆战队从此后五百年的荣誉！”

历时 36 天的硫黄岛战役，美军总共阵亡 6821 人（其中陆战队阵亡 5324 人），伤 21865 人，伤亡共计 28686 人，消灭日军守备部队约 2.3 万人，双方伤亡比为 1.23∶1，这也是太平洋战争中，登陆一方的伤亡超过抗登陆方的唯一战例。美军登陆部队伤亡人数占伤亡总人数的 80%，陆战 3 师的战斗部队伤亡 60%，而陆战 4 师、5 师战斗部队的伤亡更是高达 75%，第 5 两栖军几乎失去了战斗力。此次战役中陆战队的伤亡之高也是其在太平洋战争中绝无仅有的，中太平洋战区兼太平洋舰队总司令的尼米兹海

美军在克劳斯特尔角登陆，图为陆战队员冲上海滩

军上将就以“在硫黄岛上战斗的美军官兵，非凡的英勇是他们共同的品德”这句话高度评价了浴血苦战的海军陆战队。而陆战队在硫黄岛战役中所获得的荣誉勋章数量也是海军陆战队有史以来历次战役中最多的。

在太平洋战争最后一次大规模两栖登陆战役——冲绳战役中，美军的抢摊上陆过程几乎未遇到像样的抵抗，以至于参战官兵把这次登陆看作是个愚人节玩笑（登陆日正巧是西方传统的愚人节 4 月 1 日），倒是日军自杀飞机“神风敢死队”给担任海上掩护的海军舰队造成了不少损失和巨大的心理压力。冲绳之战对于陆战队来说，就是为战后在亚洲赢得了一个重要的前进基地。直至今日，冲绳基地还是陆战队在海外的重要基地之一。

在整个第二次世界大战中，陆战队在太平洋战场上所实施的一系列登陆作战，将两栖登陆作战推到颠峰极致，无论是登陆作战的战略战术、组织编制还是武器装备，都达到了一个前所未有的高度。太平洋战场上美国陆军共投入 18 个师，组织实施了 26 次登陆作战，而且这 26 次战斗几乎都是没有抵抗或是只有轻微抵抗的；反观陆战队，6 个陆战师就组织实施了 15 次登陆作战，其中 12 次都是遇到顽强抵抗，尤其是在塔拉瓦和硫黄岛，更是战争中罕见的苦战。这样对比，丝毫没有挑拨两个军种之间关系的意思，而是反过来说明陆战队在两栖登陆作战方面的地位，作为最专业的两栖登陆部队，自然要挑起最重要、最艰巨最困难的战斗，而把相对比较次要轻松的任务交给刚刚涉足两栖登陆作战的陆军。

战后的两栖登陆战发展

第二次世界大战结束后，核武器登上了战争舞台，理论上一颗原子弹就能把整个登陆特混舰队给灭了，于是很多军事理论家都认为在核武器时代将不可能再有大规模的两栖登陆战，甚至连当时美国参谋长联席会议主席布莱德利上将都公开表示："我敢预言，大规模两栖作战永远不会再出现了。"这一论断更使很多人相信，两栖登陆和陆战队即将走到尽头。因此在战后的大裁军中，陆战队首当其冲，兵力规模从 1945 年的 52.3 万急剧缩小到 1950 年的 7.4 万。但是朝鲜战争的爆发改变了陆战队过时论，陆战队再次以自己的卓越表现说明了自己的价值。

1950 年 9 月，为了扭转朝鲜战场上的不利局面，"联合国军"总司令麦克阿瑟决定在仁川实施两栖登陆。要知道仁川是世界最不适宜登陆的地点，平均高低潮汐之间落差为 6.9 米，高潮时则达到 10 米，是世界上潮汐落差第二大海域，而且每个满潮日的高潮时间也只有早晚各 3 小时，两次高潮之间间隔足足 13 小时。还有仁川没有通常临海港口所拥有的沙质或石质的海滩地带，有的只是几百年潮汐所带来的泥沙淤积而在港湾里形成长达 3.2 公里车辆无法通行、人员行走都相当困难的泥潭。再加上进出仁川港只有狭窄的航道，岸上高达 4、5 米的防波堤，使登陆遭到了重重阻碍。以美国海军陆战队的登陆作战教范来看，登陆地点必须具备的十大条件，而仁川没有一条符合，简直可以列为最不适合登陆的典范了。麦克阿瑟以 1：5000 世纪豪赌的气魄，强烈坚持要求进行仁川登陆，而他的唯一条件就是必须要陆战 1 师来打头阵。而此时的陆战 1 师和第二次世界大战时的老陆战 1 师已是今非昔

二次大战中的登陆战经验是战后两栖作战发展的宝贵财富

仁川登陆时月尾岛外海面美军舰上的士兵

9 月 15 日，仁川港外的海面上，在飞机掩护下的美军舰艇编队

比，参加过太平洋上历次登陆作战的老兵所剩寥寥，下属的三个团中陆战第 1 团刚刚重建，陆战第 7 团更是还在编组之中，只有陆战第 5 团还有些经过第二次世界大战的骨干勉强算得上是精锐。就是这样仓促上阵的陆战 1 师，就是在这样的复杂地形中，干净利落地完成了登陆任务。在早上的高潮时，陆战 5 团 3 营首先夺取了控制航道的月尾岛，在随后 10 个小时里，以强大的海空炮火严密封锁仁川纵深，阻滞人民军的一切增援，直到下午高潮开始。陆战 5 团和陆战 1 团兵分两路在仁川港登陆，以大大小于预计的 200 人伤亡的微小代价冲上泥潭，攻入仁川港，并迅速向纵深推进，并在登陆后的第 12 天攻占了汉城，截断了洛东江战线人民军主力的后路，实现了朝鲜战争的大翻盘。登陆日当天，麦克·阿瑟就通报嘉奖陆战 1 师，并特别在通报的最后加上“这是海军和陆战队无上光荣的一天”！陆战 1 师在仁川的表现，以最出其不意的袭击在世界两栖登陆作战历史上留下了浓墨重彩的一笔，也用事实有力地驳斥了核武器时代两栖登陆无用论，再次证明陆战队对国家军事战略的作用。

朝鲜战争以后，陆战队除了 20 世纪 60 年代越南战争中多次组织过两栖登陆外，还先后在 1958 年黎巴嫩、1962 年多米尼加、1983 年格林纳达组织过两栖登陆作战，不过这些登陆规模较小，抗登陆方力量也相对比较薄弱，基本还是属于无抵抗的两栖登陆范畴。

9 月 15 日，美登陆舰等待向仁川港运送物资

21 世纪的两栖登陆战

20 世纪 80 年代以后，随着冷战结束和世界格局的变化，美国军事战略也进行了新的调整和变化，军事战略重点转到了对突发局部冲突和地区争端实施快速反应上面来，控制海洋和加强两栖突击力量的也就呼之欲出了。

随着新军事革命的迅猛发展，高新技术在登陆装备领域的广泛利用，大量新型登陆工具相继列装，一场新的两栖登陆理论革命也已喷薄而出。美国首先提出了“垂直登陆”理论。实际上这种理论就是一种典型的“新瓶装旧酒”。早在第二次世界大战期间，空降作战就已经开始用于两栖登陆作战，而且以空降的方式配合登陆，并被逐渐被视为两栖登陆的一种重要和不可或缺的作战行动样式。如西西里岛和诺曼底登陆战役中，盟军就曾组织过大规模的空降作战，空降部队都达到了军一级的规模。英法联军在第二次中东战争塞得港战役中，由舰载直升机直接输送部队实施垂直登陆，成功开创了两栖登陆历史上使用直升机实施垂直登陆的先例。1983 年美军在格林纳达的 7000 多人登陆兵力中，只有 250 人是乘登陆艇上陆的，其余均由运输机伞降、机降和搭乘直升机着陆。真正使“垂直登陆”成为现实的是直升机的出现。正是直升机的大量使用，使适合登陆的海岸地带从占全世界海岸线的 17% 提高到 70%。原来能作为抗登陆有效屏障的滩头障碍和阵地，以及江河湖沼等恶劣地形条件，都将失去或大大降低原有的作用。也正是随着直升机、气垫船等新型垂直登陆工具的出现，陆战队开始重视、强调垂直突击在两栖登陆作战中的地位和作用，并增大空降着陆和垂直登陆在两栖登陆行动中的比重，特别是大大提高首批突击上陆部队中垂直登陆的比重。

美国海军陆战队在“垂直登陆”的基础上结合新装备的发展以及演习和实战的

验证，于 1985 年提出了全新的两栖登陆作战理论——“超地平线登陆”（Overthe The Horizon，简称 O T H）。这一理论就是指在“从海上机动作战”（Operational Maneuver From The Sea，简称 OMFTS）理论指导下，在未来高技术战争的两栖登陆作战中，第一梯队登陆部队避开敌海岸防御主要火力的有效射程，在敌视距之外发起两栖突击，利用各种快速上陆输送工具，首先从空中和海上输送至敌防御侧后，发起突然攻击，同时后续登陆部队迅速由水面向敌海岸机动，与第一梯队协同行动，夺取登陆场。其核心思想就是，充分利用各种现代化的两栖输送工具，在地平线外发起两栖攻击，变传统的平面登陆为垂直登陆与平面登陆相结合的立体登陆。该理论特别强调在登陆第一梯队中垂直登陆的比例，至少应集合占总兵力 2/3 以上的兵力，且必须采取空中输送形式向敌方发起突然袭击，同时迅速向敌岸机动后续作战力量，及时扩大战果，夺取登陆海滩和登陆场，迅速达成登陆作战目的。

“超地平线”登陆理论，其实质就是依赖高技术登陆工具，快速输送登陆兵上岸。这种方式一方面使登陆部队基本不受水下和海滩障碍的限制，大大减少敌方海岸火力对登陆运输舰船的威胁，另一方面，由于使用的气垫登陆艇具有很好的两栖性能，不但能在水面行驶还能直接上陆，把登陆兵连同武器、车辆、物资一起投送至敌人防线的侧后，从而跳过了从滩头涉水登陆这一两栖登陆的最困难的阶段，大大加快了突击上陆的速度。特别是这种登陆方式，受岸滩地形和海域水文条件等自然条件限制大大减少，使得利于登陆的范围更大、可供选择的地段更多、机动的速度更快，进一步增大了登陆方向和登陆地点的可变性以及达成登陆行动的突然性，实现了突击上陆的远距离和高速度。“超地平线”理论的提出与贯彻，彻底改变了美军自第二次世界大战以来的传统——“火力、兵力消耗战”理论与现代两栖登陆作战环境、对象和登陆装备发展变化相脱节的状况，摈弃了传统两栖登陆作战的固定程序，改用以直升机、气垫船为代表的各种快速上陆工具，从海岸线突然发起登陆作战，夺取登陆场，达成两栖登陆作战目的。其要点是：

（1）突击上陆的第一梯队从较远距离威胁敌漫长海岸线，避开敌严密部署的防御体系，相机在敌防御薄弱处登陆。由于直升机和气垫船使全球海岸线上适合登陆的地段从原来的 17% 猛增至 70%，向海岸冲击速度也比

塔拉瓦级两栖攻击舰

直升机是 21 世纪两栖登陆的重要工具

原来提高了 5-10 倍，冲击距离也比原来增加了 10 倍，从而能从宽大正面和深远纵深威胁敌人的防御，迫使其分散兵力，进而为两栖登陆创造更多机会。

（2）进一步保证达成两栖登陆作战的战役和战术突然性。利用直升机和气垫船的高速，一旦选定登陆场就可以从敌视距之外（50 公里）突然发起攻击，部队机动的迅捷速度使敌根本来不及反应，最终使这种基于高速机动而达成的突然性成为可能。

（3）扩大登陆作战的纵深。在两栖登陆突击上岸的阶段，可以利用直升机机降的方式对登陆地域纵深侧后实施突击登陆场外重要目标，达到封锁、孤立登陆场的目的，破坏敌海岸防御的整体稳定，为登陆部队夺取巩固登陆场创造条件。

通过直升机、气垫船为代表的先进登陆工具所实施的“超地平线”登陆突击，使登陆作战开始真正具备立体突击的性质。两栖登陆作战在经历了空间上由平面到立体、机动上由低速到高速、手段上由单一到多样的发展历程之后，终于揭开了现代立体两栖登陆作战的序幕。

理论虽好，但是还需要物质支持。最现实的就是陆战队的投送方式。目前陆战队实力约为 2.5 个陆战队远征部队，按照每个陆战队远征部队 4.4 万人的规模来计算，需要约 44 艘两栖舰艇来输送，全部陆战队远征部队就需要约 110 艘两栖舰艇。但是，目前美国海军现役的全部两栖舰艇也不过 50 艘左右，不到理论需要数量的一半，如此悬殊的差距，怎么解决呢？其实这一输送能力上的巨大差距，在 20 世纪 60 年代就已经初露端倪了，不过当时美国军方高层尚未对陆战队的快速反应能力有足够认识，而真正的两栖登陆又遥遥不可及，因此这一差距就很容易被人忽视。20 世纪 80 年代以后，随着中央总部以及快速部署反应部队的建立，陆战队捉襟见肘的投送能力终于

圣安东尼奥号两栖舰、AAAV 两栖突击车和 V22 鱼鹰旋翼机构成了陆战队 21 世纪两栖作战的三大主力装备

被高层意识到了。建造两栖舰艇自然是最简便的解决办法，但是两栖舰艇建造费用高昂，在经费和资源都比较紧张的情况下，根本不可能建造出能输送整个陆战队远征部队全部兵力和装备的两栖舰艇。于是在此困境中，美国海军分析中心等战略咨询机构想出了一个简便又节省的好办法——海上预置舰。也就是，在地中海、波斯湾和东北亚三个地区冲突和局部争端比较多发的地区各组建一个海上预置舰中队，每个海上预置舰中队由 4-5 艘海上预置舰组成，能够提供 1 个陆战队远征旅所有重装备和 1.7 万人 30 天作战所需全部补给物资，一旦发生需要出动陆战队的局部冲突，那么陆战队远征旅就可携带轻装备空运到达战区。而战区附近的海上预置舰则运载重装备和补给物资就近迅速赶来，可以在战区立即组成重装部队，这样一来整个重装备部队的部署周期可从原来的 30-60 天大大缩短到现在的 15 天，而且这一部署方式在 1991 年的海湾战争中得到实际运用，效果切实可行。经过 20 年的建设，目前美军海上预置力量已经发展成为一支遍布全球、由 42 艘预置船组成的庞大船队，其中 16 艘海上预置舰就是专门为海军陆战队装载重装备和补给物资的。

这样，陆战队的兵力投送方式就有两种方式：第一种方式由两栖舰艇编成两栖特混舰队，通常用来输送两栖登陆部队的第一梯队，而登陆部队的后续梯队则由军事海运司令部的船只输送。但是由于受两栖舰艇的数量限制，这种方式的效率十分低下，

两栖舰艇造价高昂，在经费和资源都比较紧张的情况下，美国海军陆战队想出了简便而又节省的好办法，建设海上预置舰

第一梯队的兵力规模也限制在远征旅一级，而且军事海运司令部所属船只航行速度慢，整个重装部队完全部署就位的周期相当长；第二种方式就是将兵员及轻装备空运到战区，再由就近的海上预置舰运送重装备和补给物资与之会合，组成重装部队。以海上预置舰为核心的第二种输送方式无疑是陆战队目前最有效最迅捷的兵力投送方式。特别是在两栖舰艇数量有限的情况下，空运兵员与海上预置舰就近运送重装备相结合的方式非常适合陆战队在高强度局部战争中输送相当规模的重装部队。当然这种方式也有其局限性，要采用这一方式必须具备两个先决条件，一是战区必须拥有能供大型运输机其降的机场，二是战区附近必须拥有一个能使兵员和装备进行安全集结、卸载、编组和集结的地域。

还应指出的是，这种输送方式其实是在陆地上集结、编组然后投入作战，已经超出了两栖作战的范畴，进入了地面作战的范畴，是陆军和海军在作战理论和实践方面相互衔接的部分。很多人都把注意力集中在具有鲜明海军特色的两栖作战领域，其实这是一个认识上的误区。两栖作战的终极目的也不外乎尽快由海到陆，在陆地上展开兵力并赢得对陆地的控制。以常规的两栖登陆作战的情形来看，登陆部队会在突击上

"超地平线"理论就是依赖高科技登陆工具快速输送登陆兵上陆

陆和巩固登陆场时付出相当的代价，而且重装备的投入也是陆陆续续的，部队无法立即全部展开并发挥威力。但是空运加海上预置舰的方式，可以使陆战队直接在陆地上进行编组并立即成完整建制投入作战，避免了登陆作战初期的损失，陆地作战的后劲明显更足，重装备也能充分发挥威力，作战效果自然也会有很大提高。这也就是陆战队十分青睐海上预置舰的原因之一。

海上预置舰

美国海上预置舰计划开始于 20 世纪 80 年代初。最初是为了提供在战区内快速机动的能力，以及在战时或紧急情况下减少部署装备和补给的反应时间。经过多年的建设，目前美军海上预置舰已经扩展成为一支遍布全球的、由 42 艘预置船组成的庞大船队。

美军海上预置力量分为三类：海上预置船、作战预置船、后勤预置船。

其中海上预置船 16 艘，主要用于为美海军陆战队装载装备和补给；作战预置船（陆军预置船）13 艘，主要为美国陆军装载重型旅的装备和和补给以及相关战斗支持系统；后勤预置船 13 艘，其中大多数是油船和干货船，主要装载国防后勤局的燃油，空军的弹药和陆战队的航空支持装备以及海军的军需品。

这些预置船的英文名字以 MV 标识电动船，而用 SS 标识蒸汽船，以 USNS 标识为国家所有，但被海军租用。同时，又按装载货物和用途进行进一步区分，即：

· 弹药船：T-AE

· 作战储备船：T-AFS

· 医院船：T-AH

· 集装箱船：T-AK

· 干货船 ：T-AKE

· 水下油料补给船：T-AO

· 快速作战支持船：T-AOE

· 运油船：T-AOT

· 电缆修理船：T-ARC

· 拖船：T-ATF

海上预置舰主要装载海军陆战队的设备和器材，并提前在潜在的危机地带附近部署或游弋。这些船分为 3 个中队，每一个预置中队都能够提供美军一个陆战远征旅所有的装备和大约 1.7 万人 30 天的补给。中队里所有的船都可以用特殊的驳运装置在码头或岸滩卸载，且具有滚装能力并有可供直升机起降的飞行甲板，都可以在接到命令后的 24 个小时内离开港口，赶赴出事地域。

预置第 1 中队有 5 艘船，位于地中海。它们分别是：麦特·库克号 T-AK 3005、尤金·欧伯格号 T-AK 3006、史蒂夫·普拉斯 T-AK 3007、约翰·鲍勃号 T-AK 3008、亨瑞·马丁号 T-AK 3015。

预置第 2 中队有 6 艘船，位于印度洋上，分别是：路易斯·霍格号 T-AK 3000、威廉·伯格号 T-AK 3001、詹姆士·安德森号 T-AK 3002、亚历克斯·鲍曼号 T-AK 3003、弗兰克林·菲利普号 T-AK 3004、吉斯克特·斯诺克号 T-AK 3017。

预置第 3 中队有 5 艘船，位于西太平洋。分别是：戴维·威廉斯号 T-AK 3009、伯得曼·劳特号 T-AK 3010、杰克·拉姆斯号 T-AK 3011、威廉·伯特号 T-AK 3012、罗伊·维特号 T-AK 3016。

第三章

教育训练

海军陆战队习惯说，陆战队能把一名士兵塑造成一个真正的男人。这句话的意思是陆战队能把一个普通的男人（当然现在也包括女人）培养成具有超常品质的人，一个国家所能信赖的人。士兵被挑选和训练的过程，不仅培养了他们的个性，更使他们拥有了勇敢、坚强的品质。

——汉斯·哈尔伯斯塔特

从招募新兵开始

美国海军陆战队招收的全部都是志愿兵，即使是在美国实行义务兵役制度的年代里也已经如此。现在陆战队每年大约需要招募 4 万名新队员，作为补充部队新陈代谢的新鲜血液。陆战队对新队员的基本要求是：高中学历以上，年龄在 19 岁以上，单身，原来还要求是男性，但是从第一次世界大战开始陆战队就有了女兵，现在每年约有 1500 名女性加入陆战队。

有一位陆战队员这样回忆当初的征召过程："陆军征兵人员向我许诺加入陆军就会得到就业机会、丰厚收入、海外旅行和各种机会与福利，海军征兵人员也是如此。而我向陆战队的征兵人员询问陆战队能为我提供什么时，他却说：'什么也没有，孩子，你能给陆战队什么呢？'于是我就选择了陆战队。"是的，人们加入陆军、海军和空军，无非是想得到一份工作，然后得到各种机会，再后就是结束这份工作离开军队。而陆战队完全不一样，加入陆战队则更像是一种宗教召唤。陆战队为那些被召唤和被挑选出来的候选人提供一项挑战、一种任务、一个服务和一个牺牲的机会。正如陆战队里流传的那句话："陆战队不欠你任何东西，而你会终身感激陆战队！"因为加入陆战队不是一份朝九晚五的工作，而是直到生命最后一天也不能放弃的事业。

南卡罗来纳州帕利斯岛新兵训练营：

帕利斯岛位于查理斯顿以北，在美国历史上就是个兵家必争之地，南北战争时，北军从南军手里夺取的第一块土地就是这里。这个新兵训练营建于 1911 年，100 多年来先后有近百万人在这里通过新兵训练成为真正的陆战队员。现在每年到这个训练营进行新兵培训的人数都在一万人以上，淘汰率约为 10%。整个训练营共有教官约 600 名，要成为训练营教官可不简单，除了必须完成教官学校 3 个月的培训，还必须符合已经在陆战队服役 8 年以上，言行举止和专业知识都堪称楷模的高标准。教官也一直被公认为是陆战队的精英，享有佩戴牛仔帽的特权。教官也分为两种，一种是佩黑色皮带的资深教官，另一种是佩绿色皮带的普通教官。

训练营设施新旧参差不一，有第二次世界大战前夕建造的，也有 20 世纪 90 年代刚刚建成的模拟射击场。训练营下辖 4 个新兵营（其中 1 个女兵营）和 1 个支援营，整个训练营可以容纳 7000 多人，除了 4300 多名新兵外，其余全部是教官和管理、后勤保障人员。

30-40 名新兵组成一个新兵排，3 至 4 个新兵排组成一个新兵中队，2 个新兵中队组成一个新兵连，4 个新兵连为一个新兵营。新兵中队为基本单位，每个中队由一名上尉或中尉指挥，并配有一名资深上士为副手。而每个新兵排则由 4 名教官组成的观察组负责，他们要审查新兵的训练和健康情况。女兵新兵营里普通教官和中队长基本都是女性，资深教官和士官则为男性。

志愿者报名以后，陆战队的征兵人员立即开始进行初步的筛选工作。根据履历，征兵人员会对志愿者进行分析和评估，还要去警察局看看是否曾有过违法犯罪记录。通过初选之后的新兵候选人——严格意义上说，这时还不能算是新兵，只有在通过 12 周的新兵培训之后才能被称为陆战队员。而新兵训练营的淘汰率通常是在 10% 左右。

新兵第一节课“立正”

海军陆战队有两个新兵训练营，一个是在南卡罗来纳州的帕利斯岛（Parris），另一个是在圣迭戈，这两个训练营分别负责对来自东部和西部的新兵候选人进行培训。两个训练营使用相同的训练计划，但却各有特点。帕利斯岛远离尘世，新兵在那里看到的除了树木之外就只有教官。而圣迭戈则紧挨着外部世界，几乎每隔几分钟就有一架民航飞机从附近机场起飞掠过头顶。圣迭戈新兵训练营的特色之一，就是新兵们必须对着每一架飞过头顶的飞机大声叫喊以示抗议，于是你可以看到一个奇特的场景，只要有一架飞机飞过训练营，就会在整个营地里激起一片如雷的呐喊声。

新兵候选人通常都是乘飞机来到训练营附近的机场，然后在机场乘陆战队新兵训练营的大巴进入训练营，由此开始了将在他们一生中最令他们刻骨铭心的陆战队生活。在大巴上迎接他们的是陆战队优秀的军士，他穿着熨烫得笔挺的军装，戴着只有陆战队教官才有资格戴的牛仔帽，胸前一排排耀眼的勋表，往往像一个导游一样以轻松、风趣、幽默的语言，向新兵作介绍。但是大巴一到营地，军士脸上的笑容就消失了。在简短地向新兵候选人表示欢迎之后，军士会介绍陆战队的严格标准和优秀特质，随即用坚定的目光扫视着新兵候选人，用严肃的口吻说道：“你们现在是在陆战队新兵训练营 XXX 号楼，从现在开始，任何时候你们所说的每句话最后必须是‘是，长官’，听明白了吗？”新兵必须大声回答：“是，长官！”但是通常再怎么大声，教官都会嫌

教官检查新兵着装

不够响亮。“现在，你们要学会的第一件事情就是——立正！”按照陆战队的条令规定，军人立正要求双脚后跟并拢，脚尖成45度，肩膀后收，手指并拢紧贴裤缝，眼睛直视前方。就是从这个细小的动作开始，新兵们明白无误地知道，陆战队需要的就是高标准的表现，任何方面，任何时间，任何地点。就这样，新兵候选人开始了长达12周的新兵训练课程。然后新兵候选人被带到室内，学习美国军事司法的有关法规，也就是说从此时开始，所有对普通老百姓的不道德和违法行为的正常程序已经被军事司法程序所替代。随后是对新兵着装的要求和指导，每人都得到一件印有数字的T恤衫和一条迷彩短裤，而他们随身带来的所有与普通百姓生活有关的私人物品统统都会被清理掉，接下去就是理发，一律被理成陆战队的统一发型，再也不需要吹风机和喷发胶的新发型——光头。在熟练的理发师手里，这个过程平均只需要20秒，据说陆战队最快的理发记录是5秒。随着头发丝丝落地，他们和普通百姓的生活彻底告别，等待他们的将是12周严格甚至有几分严酷的新兵训练。

12周新兵训练分为三个阶段。第一阶段持续4周，是对他们身体和心理进行军事化训练。从体能训练开始，以达到从外形上把一个普通的青年塑造成一名海军陆战队的新兵。每天都必须进行的体能训练通常顺序是：热身活动、柔韧性训练、举重、仰卧起坐、跑步。体能训练的强度逐渐增大，几乎每个人都会感到浑身酸痛。除了体能训练外，还要进行队列训练、障碍跑、培养自信心的心理课程和水中求生训练、陆战队传统和历史教育、陆战队基本礼仪、行为法则和军事司法规定等。在这个阶段，新兵候选人被要求以非标准方式的着装，衬衫扣子要扣紧，裤子翻边不得松垂，袖子不得卷起。这样的穿着看起来有些古怪甚至丑陋，但是这样能从外表上立即使人明白，你不过是刚刚入营的新兵蛋子。只有完成这一阶段训练之后，才可以允许像一个真正陆战队员那样着装，衬衫敞开领子，裤子翻边松垂，袖子卷到肘部。

新兵队列（新剃的光头清晰可见）

第二阶段也是4周，项目是步兵基本战术技能和武器使用训练。第5周是学习武器理论知识、使用过程的安全原则和基本射击技能。第6周是测距、试射和真正的射击，新兵候选人终于有机会打枪了，当然成绩最优秀的人可以获得神枪手徽章。第7、第8周是野营和徒步拉练，这可不是老百姓的野营休闲，要在野营中学习识别方向、野外生存以及在核生化战争中的防护技能，还要学习掌握从轻重机枪到AT-4反坦克导弹的重武器使用，特别是学习如何携带和正确使用在战场所必须携带的物品。这个阶段的压轴大戏是10英里（约16公里）全副武装的徒步野外拉练。

新兵还要在野营中学习如何进行生化防护

负重徒步行军再紧接着小分队战术演习这是新兵训练的重头戏

第三阶段是4周的体能训练，进一步强化新兵的体能，新兵需要学习空手肉搏、角力棒（一种棒端装有衬垫专门供部队进行刺杀训练的短棒）、刺刀等格斗技巧，还要进行一系列的考试考核，其中第11周最后历时54小时的“熔炉”训练是陆战队第31任总司令查尔斯·克鲁拉克上将在1996年提议设立的。训练中刚刚熟悉的新兵排建制被彻底打乱，重新分为18人一组，然后依次在36个战位上完成29项操练和八大活动，主要是精神、心理、体能和智力方面的综合检验。而在所有这项训练的54小时中，只有8小时的睡眠时间，再加两顿正餐和一次点心。在训练所通过的36个战位上，都是由曾经获得过国会荣誉勋章的陆战队官兵名字来命名，在完成预定训练内容后教官将宣读战位命名人所获得的嘉奖状，以此形式来对新兵进行陆战队历史和荣誉的教育。“熔炉”训练的最后内容简直重到令人喘不过气来。8公里夜间徒步行军再紧接着20小时小分队战术演习，经过短短4小时的休息，就是15公里的负重急行军，终点是硫黄岛战役最著名的插旗纪念碑，在纪念碑下，教官第一次向新兵颁发了“白头鹰、地球和铁锚”组成的陆战队军徽，全体新兵高唱陆战队军歌。新兵训练营的生活到此就算结束了。

新兵只有通过了这 12 周的训练，才能穿上陆战队那身荣耀的蓝军装，1 周以后举行的新兵分列式上接受教官、陆战队军官、家人和朋友的检阅，第 1 次以海军陆战队员的身份接受检阅。现在和 3 个月前跳上开往新兵训练营大巴的那个年轻人已经完全不同。他们的体格更健壮，心理更坚强，知道怎样在每句话的最后加上“是，长官”，知道怎样立正，知道怎样整理内务，知道怎样使用 M16……在典礼上，母亲为自己的孩子历经磨难最终成为一名陆战队员而哭泣是司空见惯的事情。从表面上看是剥夺了士兵的个性，但却实实在在激励了他们，因为他们具备了没有经受过这样训练的同龄人所欠缺的体能和精神的力量。多年以后，他们中的很多人都会带着深厚的感情来回忆这一段新兵训练营里的难忘岁月。

成为军官之路

如果说陆战队 12 周的新兵训练是非常严格的，那么肯定陆战队的军官训练将更加严酷，因为军官训练项目标准远比新兵高得多。比起军官训练来，那新兵训练简直就是一次 12 周的度假。在陆战队里，每个军官必须是最优秀的陆战队员，因为军官要用自身的模范作用来领导手下的士兵。

陆战队军官训练分为两个阶段。第一个阶段是选拔和评估，课程通常主要有两种，第一种是预备军官学校课程（简称 OCC，也叫陆战队候补军官训练课程），主要是针对即将被提拔为军官的陆战队士兵和大学生，严格意义上说这不是真正的训练课程，而是把这些预备军官放在重重压力之下测试反应能力，只有那些有效抵抗压力并显示出机智、正直、有创造性和团队精神、领导才能的人，才能被授予少尉军衔。第二种是班排指挥课程（简称 PLC，也叫后备军官训练团），培训对象是地方大学的大学生。该课程设有两种班次：一种是对在校的大学生连续进行两次（每次 6 周）暑期集中训练；另一种是将连续两次的暑期训练合并为一次为期 10 周的暑期训练。学习课程与 OCC 的课程设置相似，通过此项培训的大学生在大学毕业后就可以被任命为陆战队少尉军官。陆战队对军官的要求之高，连从安纳波利斯海军军官学校（相当于陆军的西点军校）毕业并已经获得少尉军衔的人，如果没有通过 OCC 课程，也没有资格在陆战队担任军官。

那么 OCC 课程到底是怎么样的？每期 OCC 大约有 250 名学员，其中大约 10%

是女性学员。男女学员被安排在同一连队里，接受同样的训练课程，并被要求达到同样的标准。这是真正的男女平等，或许很多人对此会有些担忧，如此严格的训练标准，女性到底能不能真正和男性一样通过？答案自然是肯定的。有不少女性都通过了 OCC 课程，甚至其中有一位在体能测试中到达了 295 分，远远高于男性学员体能测试的平均分。在 OCC，她们和男性学员一样做引体向上和俯卧撑，一样使用角力棒进行格斗，一样戴着拳击手套进行打斗。陆战队很接受这种男女完全一致的训练课程和标准，正如一位资深教官所说："我很赞同男女接受同样训练，因为她们拿和男性一样的工资，自然要接受一样的训练、干一样的工作。"

整个 OCC 课程历时 10 周，淘汰率比新兵训练高得多，达到了令人吃惊的 50%。而且在整个训练的前 6 周参加者是不能中途退出的，换句话说，就是在前几周训练里已经铁定无法通过的学员也必须坚持完成 6 周训练。这个课程是如此艰难，几乎每个人都会有放弃的念头，这也正是 OCC 课程的一个内容——考验每个参训者的决心和忍耐力。之所以陆战队规定必须接受 6 周训练，是因为陆战队认为在战场上，无论你是军官还是普通士兵，半途而废都是最不应该的。

担任教官的是陆战队的资深军士，对于学员来说，他们简直是 24 小时不间断地在观察，随时都能发现学员的任何细小错误，而且还不时想出稀奇古怪的办法。

时间是每个学员最大的敌人。教官布置的任务必须全部完成，而完成任务的时间却总是不够。通常学员们每天要完成 30 个小时才能完成的工作，这就迫使学员们必须学会区分什么任务是最重要，什么是次要的，然后对任务进行合理的时间分配。正如一位曾经通过训练的学员回忆的："他们要求你晚上 9 点上床睡觉，但是你根本没法在 9 点前把规定的事情干完，于是你只好熬夜到 1 点、2 点甚至更晚。为了应付考试，你还要抓紧一切时间学习，常常不得不躲在被子里打着手电看书，但只要被发现，等待你的就是淘汰出局。"

新兵列队

体能训练要也是非常严格。体能训练的第一课就是全副武装进行 9 英里(约合 14.48 公里)负重跑，一个学员对这项体能训

在陆战队里，每个军官必须是最优秀的陆战队员

练的评价是："跑到最后就是你感觉那顶头盔也能压垮你！"9英里负重跑刚刚结束，学员们连口水都没机会喝上，就被立即要求进行反应测试训练，之后负重跑时间、反应测试的决定合理性等，都会被逐项打分。

没能通过OCC课程的原因是多种多样的，有些人因为受伤，有些人因为缺乏领导才能，还有些人则违反了诚实正直的原则，最后能达到标准通过训练课程的人才会被授予少尉军衔。OCC高达50%的淘汰率保证了通过的学员都是一些素质极高的人。因为陆战队要求每个军官都以自己的模范行为而不是权威来领导手下士兵。正是有赖于OCC课程建立起的军官与士兵之间极富感情的领导与被领导者之间的关系，因而在美国武装力量中，陆战队的官兵关系最为融洽，这也成为了陆战队的特色之一。以至于很多陆战队的军官，包括佩戴着将星的高级军官，都把他们整个军旅生涯中担任一个连长这件事，认为是最快乐和有益的事。

军官训练的第二阶段，是由海军陆战队基础学校对新任命的少尉军官进行初级训练（简称TBS）。TBS和OCC不同之处在于，OCC是选拔能担任军官的人，而TBS则是教会这些人如何去胜任军官工作。TBS是一个供刚刚获得少尉军衔的军官们学习业务的课程，新任命的陆战队少尉军官必须通过TBS训练后，才可分配到部队服役。

TBS主要训练内容是军事基础知识及初级军官职责、军事技能。军事技能分为三大部分：军事技术、战术和领导艺术。课程设置有：基本战术、巡逻、垂直包围、坦克-步兵作战、两栖作战、航空兵和空中支援、步兵武器和支援兵器、军法、通信

演习中的指挥中心场景

和战斗情报等。整个课程训练时间为23周，学员们将学习如何实施一个完整的任务。学习会从怎样接受一个军事行动命令开始，再到怎样将这个命令分解为一系列更为具体详细的子命令下达给下级，怎样处理随时出现的各种战术问题。然后，学员们将学习步兵排或步兵连的每一项工作，每个人都有机会当连长、当执行官、当班长、当火力小组长、当机枪手、当步枪手、当投弹手……这个课程的目的是使学员们了解连队中每个角色的任务、潜力和困难。整个课程的尾声是个为期9天的作战演习，学员们必须自行制定计划和指挥行动，组织行军，然后发起攻击或防御。

当结束TBS课程时，这些少尉才能成为一名真正的军官。正如陆战队俚语所说的，TBS会把一个普通的陆战队员培养成“黄油条”（少尉军官军衔标志为一个金黄色横杠，所以被戏称为黄油条），一个无论在战场上还是战场外都知道要做什么、如何去做的军官。

每年TBS训练8个连（其中3个连为女学员），每连200-250人，全年约1800人。OCC和TBS课程训练都设在弗吉尼亚州匡蒂科的海军陆战队大学附属基地内，每个陆战队的军官都必须经过匡蒂科的军官训练。所以匡蒂科被称为“陆战队军官的十字路口”，在这里很多陆战队学校和训练课程将决定他们的一生。

一名真正的陆战队军官这样描绘自己：“我们在任何方面都是士兵的表率，吃饭时我们在最后，以确保士兵们先吃饱；我们的军容，我们的体能，我们对武器和战术的了解，都是士兵的表率。因为如果你做不到这点，你就不能领导他们。我们必须比士兵更精通这一切，接受过更多的训练。因为我们既是一名优秀的军官，也是一名优秀的陆战队员。”

梯形训练体系

长期以来，陆战队始终把训练看得极其重要，并且经过长期摸索，已经形成了一整套训练制度和程序，并有严格的考核制度。陆战队的训练分为个人训练和部队训练两种，个人训练又可分为士兵训练和军官训练两种。

士兵训练从新兵训练营开始，新兵训练营主要是军人养成教育和基础军事技能培训。养成教育主要包括陆战队荣誉教育、纪律教育、队列训练和体能训练，基础军事技能培训主要包括两栖登陆基本知识、游泳、野外生存等。在通过 12 周新兵训练之后，刚刚成为陆战队员的新兵必须到步兵训练团进行基本战斗动作训练。陆战队共有 2 个步兵训练团，分别位于北卡罗来纳州的勒任军营和俄勒冈州的彭德尔顿军营。基本战斗动作训练历时 24 天，主要进行一般科目、战术科目和武器科目三方面内容训练。从步兵训练团结业后，大部分新兵被分配到舰队陆战队的步兵连服役，小部分新兵则被送入专业技术学校进行学习。学习时间根据专业技术不同，从 5 周至 1 年不等，专业技术学校结业后，新兵会被分配到专业技术部门服役。

陆战队的军士训练则主要由专门学校负责，除了军官学校的军士班外，还有参谋军士学校、电子通信学校、人事行政学校和陆战队警卫学校等，分别对不同岗位的军士进行专业培训。

只有经过严格培训，才能成为合格的军官

军官的教育和训练则是一个非常完整的体系，既有陆战队本身的院校，又有利用其他军种院校进行的代培代训。中级以下军官的训练基本都集中在弗吉尼亚州匡蒂科陆战队教育中心，一个由 9 所院校组成的教育网络内进行。

陆战队军官培训分为任命前的养成培训

新兵正在进行体能训练

和任命后的深造培训两大类。养成培训主要由预备军官学校和后备军官训练团、海军军官学校及海军航空学校完成。军官任命后的深造培训主要通过各级院校完成，军官每次晋升前都必须进行相应的院校学习。深造培训又可分为初级、中级和高级三大类。初级训练的培训对象是少尉至上尉的初级军官，由陆战队基础学校和两栖作战学校来实施，基础学校专门培训新任命的少尉军官，而两栖作战学校则培训其他级别的尉官。此外，陆战队每年还会选派部分尉级军官进入其他军种的初级院校学习。中级训练的培训对象是少校和部分中校军官，主要由陆战队大学和陆战队指挥参谋学院来进行，培训期间为 9 个月。此外，陆战队每年还会选送一定数量的中级军官到其他军种的中级院校，如陆军指挥参谋学院、海军军事学院指挥参谋系、空军指挥参谋学院及武装部队参谋学院等院校学习。由于陆战队自身没有相应的高级院校，因此高级训练时，陆战队只好将选出来的上校和少量资深中校军官送到其他军种的高级院校（如海军军事学院、陆军军事学院、空军军事学院和国防大学等）进行深造。

陆战队的部队训练主要以两栖作战为主，除了日常训练外，还会在加利福尼亚州第 29 棕榈树基地的陆空联合战斗训练中心进行为期三周的整部队建制的轮训，轮训内容包括各种不同条件下的作战训练。

进行寒带训练的陆战队

为了更好地适应陆战队全球作战的需要，陆战队要在加利福尼亚州的山地战训练中心、巴拿马的陆军丛林战训练中心、菲律宾的训练基地和第29棕榈树基地沙漠训练场分别进行山地、丛林和沙漠地区作战训练，使部队能适应不同地区的不同地形。此外，陆战队尤其重视严寒地区的作战训练（也许朝鲜战争的教训过于深刻）。每个陆战师每年都会定期前往挪威、加拿大、阿拉斯加和内华达山地作战训练中心进行严寒条件下的作战训练。尤其是内华达山地作战训练中心的训练最为艰苦，每年12月至翌年4月，陆战队会以营为建制进行轮训，每个营训练周期为28天。最初2周，每周5天在山上，2天在海拔2000米的第一营地，进行适应性前期准备，然后不带背包前往海拔2600米的第二营地。第3周开始，部队要背负30-40磅负重进行6英里的山地行军。第4周则进一步加大难度，携带50-70磅负重前往海拔2800米的终点——第三营地。在山地行军过程中，还要进行雪地生存、雪地机动、山地作战等专项训练。

陆战队其他学校

海军陆战队除了对军官设置了高标准的筛选标准和培训要求，还对各级军官都设有相应的培训课程，以使他们能够胜任各级领导工作。陆战队的教育训练的核心就是弗吉尼亚州匡蒂科，这里不仅有陆战队发展司令部，还有陆战队多所院校。

士兵在训练间隙小憩

陆战队下属的军事院校，最高级别的自然是海军陆战队大学，它的附属单位包括军士学校、参谋军士学校、基础学校、两栖作战学校和指挥与参谋学院。而陆战队大学本身主要负责研究与发展两栖登陆作战的战术原则和装备，进行两栖作战和空中支援作战训练，以及管理各分校，并对陆战队所有进行军事职业教育的学校拥有审查权。陆战队大学主要招收对象是陆战队中校和少数资深少校军官，对他们进行高级军官培训，特别是高级作战训练和战争艺术研修两门课程，是陆战队军官培训的最高点。高级作战训练课程为指挥与参谋学院的优秀毕业生开设，培养他们在陆战队陆空特遣部队指挥部门和联合司令部担任重要的职务。战争艺术研修课程是为优秀高级军官研究和学

进行反坦克作战训练的陆战队

美国海军陆战队始终把训练放在最重要的位置并且形成了一整套训练制度和课程

习战争艺术与科学而开设的，学员将研究各种强度的冲突和作战理论，毕业后作为指挥与参谋学院的教官到海外海军基地任职 2 年，确保陆战队指挥与参谋学院拥有一流水平的教官。

陆战队对团级指挥军官和师级司令部参谋军官由海军陆战队指挥与参谋学院负责培训。对营级指挥军官和团级司令部参谋军官进行培训的则是海军陆战队两栖作战学校。对通信指挥军官和参谋人员进行培训，由海军陆战队通信军官学校负责。

除了各级军官培训院校外，陆战队还开设专业院校以培养专业人员，如对计算机专业技术人员进行培训的海军陆战队计算机学校，培训防空导弹和防空作战专业人员的海军陆战队防空学校。

对于陆战队基层部队骨干的军士长和专业军士，陆战队也有系统的培训，海军陆战队军士长学校培训在陆战队服役 20 年以上的一、二级军士长或准备提升为二级军士长的三级军士长。此外，还有陆战队参谋军士学校、陆战队电子通信学校、陆战队海上部队学校、陆战队人事行政学校、陆战队新兵教练学校、陆战队警卫学校，分别对参谋军士、电子通信、海军陆战队舰上分遣队人员、从下士到军士长的各级士官、新兵训练教官军士和警卫人员等各种专业军士进行专项培训。

美国海军陆战队主要院校简介

1. 海军陆战队大学

海军陆战队大学，是美国海军陆战队的高级院校。该大学成立于 1990 年，校址设在弗吉尼亚州匡蒂科陆战队发展司令部基地内。学校主要招收对象为陆战队中校和少数资深少校军官。陆战队大学主要负责研究与发展两栖登陆作战的战术原则和装备，进行两栖作战和空中支援作战训练，及管理各分校，并对陆战队所有进行军事职业教育的学校拥有审查权。

陆战队大学还包括包括军士学校、参谋军士学校、基础学校、两栖作战学校和指挥与参谋学院等附属院校。

2. 海军陆战队指挥与参谋学院

海军陆战队指挥与参谋学院，是海军陆战队大学所属院校之 -，是一所对陆战队中级军官进行培训的院校。校址在弗吉尼亚州匡蒂科陆战队发展司令部基地内。学院主要训练任务是：研究国防组织，陆战队在各种战争中的职责及有关战略、战术原则，培养上校级指挥军官和参谋。学员一般是陆战队中校和少数资深少校军官，经过培训后回到陆战队担任相当于上校军衔的指挥或参谋职务。除陆战队军官外，也有其他军种的军官和外国军官入该院学习。

该学院学制 9 个月，每年培训约 150 人。学院课程包括：陆战队的政策、计划与司令部的工作、国防部的组织和职能、参谋长联席会议、联合和特种司令部的组织机构，以及陆战队和其他军种的研究等。但重点是有限战争和全面战争情况下，陆战队空对地特遣部队作战活动的计划和实施等。在课程设置上还安排有 100 多小时的专题讲座（总计 50 多次）。讲课人通常是美国军政首脑、著名专家教授、驻外国大使、军队高级军官以及政府高级官员等。

海军陆战队指挥与参谋学院的课程重点是在有限战争和全面战争情况下，陆战队空地特遣部队作战活动的计划与实施等。学院从 1990 年起开设了战争艺术研究生班、高级作战与战备研究生班。

3. 海军陆战队两栖作战学校

海军陆战队两栖作战学校（以往称初级学校），是海军陆战队大学所属院校之一，设在弗吉尼亚州匡蒂科陆战队发展司令部内。该校主要训练任务是学习两栖作战理论，培训陆战队尉官和少量少校军官，以担任陆战营、航空中队一级指挥官和团、航空大队一级司令部的参谋军官。学制 9 个月。每年入学人数约 200 人。

海军陆战队两栖作战学校课程设置和陆战队指挥与参谋学院的课程设置相似，但侧重于加强步兵营一级，而对于团和更高一级组织，只作一般性了解。课业的重点是常规战争和非常规战争中两栖作战和岸上作战的原则、基本原理和技术等。课程包括：火力支援、参谋业务、后勤、原子和化学支援、陆战队航空兵和所谓 " 反暴乱 " 作战等。

4. 海军陆战队基础学校

海军陆战队基础学校，是海军陆战队大学所属院校之一，是美国培训海军陆战队新任命的少尉军官的学校。校址在弗吉尼亚州匡蒂科，是一所初级训练学校。新任命的陆战队少尉军官必须经过陆战队基础学校的训练后，方可到部队服役。

海军陆战队基础学校主要训练任务是学习军事基础知识及初级军官职职责、军事技能。学习内容为三大部分：军事技术、学术和领导艺术。课程设置有：基本战术、巡逻、垂直包围、坦克--步兵作战、两栖作战、航空兵和空中支援、步兵武器和支援兵器、军法、通信和战斗情报等。培训时间为 23 周，平均每年训练 8 个连（其中 3 个连为女学员），每连 200-250 人，通常每年培训 1800 人。

5. 海军陆战队军官候补生学校

海军陆战队军官候补生学校，是陆战队自己培训行伍出身军官的唯一学校。学校设于匡蒂科。学校设有军官候补生系和班排长训练系。(1) 军官候补生系，培养对象是地方大学毕业生和精选的陆战队人员，每年培训人员约 900 人，时间为 10 周。学员在校学习期间，校方通过考察，然后确定是否授予其少尉军衔。毕业时成绩合格者被授予少尉军衔。(2) 班排长训练系，培训对象是地方大学生。该系设有两种班次：一种是对在校的大学生连续进行 2 次（每次 6 周）暑期集中训练，每年暑期约 1200 人来匡蒂科受训。另一种是将连续 2 次的暑期训练合并为 1 次暑期训练，为期 10 周。每年暑期约有 600 人来匡蒂科受训。学习课程与军官候补生系的课程相似。上述受训的学生在大学毕业后被任命为陆战队少尉军官。

6. 海军陆战队通信军官学校

海军陆战队通信军官学校，是美国培训海军陆战队战术通信指挥官和参谋人员的学校，是陆战队的专业技术学校之一。该校主要任务是提高初、中级军官的通信专业技术水平。

海军陆战队通信军官学校设有基本班、高级班和预备役军官班三种班次。(1) 基本班：培养从基础学校挑选的毕业生，每年开办 5 个班，每班 50 人。培训内容是让学员了解小部队通信军官的任务和职责，以及舰队陆战队通信系统的组织机构，学习重点是有关通信的基本技术。(2) 高级班：培训海军陆战队上尉和少校以及其他军种的军官和外国军官。每年开办 1 期，每期约 50 人，学制 42 周。主要培训学员将来担任战术通信指挥官和参谋职务。课程主要包括指挥与参谋、组织和战术、两栖作战、电子、专业技术、电子计算、计算机科学、电信和作战通信等 9 个

方面课程。(3) 预备役军官班：培训挑选的陆战队预备役军官，每年暑期开办，学制 2 周。

7. 海军陆战队计算机学校

海军陆战队计算机学校，是陆战队新开办的一所军种间专业技术学校。学校的主要训练任务是:提高初、中级军官的计算机专业技术水平，并开设士兵、军士、尉官班。该校主要培训军官、士兵和文职人员，以担任计算机系统的程序设计员、操作员、管理员和合作者。学校每年开办 30 多个班，学员约 1000 余人。学校课程设置 23 门。学员除来自陆战队外，还有海军、空军及海岸警卫队的军人和文职人员，以及外国学员。教员包括来自陆战队、海军和空军的教官。

8. 海军陆战队防空学校

海军陆战队防空学校，位于得克萨斯州的伯利斯堡，专门训练陆战队员如何使用 " 毒刺 " 防空导弹。防空学校经常保持有 70 名陆战队员，学制 13 个星期。" 毒刺 " 短程防空导弹可用于对付敌巡航导弹、无人机、直升机和低空飞行的固定翼飞机。除学习外，学员的其他活动包括体能训练、整理内务和社区服务等。学员在毕业前的最后一个星期进行 " 毒刺 " 导弹的实弹射击培训。完成学业的学员达到陆战队航空兵训练与战备大纲的要求，可以直接参加作战。

防空学校学员毕业后的分配去向包括第 1 飞机联队的第 1" 毒刺 " 导弹营、切里角航空站的第 2 低空防空营、彭德尔顿兵营的第 3 低空防空营或后备役部队的第 4 飞机联队等。

9. 海军陆战队函授学校

海军陆战队函授学校，亦称海军陆战队进修学校，设在匡蒂科海军陆战队教育中心。该校通过函授教育，对陆战队官兵进行广泛的专业知识教育。函授教育包括 4 种课程：陆战队参谋军士学校的课程、基础学校的课程、两栖作战学校的课程、陆战队指挥与参谋学院的课程。该校函授的对象主要是美国海军陆战队军官、美国武装部队人员、政府机关中挑选的文职人员，以及外国军队的一些人员。参加函授人数通常为 800 人左右。

10. 海军陆战队军士长学校

海军陆战队军士长学校，主要培训海军陆战队在部队服役 20 年以上的一、二级军士长或准备提升为二级军士长的三级军士长。军士长学校学制 6 周，平时在训人数为 80 人，全年训练量达 640 人。所授课程重点是部队的行政管理、军事训练的组织等，并选修部分大学课程，学员毕业时授学士学位。学员毕业后通常分配到师、旅以上机关任高级军士长，作为机关部门首长管理士兵的助手。

11. 海军陆战队军士学校

美国海军陆战队军士的培养除军官学校中的士兵班外，培养海军陆战队军士的学校主要有：

①海军陆战队参谋军士学校。该校是海军陆战队大学所属院校，是美国培训海军陆战队军士的学校之一。学校设在弗吉尼亚州匡蒂科，学制 6 周。学校学习内容比较广泛。通过培训，主要增进学员的专业知识、领导和管理能力。该校每年培训学员约 650 人。

②海军陆战队电子通信学校。该校是美国培训海军陆战队军士的专业技术学校之一。学校设在加利福尼亚州的圣迭戈。电子通信学校开设的军士训练班主要培训无线电、有线电、雷达、射击指挥仪等技术人员。培训时间为 3-28 周。该校每年可训练约 3000 人。

③海军陆战队海上部队学校。该校是美国培训海军陆战队军士的学校之一。学校校址分别设于加利福尼亚州的圣迭戈和东海岸朴次茅斯海军船厂。海上部队学校主要训练海军陆战队舰上分遣队人员。训练期限为 4 周，该校每年可训练约 1500 人。

④海军陆战队人事行政学校。学校设在帕里斯岛。学校设行政主任班、军士长人事行政班。行政主任班主要培训下士至上士，训练时间为 9 周，每年训练约 300 人。军士长人事行政班，主要培训军士长，训练时间为 6 周，每年训练约 270 人。

⑤陆战队新兵教练学校，分别设于圣迭戈及帕里斯岛，专门培训新兵训练军士，由老军士担任教练。学制 5 周，每年训练约 880 人。

⑥陆战队警卫学校，设于华盛顿，专门训练警卫人员，学制 5 周，每年训练约 450 人。

美国海军陆战队指挥要求和准则

本文译自美国海军陆战队作为军官训练指导的文件，我们可以从中得到一些参考。

海军陆战队核心价值观

一代接一代的美国男男女女给美国海军陆战队的称号带来了特殊的意义。同样，这些男女依靠构成他们性格的一系列不朽的核心守则度过每一天。核心守则给他们以力量并校正他们的行为。他们团结在一起，使海军陆战队成为一个可以直面任何挑战的完整武装力量。

荣誉：荣誉指导陆战队员在伦理道德行为上的样板；不撒谎、不欺骗、不偷窃；坚持毫不妥协的正直；尊重个人尊严；尊重他人；成熟的品质、奉献、信心、可靠保证队员负责地行动；履行他们的义务；带动他人对他们的行为负责。

勇气：勇气对海军陆战队来说，是精神上和肉体上的力量，将带领着他们冲过战斗的挑战并帮助他们克服恐惧。它是让一个队员知道什么是对的的内部力量；带给个人行为一个更高的标准；通过实际进行引导；在压力之下作出坚决的决定。

承诺：这是海军陆战队决心和奉献的灵魂。它给陆战队个体和单位带来最高的纪律命令。这是保证一天 24 小时奉献给军队和国家的要素。它在每一个努力中都激励着以不屈不挠的决心达到一个卓越的标准。

作为一个陆战队员，需要重申这些核心价值观并确保它们引导你每天每一分钟的行为。

海军陆战队的领导能力

1. 定义：成功地激励和控制一个群体的智力、个人学识、精神品性的总和。

2. 目的：海军陆战队领导能力的目的是建立和维持一个组织忠诚地、理想地完成任何指派 或指定的合理任务，并在缺少具体命令时开始必要的行动。

3. 主要目标和次要目标

（1）主要目标：海军陆战队领导能力的首要目标是完成任务。好的领导能以最快、最有效率的方式完成任务。任务的完成实际上代表着保护美国人民和保护国家的社会安全。把任务的完成放在军队安全前面只是意味着所有有责任的军人必须准备着冒风险以他们的生命保护那些他们立下誓言去保卫的人的生命。

（2）次要目标：领导的第二个目标是海军陆战队的安全。军队安全属于包含食物、衣着、掩蔽和安全在内的物质需要。你的安全也是物质需要。精神安全包括对正确和错误的培养（正确的交友态度、在生活中健康外貌的展现。最后，精神安全表示认可、学习和提高的机会、工作和娱乐的适当调配）。

4. 指挥官和他们的队员

（1）伙伴精神：在整个海军陆战队历史上，始终贯穿了伙伴精神。这是这支军队的重要特点，你必须协助保持这一点并促成它在你的单位的有效影响。

（2）老师和学生：在军官和应征入伍的队员之间有一个非常特殊的关系。这种关系可以用《海军陆战队手册》中的下列引用加以描述："军官和入伍士兵之间的关系决不是上下级的关系也不是主仆关系，而更像是师生关系。海军陆战队手册更多的认为军官尤其是指挥官，对物质上、精神上、道德上的安全负有责任，一如在他们指挥下在海军陆战队服役军人的纪律和军事训练。"如果你的领导做得像个老师，那么这种关系意味着你有责任做一个好"学生"并向你的领导学习，以及在你有个人问题时留心他们的建议。

指挥的要求

这 14 项对指挥官的要求都体现了思考和行动的品质，在每天的行动中表现出来的，帮助海军陆战队获得尊重、信心和其他海军部队的忠诚协同。理解每一项指挥要求并知道怎样去提高是极为重要的，那样你会知道应该设定的目标以成为一个好的指挥官和一个好的追随者。

1. 仪态 Bearing

①定义：仪态指行为和表现自己的方式。你的风格应该反映机警、胜任、信心和克制。

②提高的建议：要提升你的仪态风格，你应该在个人举止上以更高的标准控制自己。不要满足于仅仅达到最小的要求。

2. 勇气 Courage

①定义：勇气使你在恐惧面前依旧镇定。精神上的勇气意味着有内在力量去支持正确的并在有失误的时候敢于接受责备。物质上的勇气意味着在物质上的危险面前你能够继续有效发挥作用。

②提高的建议：你可以通过练习自我训练和镇定来开始控制恐惧心理。如果你在每天的生活中害怕做摹写特定的事情，强迫自己去做直到你能控制自己的反应。

3. 果断 Decisiveness

①定义：果断表示你能够没有延误地作出好的决定。获取所有的实施并互相做个权衡。通过镇定而迅速的行动，你应该得到一个明确的决定。你要以清晰、坚定、专业的风格宣布你的决定。

②提高的建议：练习断然地采取行动而不是不认真地行动或者改变你的主意。

4. 可靠 Dependability

①定义：可靠意味着你能被信赖能完全完成你的职责，意味着你能被信任去完成一个任务。它是一系列指挥的策略和命令的自愿自发的支持。可靠也意味着坚持投入你的最大努力去达到最高标准的执行。

②提高的建议：可以通过养成假定被要求准时的习惯、通过不找借口、通过尽你的最大能力去执行每一个不论你是否喜欢或者同意的任务，增加你的可靠性。

5. 耐力 Endurance

①定义：耐力指衡量经受痛苦、疲劳、压力、困难的能力的精神和物质上的毅力。比如，在行军训练中忍受痛苦以提高毅力在提高指挥能力上是极重要的。

②改进的建议：通过参加提高体力的体能训练可以提高你的忍耐力。在你

正在进行防化战训练的陆战队员

机降、伞降训练是陆战队重要的训练科目

心力疲惫的时候强迫自己继续尽最大努力完成好每一项任务。

6. 热情 Enthusiasm

①定义：热情定义为在执行职责中诚挚的兴趣和饱满的热情，如果你是充满热情的，你就是乐观的、快乐的、愿意接受挑战的。

②改进的建议：对你的任务的理解和信任有助于增加你对工作的热情。试着去理解为什么即便不感兴趣的事情也必须要做。

7. 主动 Initiative

①定义：主动指甚至在没有得到命令的时候采取主动行动，意味着在遇到新的和无法预料的情况时及时采取行动，包括在没有通常提供给你的资源和方法时使用你的智谋去达成某件事情。

②改进建议：要想提高你的主动性，设法保持精神上和体能上的警觉，知道需要做什么并在没有告知的情况下完成那些事务。

8. 诚实 Integrity

①定义：诚实意味着你所说所做的诚实可信，以及正直、责任感和遵守道义。

②改进建议：在任何时候都要诚实可信，坚持你认为是对的道理。

9. 判断 Judgment

①定义：判断是你清楚、冷静、有序地考虑问题的能力，以作出好的决定。

②改进建议：可以通过避免作草率的决定提高你的判断力。以常用的姿态处理问题。

10. 公正 Justice

①定义：公平指公平和协调的习惯。公正的人考虑一个情况的各个方面并根据其功过给予奖惩。

②改进建议：在为什么作出一个特殊的决定的问题上对自己诚实。避免偏好。尽量在任何时候以相同的方式对待任何事和人。

11. 学识 Knowledge

①定义：学识指对科学或技能的了解。学识意味着你已经学到知识以及了解人们。你的学识应该是范围广的，除了了解你的工作外，你应该知道你的组织的政策并在现有的事件中保持这些

政策。

②改进建议：通过保持警惕增加你的学识。通过听、观察、查明你未能理解的事务。学习野战手册和其他军事著作。

12. 忠诚 Loyalty

①定义：忠诚表示你对你的国家、军队，以及你的上级，同事和下级的诚心。我们海军陆战队的座右铭是“永远忠诚”(Semper Fidelis)。你对于上上下下一系列的命令，对上级下级和同事负有不可动摇的忠诚的责任。

②改进建议：要提高你的忠诚你要通过从不与外界讨论海军陆战队或你的组织的问题来体现你的忠诚。从不在你的下级面前不适当地谈及你的上级。一旦一个决定作出或者有命令发出要求执行，欣然完成该命令就象这个命令是你自己的一样。

13. 机智 Tact

①定义：机智表示你能够以保持良好关系并避免问题的方式去处理人际。意味着你有礼貌、冷静、坚定。

②改进建议：通过在任何时候尽量保持有礼貌和愉悦来提高你的机智。象你要求别人怎么对你那样对待他人。

14. 慷慨 Unselfishness

①定义：慷慨意味着你要避免把自己的舒适建立在其他人的损失之上。对值得信任的人显示你的信任。

②改进建议：避免使用你所处的位置或等级在他人损失之上取得个人的利益、安全和欢乐。对他人要体谅。

因为保持记住这些基本领导素质是很重要的一件事,我们常会说“J.J.Did tie buckle”(把扣子扣牢）的缩略语。在这个缩略语中的每一个字母都代表了一项领导特性的头一个字母。通过记住这个缩略语，你可以更好的记起这些领导特性要求。

惊天丑闻

陆战队女兵，从领口军衔标记可以看出是中士

1956年帕利斯新兵训练营一名喝得烂醉的教官，命令74名新兵到一处叫作缎带溪的沼泽里进行徒步行军训练，结果不谙地形的新兵们遭遇到了真正的灾难，有6名新兵命丧缎带溪。此事立即在美国国内引起轩然大波，陆战队随后对新兵训练的状况进行深入调查，数名不符合要求的教官被撤职。同时，此事件也推动了陆战队对新兵训练内容和方法进行大幅度的改革，因为毕竟陆战队是以“以身作则，关爱下属”为传统，哪怕新兵训练营的对象还不是真正的陆战队员。

进入20世纪80年代，随着在军队中服役的女兵数量不断增加，美国军队性丑闻、性骚扰事件层出不穷，但是除了1991年少数陆战队航空队的舰载机飞行员参与了著名的“尾钩”性丑闻事件[①]外，陆战队似乎是美国军队四大军种之中唯一的一块净地。但是好景不长，2000年一名在匡蒂科陆战队机动驾驶学校受训的女学员控告该学校高级教官霍华德·W·伍德军士长对其进行诱奸。此事引起了美国海军陆战队监察部门的高度重视，他们立即指派专案人员进行彻底调查，先后传讯了400余名驻世界各地的陆战队学员、前任教

---

①“尾钩”性丑闻事件：1991年9月，美海军和海军陆战队的千余名舰载机飞行员在拉斯维加斯的希尔顿饭店举行第35届“尾钩航空协会”（尾钩航空协会为美国海军、陆战队航空兵现役、退役舰载机飞行员的协会，以舰载机特有的着陆尾钩而命名）聚会。这次聚会成为饮酒、性乱的疯狂聚会。会上先后有83名女军官和妇女受到性骚扰。事后，美海军高层百般遮掩，对此事不加追究。直至1994年美海军才不得不对117名肇事飞行员进行军纪军法处理，30多名将军因此也受到查处。为此，美海军部长劳伦斯·加雷特被迫引咎辞职，美海军作战部长弗兰克·科尔索上将被迫提前退休。这也是美军历史上涉及人数最多，影响最大的一桩性丑闻事件。

官以及机动驾驶学校的现任学员和教官。调查结果令美国海军陆战队最高层大为震惊：机动驾驶学校的教官确实存在对异性学员进行性骚扰性侵犯的情况，至于偷窃学员钱财和污辱学员更是家常便饭。经查实至少有20名教官涉嫌强迫异性学员与其发生性关系，其中包括伍德和另外3名教官。2000年11月29日，美国海军陆战队监察人员正式逮捕了伍德等4名教官，并移交给陆战队军事法庭。2001年4月14日，陆战队军事法庭宣判伍德与女学员发生不正当性关系、私藏和传播儿童色情制品的罪名成立，判处12个月监禁、减薪并被强制退伍。其他3名教官也受到不同程度的刑罚处理，另有20名教官被调离岗位。

为了避免相关性丑闻事件，近年来陆战队改进了女兵训练方法，增加了防范“性侵犯”的专项培训。每位女兵在服役的第一天，都会得到一本小册子，上面详细说明了哪些行为属于性骚扰、一旦遭遇这类情况应当找谁去解决等内容。按照规定，发生这类事情后，女兵可以越级上告，甚至可以直接向陆战队司令部报告。而且所有人都知道，任何一位女兵的上告都会得到严肃调查。

毫无疑问，这些丑闻事件连同发生在冲绳基地陆战队士兵强奸当地少女等事件，都大大影响了海军陆战队的声誉。

第四章

武器装备

本章除了介绍陆战队的各种尖端武器外，还将介绍包括第二次世界大战以来海军陆战队所使用的各种武器系统，以及它们的发展演变情况。当然，作为美国武装部队经历千锤百炼而成的一个独立军种，海军陆战队所使用的装备系统以及装备发展演化本身的历程，就已经足够去编纂一套丛书。本书自然没有这样的条件和能力。本章所力求做的是，在一个有限的篇幅内使读者对我们所要阐述的内容能有一个框架性的认识。

跨越海洋：两栖舰艇的过去与现在

早在 19 世纪初的巴巴利战争[①]时期，海军陆战队员乘着海军的三桅帆船从波士顿出海，横渡大西洋进入地中海。他们必须忍受和水手一样的恶劣饮食、大西洋上汹涌波涛带来的颠沛流离，然后换乘小艇在海军战舰的炮火掩护下登陆北非巴巴利海盗国家的港口与补给站，或者直接攻击敌人的商船，通过危险的靠帮接舷战来夺取敌人的船只和货物。而在当时，他们所使用的武器不外乎燧发枪和军刀，所能获得的支援也仅有来自军舰的炮火。

20 世纪 40 年代，规模空前的世界大战使人们发挥一切聪明才智来击败对手。作为跨海作战的有效手段，大规模的两栖作战成为这场世界性战争中的重要一环。例如 1943 年在北非和西西里岛的登陆作战、1944 年的诺曼底登陆，以及美国海军陆战队自 1942 年起在太平洋上的一系列岛屿登陆战。除了战术战法越来越适合战场的实际情况以外，各种适应于两栖行动而制造的技术装备以及诸多的保障体系，使这种复杂的兵种联合行动成为了可能。

自第二次世界大战以来，美国海军陆战队的两栖作战已经有了长足的进步。尤其是陆战队士兵在太平洋战争期间用鲜血与生命摸索、总结的宝贵经验，都使得第二次世界大战以后的两栖装备发展有了完整的理念和构想、作战战术以及与这些相适应的武器系统。

在巴巴利战争结束的 200 余年之后，现代的海军陆战队士兵们已经不必再重复他们先辈的那种艰辛的条件了。任务到来之时，他们将从基地搭乘最先进的黄蜂级两栖攻击舰起航，庞大的两栖母舰为他们提供从饮食到住宿以及医疗卫生甚至战术布置和训练等诸多保障，完善的后勤措施将伴随着他们渡过从基地到滩头的那段漫长旅程。

在到达攻击海域后，陆战队员们将搭乘 LCAC 气垫登陆平台和 AAV 两栖战车向海滩进军。为他们提供支援的将是先进的 F/A-18“大黄蜂”战斗攻击机和可以从黄蜂级两栖攻击舰上直接起飞的 AV-8 攻击机，甚至重达 60 吨威力巨大的 M1A1 式主战坦克都能通过 LCAC 直接冲上滩头……

现代两栖舰艇的直系祖先出现在第二次世界大战中，美国人为了能够跨越大洋

①巴巴利国家包括阿尔及利亚、的黎波里、突尼斯、摩洛哥这四个伊斯兰国家。18 世纪中叶到 19 世纪早期，受控于这些国家的海盗曾经肆虐于地中海，迫使欧洲国家以及美国向其进贡。

将作战部队送往欧洲和太平洋的彼岸，制造了各种功能各异的具备两栖战能力的舰艇。

第二次世界大战结束以来，两栖舰艇顺应着新技术和观念的发展，在某些地方已经有了近乎飞跃性的发展。随着直升机的诞生和大量使用，两栖登陆的手段也不仅限于从海上登陆。但是两栖作战中母舰的地位永远不会被动摇，小型登陆艇和两栖运输直升机不可能远渡重洋，它们必须有一个运送的平台。

历史上的两栖舰艇

使用和建造数量最多的，无疑是那些能够直接将人员和轻型装备送上滩头的小型登陆舰。虽然种类繁多，但是它们还是被统称为“车辆人员两用登陆艇”（LCVP）。这种小型登陆艇一次能载运36名士兵或者一辆不超过3吨的轻型车辆冲上滩头阵地。另一种稍大一些的登陆艇被称为“机械设备登陆艇”（LCM），能够一次载运30吨货物或者一辆“谢尔曼”式中型坦克抢滩。被称为“艇”的小型登陆舰船中，尺寸最大的一种要属“坦克登陆艇”（LCT）了，它能一次将4辆“谢尔曼”式中型坦克（后期生产的某些型号能载运6辆）送上海滩。

在第二次世界大战中制造的所有两栖舰艇中，其中最为著名的应属美国制造的LST，即所谓的“坦克登陆舰”（Landing Ship Tank，简称LST）。这种登陆舰的特点是船艏有可以开启的舱门，抢滩时载运的车辆和人员可以很方便地通过这个舱门开到海滩上。但在美国海军中，LST名声大噪的原因不是因为其功勋，而是因为其缩写名称可以被曲解为“大型低速靶船”（Large Slow Target）。这种登陆舰轻载排水量1625吨、满载4080吨（载货1675吨），只装载500吨货物时可以直接开上滩头去。事实上，它也如同这个外号一样又大又慢。为船舶提供动力的只有两台900马力柴油机，最高航速仅12.1节，因此，它非常容易成为敌方飞机和岸防火炮的活靶子。但是它作为登陆舰能直接开上海滩的优点，却曾经在诺曼底战役中发挥了重要的作用。一般来说，如果打算直接用于抢滩作战的话，LST会在甲板上搭载一艘LCT（或者拖行）用以向海滩转运所载人员和设备。

其他比较著名的舰艇，包括巨大的两栖人员运输舰（APA）。美国人一共制造了3种级别的APA，即首领级、哈里斯级和狄克曼级。首领级满载排水量6720吨、但安装的8000马力柴油引擎能使它达到19节的最大航速。如此庞大的舰艇当然是无法直接抢滩的，事实上它也是被当作两栖作战人员的前进基地和母舰来设计的。首领级

满载着登陆作战物资的LST正向关岛航行

能够一次承载1100名陆战队员，而负责将人员由母舰送往滩头的是船上所搭载的LCVP，首领级能一次携带多达16艘LCVP。哈里斯级和狄克曼级则是体型更庞大的船舶，满载吨位超过20000吨，可以搭载33艘LCVP和4艘LCM、外加4000吨货物，同时还能搭载最多1900名士兵。

当然，不能被遗忘的还有著名的艾希兰德级（Ashland Class）船坞登陆舰（Landing Ship Dock，简称LSD）。1942年，当世界上第一艘船坞登陆舰“艾希兰德”号（Ashland LSD-1）下水的时候，绝对是被视作怪物的。它就像是船和浮动干船坞的结合体。船体后部的“船坞”依靠船艉处的一道闸门隔绝海水，“船坞”内部则停泊着用以抢滩的小型登陆艇和各种两栖战车。当然，这个“船坞”的实际尺寸可能要比我们看见的大许多，因为它甚至一直延伸到舰桥结构之下，占据了船体内部结构的2/3之多。在执行两栖作战时，船坞登陆舰艉部的闸门会开启，随之将海水灌入“船坞”。此时，在“船坞”内的两栖登陆艇和两栖战车，就能直接从船坞登陆舰内驶出，而不用再像APA那样花费老半天，依靠起重机把登陆艇从甲板上吊下海去，可以大为增加两栖攻击的突然性。

以上舰艇构成了美国海军陆战队在第二次世界大战中的两栖基本投送力量，其中不少经典的设计被一直沿用至今。另一些则顺应技术与手段的飞速发展，已经进化得失去了原有的形态。

两栖船坞舰的发展与演变

第二次世界大战奠定了当代美国海军陆战队的组织结构和基本作战方式，甚至陆战队今日采用的各种武器装备、特别是两栖登陆用舰艇都可以被视为上述舰艇的发展和延续。但是由于技术的不断发展，特别是重型主战坦克成为了陆战队装备以后，车辆和装备的重型化趋势以及对于突击速度的不断渴求，促成了今日的两栖突击艇的进化，无论在造型还是在作战效能上已经远非第二次世界大战中的LCVP以及LCT等所能比的。比如，著名的高速气垫登陆艇LCAC，其战术用途类似于LCT和LCM，但是其携带一辆重达60吨的M1A1主战坦克并能以40节航速抢滩，这样的表现则是那两位“前辈”所望尘莫及的。

但是技术并没这样的表现能彻底改变所有舰艇的外貌，比如说船坞登陆舰（LSD），甚至时至今日，其造型依旧与第二次世界大战中的前辈们别无二致，当然，当时的船坞登陆舰块头都要大上许多。大约在1953年的时候，英格尔（Ingalls）造船公司[①]，开始着手为美国海军陆战队建造了战后第一代船坞登陆舰托马斯顿级（Thomaston Class）。托马斯顿级同艾希兰德级有着类似的造型和结构，唯一的小区别是托马斯顿级的后部船坞上加装了一个甲板，借助着装设在舰桥后面的大型起重机，在这块新增设的甲板上还能搭载几艘登陆艇。

直升机开始成为陆战队的新装备

这里有一个插曲是非交代不可的。大约就是战后第一代LSD尚在规划的那会儿，直升机开始成为了美国各个军种的新式装备。这种具备前所未有飞行性能的机种自然在第一时间内引起了海军陆战队的瞩目，一直追求更高登陆效率的海军陆战队在1948年组建了试验部队，为今后的大量列装这种可以进行“空中登陆”的新式载具进行尝试和摸索。既然有了新式的载具，考虑给这种新式载具一个发挥其作用的平台也就成为了必然。军方首先想到的是那些曾在第二次世界大战中大量制造的护航航空母舰，CVHA-1“塞蒂斯”号就是顺应这种需求诞生的。其次，还有被想到的就是位于LSD尾部的那块空间。托马斯顿级在20世纪50年代末和60年代早期陆续接受改装，尾部被装上了一个可以拆卸的直升机平台。但是基于设计上的诸多考虑，托马斯顿级以及60年代中后期开始建造的战后第二代两栖船坞登陆舰安克雷奇级（Anchorage

①英格尔造船集团：后来成为了美国海军陆战队两栖船坞登陆舰的定点生产单位。

对两栖攻击舰的航速提出更高要求

前为哈波斯渡口号船坞登陆舰（LSD48），后为惠特比岛号船坞登陆舰（LSD41）

Class）均没有安装固定式的直升机甲板，必要时这块甲板都可以拆除。

第二次世界大战后，对于大战中两栖作战经验得失的检讨，并逐渐被归纳成了两点：第一两栖舰航速要达到20节，第二均衡装载理论。前者对于两栖攻击舰队的航速提出了更高的要求，使得之前曾广泛活跃于二次世界大战，并在美国海军陆站队内大量服役的各类船艏开门式样的登陆舰艇，成为了过时的累赘，正因为它们独特的船艏门机构使其获得更高航速的企图几乎成为了一种奢望。“20节革命”促成了新港级坦克登陆舰的诞生，也直接促成了美国海军陆战队淘汰掉那些老式登陆舰并着重发展、改进具有潜力的船坞登陆舰。相对于水面舰艇对于航速的一贯渴求，均衡装载理论可能要复杂一些。在第二次世界大战中，两栖舰艇往往来源于商船以及其他船舶的改建甚至是临时改装，所以当时的两栖舰装载一般都很单一。比如说，可以装载大量兵员和物资的APA就无法装载两栖运输车辆以及两栖坦克；著名的“大型低速靶船”LST，虽然能同时携带两栖坦克和人员却无法装载太多的物资，而这些物资却又直接关系到登陆部队的持续作战能力。在现实中，要将这么一大堆航速不一、大小不同的两栖舰艇编组成两栖攻击船队就绝非易事，而一旦有哪艘船舶遭到损失，那么对于两栖作战的影响也是直接甚至致命的。关于第一个问题，由于船坞登陆舰所特有的造型和部队搭载形式，本身也有不少的缺陷，虽然它堪称第二次世界大战中最为成功的两栖舰。

在LSD内部，庞大的船坞挤占了大量船体内部空间，虽然这样有利于搭载更多的登陆设备增加第一波次所能出动部队的数量，但是这也势必造成了船体内部无法再装载其他的货品和车辆，因为巨大的船坞占据了绝大多数空间。相反地，为海军陆战队执行运送任务的快速军用运输船却能大量装载物资和战斗车辆，因为其内部的空间

两栖攻击舰内宽敞的机库

就是依照尽可能多地装载货物的标准来设计的，不过它显然不具备船坞登陆舰那样的灵活性，无法通过携带的登陆设备（在设计中就一直想要携带那些玩艺）将这些物资直接送上滩头。于是，作为船坞登陆舰的一种折中设计、更是基于“均衡装载”概念的两栖船坞运输舰（Landing Ship Dock，简称 LPD）诞生了。1960 年 6 月 23 日，新型船坞运输舰罗利级（Raleigh Class）的首舰，从位于纽约布鲁克林的海军造船厂船台上轰然滑入海中，一种全能的两栖舰就此诞生。

作为船坞登陆舰和运输船的折中，船坞运输舰同时具备两者的优点。既能够携带登陆艇，又有专门用来装载战斗、辅助车辆以及主战坦克的车辆舱，还有用来装载物资的货舱。相对地，船坞的尺寸作了必要的缩小，大约只占据全舰长度的 2/5 左右。此外，传统船坞登陆舰尾部那个可以拆卸的直升机平台，在船坞运输舰上也成为了固定设置。毫无疑问，直升机从第一艘船坞运输舰入役起，成为了两栖舰队的固定装备①。以罗利级开始，运输直升机成为了美国两栖舰艇上的标准装备。

罗利级之后建造了奥斯丁级（Austin Class）和克利夫兰级（Cleveland Class）两种船坞运输舰。相比来说，同罗利级没有太大的差异，不过随着直升机的发展和演变，CH-46“海上骑士”型与 CH-53“海上种马”型两种具备大承载能力的运输直升机成为了两栖舰上的空中装备投送平台，AH-1“海上眼镜蛇”式武装直升机成为了空中的火力支援平台。全能型的 LPD 似乎在预示着两栖舰艇的一个新发展趋势。但是，不

①英国人在直升机上舰这一点上走得比他们的美国盟友要早。

科姆斯托克号两栖船坞登陆舰 LSD45

论是两栖船坞运输舰还是两栖船坞登陆舰，主要职责毕竟还是用来投送陆战部队的，要立刻全面取代 LSD 似乎步子迈得有点大了。

在 20 世纪 70 年代末，美国海军的作战舰艇序列中，出现了一种新颖的高速登陆艇——高速气垫登陆艇 LCAC。这种最高航速可以达到 40 节，能够载运 70 吨货物以 35 节的速度抢滩的新奇玩艺，似乎就是长久以来陆战队一直梦寐以求的装备。但是还存在一个问题，早先那两级由第二次世界大战设计延续而来所谓的船坞登陆舰，并不适合搭载 LCAC 这种新式装备。只好再去为 LCAC 专门建造一种母舰，新舰的建造计划于 1978 年列入海军的五年计划。

1985 年 2 月，第一艘惠德贝岛级（Harpers Ferry Class）船坞登陆舰完成了最后的设备调试工作，正式加入到美国海军的作战舰艇序列之中。这是一艘充分考虑“均衡装载”概念的 LSD，虽然巨大的船坞还是占据了船内的绝大多数空间，但设计人员还是尽其所能作了最合理的安排。惠德贝岛级的货舱容积为 1141.5 立方米，车辆甲板面积为 1161 平方米，可以供从悍马车到 M1 型主战坦克等各种战斗 / 辅助车辆的停放，这同它的“前辈”比起来是有很大进步的。托马斯级几乎不具备车辆搭载能力，货物舱容积也极其有限，而后继的艾希兰德级也仅有象征性的车辆甲板，货舱的搭载量也仅比托马斯级略为优秀。惠德贝岛级的这些设计是在不牺牲船坞面积为前提下达到的，这也保证了它的登陆艇携带量和部队投送能力。搭载新式登陆平台的时候，船坞内可以容纳 4 艘 LCAC 气垫登陆艇。如果采用传统登陆设备，那么它的船坞内一共可以容纳 21 艘 LCM6 或者是 3 艘大型效用登陆艇。一般来说，舰内会载运 450 名海军陆战队士兵以及 12 辆 M1A1 坦克（或者为其他车辆）。

惠德贝岛级也是第一种彻底取消老式 76 毫米速射炮的两栖舰艇。代替它的是安装在中轴线上的两座 20 毫米密集阵近防炮系统，以及动力公司的 RAM 型舰对空导弹发射装置，辅助武器为两挺 25 毫米大毒蛇式机炮，应该说是具备相当的自卫能力了。

但是惠德贝岛级的出现并不意味着船坞登陆舰的重新崛起。随着全能两栖攻击舰（Landing Helicopter Deck，简称 LHD）黄蜂级的诞生，LSD 似乎将注定会被 LHD 所取代。所以美国海军从 LSD-49 开始，便改用改进型惠德贝岛设计，来制造新的两栖船坞登陆舰。LSD-49“哈勃斯 · 菲力”号（Harpers Ferry）虽然名为船坞登陆舰，可是从它的内部构造却无处不说明它其实是一艘船坞运输舰。船坞被缩小，只能停泊 2 艘 LCAC 气垫登陆艇或 9 艘 LCM6 机械化登陆艇。与之相反，“哈勃斯 · 菲力”号的货舱容积却从惠贝岛级的 1141.5 立方米增加到了 1914 立方米，车辆甲板面积也从原来的 1161 平方米扩展到了两层合计 1876.6 平方米。另外，陆战队员舱也被适当扩大。如果这是一篇写于 20 世纪 90 年代早期的文章，那么也许能堂而皇之地将哈勃斯 · 菲力级这种挂羊头卖狗肉的“船坞登陆舰”称为两栖船坞运输舰，认定它为全面取两栖船坞运输舰而代之的前奏。不过现在，这种趋势已经非常明显，甚至可以说已是必然了。因为美国军方已经开发了一种集各种优势于一体的军舰，相对地，满载 16600 吨的哈勃斯 · 菲力级似乎小了点。这将是一种能替代 LSD、LTD、LKA（两栖货船）的 LPD。当然，它也将同时替代那些早期的船坞运输舰。

圣 · 安东尼奥级是美国海军最新推出的两栖舰艇，也是作为未来两栖舰队的基本构成之一来设计和建造的。圣·安东尼奥级水线长度 200 米、最大舷宽 31.9 米、最大吃水 7 米、满载排水量超过 25000 吨。可以说，圣 · 安东尼奥级两栖运输舰是美国海军舰艇序列中，除却航空母舰和两栖攻击舰以外最庞大的作战舰艇。同两栖船坞运输舰概念所定义的一样，圣 · 安东尼奥级的船坞部分容量有限，只够装载两艘 LCAC 气垫艇。与此相

惠德贝岛级船坞登陆舰

反的是，用来载运车辆的甲板却异常庞大。车辆甲板总计 3 层，每层长度超过 80 米、宽至少有 25 米。单层面积由 2229 平方米，三层合计 6687 平方米，可想而知，一艘圣 · 安东尼奥级可以装载多少车辆了。之前的海军陆战队一直抱怨缺乏车辆，而两栖舰无法装载足够数量的作战和辅助车辆的问题，应当不复存在了。除了具备车库一般的装载能力外，圣 · 安东尼奥级还拥有非常不错的飞行器搭载能力，并拥有专用的维修库。舰上可以装载 1 架 AV-8、2 架 CH-46“海上骑士”、1 架 MV-22“鱼鹰”、以及 3 架 UH/AH-1。以上还是正常状态下的运载情况，如果有必要的话，圣 · 安东尼奥级还能将运载数量提高到 2 架 CH-53、4 架 AH/UH-1、4 架 CH-46、2 架 MV-22、以及 1 架 AV-8B，并能轻易容纳下 750 名海军陆战队员以及提供全套医疗保障和后勤供应。

同以往的两栖舰艇有所不同，圣·安东尼奥级并不过分依赖海军作战舰艇的保护，其自身就具备非常强的防空能力。舰上装备有一套 MK41 导弹垂直发射系统，可以发射改进型海麻雀防空导弹。近程防空和反舰导弹拦截则依靠两套“海拉姆”和 3 套密集阵近防系统联合完成。为这些导弹提供和目标指示的的分别是 SPS-48E 三坐标对空搜索雷达、MK23 对空搜索雷达、SPS-67（V）对海搜索雷达和一套 SPQ-9B 超视距搜索雷达。就防空能力而言，圣 · 安东尼奥级在两栖舰艇中可谓超群。

圣 · 安东尼奥级计划建造 12 艘，全部舰艇在 2007 年就已完成。届时，这一级两栖船坞运输舰将成为美利坚合众国两栖力量的重要组成部分。

“圣 · 安东尼奥”级船坞运输舰

1993 年 1 月 11 日，美国国防采购委员会批准了“圣 · 安东尼奥”级船坞运输舰（LPD-7，原 LX 级）的采购计划。该级舰现已进入建造阶段。首舰命名为“圣·安东尼奥”号（San Antonio），并于 1996 年签订了建造合同，1998 年由诺斯罗普 · 格鲁曼公司舰船系统阿冯达尔造船厂开工建造，2004 年交付使用，预计费用为 11.5 亿美元，后续舰造价可降至每艘 7 亿美元。计划建造 12 艘，最后一艘计划 2007 年建成。

该级舰具有装载和运输部队、登陆艇、直升机、重型车辆和干、液货的能力。将取代船坞运输舰（LPD）、坦克登陆舰（LST）、两栖货船（LKA）和船坞登陆舰（LSD）四种舰艇。不过它没有 LPD 的旗舰司令部，LKA 的舷侧重型起吊能力，也没有 LST 抢滩卸货的能力，但保留了这四种舰的主要能力。该级舰是美国海军为了加强两栖作战能力，全面提高两栖运送速度和快速反应能力而建造的新一代两栖舰。它采用了许多现代科技成果，与传统的两栖船坞运输舰有着较大的区别：首先，具备较好的隐身性能。LPD-17 舰在设计时都尽可能减少舰的各种反射特征；其舰体为 V 字型，上层建筑的钢结构呈倒 V 字向内倾斜；舰上甲板及船体上的独立部件在设计上都力求降低雷达截面积；舰上的其他部件不是位于舰体中，就是隐匿在舷墙内；两层巨大的载船甲板被围在贮船区内，救生船置于一个船罩中。同时，该舰还十分重视降低磁信号。其次，装载面积有所扩大。

LPD-17 舰较之目前美军两栖运输舰，其装载能力明显加大，该级舰可装载 2 艘气垫登陆艇，其车辆运载空间为 2560 立方米，运货空间为 710 立方米，还设有可容纳 720 名陆战队员的生活舱室。医疗设备包括两个手术室和一个 24 张床位的病房等。再次，武备强大，除了可垂直发射的增程海麻雀导弹外，还有密集阵近防炮，具备较强的协同拦截能力。最后，舰艇抗破损能力强，该级舰在设计中加强了水密舱结构，提高了舰艇的整体生存能力以及易中弹部分防弹片破坏能力，改进了抗冲击能力，特别是容易被击中的部位，有了更大的抗破坏冗余量。

以“奥斯汀”级船坞运输舰为基础发展而来，满载排水量 25300 吨，全长 208.4 米，舰宽 31.9 米，满载吃水 7.0 米，主机 4 台中速柴油机，40000 马力，双轴，2 个定距螺旋桨。最大航速 22 节，可搭载陆战队员 720 人、2 艘 LCAC、2 架 CH — 53 E 直升机或 4 架 AH/UH — 1S 直升机或 2 架 AV8B 垂直短距起降飞机。武备为：1 座 MK41 型导弹垂直发射系统、3 座 MK15“密集阵”近防炮。

现代两栖作战的中坚力量

两栖人员运输船（APA）曾经是美国海军中最大的两栖舰。第二次世界大战中共有 3 种级别 APA 服役，即首领级、哈里斯级和狄克曼级，无一例外的，都是由“自由轮”改装而来的。这 3 种专司人员输送的两栖舰艇可以载运大量的兵员，并携带有 LCVP 或者 LCM 登陆艇，以便将人员转运上岸。

但是传统 APA 的缺点也非常明显，虽然具有强大的运载能力，但是却不是 LSD 那样的船坞构造。一般情况下，所搭载的 LCVP 和 LCM 多半采用船体两侧吊装或者直接停放在上甲板之上。这样的设计虽有利于商船的改装，但是却给人员的换乘和舰载小艇的出发造成麻烦，相当的不便。

美国海军陆战队根据在第二次世界大战中的经验，总结出了两栖作战成败的要素，主要有如下三点：

（1）是否能达成攻击的突然性。

（2）进攻舰队能否对滩头守敌进行有效的压制。

（3）上岸部队能否迅速的向纵深推进。

但 APA 有一个缺陷，难以保障进攻的突然性，因为海军陆战队不能指望每次作战都能像诺曼底登陆那样，拥有不列颠岛这样的巨大海上基地，于是海军只能转而谋求一种更有效的投送部队的手段。他们看上了当时刚兴起的直升机。

1948 年 8 月，陆战队著名的试验性直升机部队第 1 直升机中队 HMX-1 成立，装备的是皮亚塞茨基公司生产的 PV-3 串列双悬翼直升机（美国海军给予的编号是 HRP-1）。虽然这种外形怪异的飞行器只能运载 5 名全副武装的士兵，最大平飞速度也仅 167 公里 / 小时，但是对比当时在役的登陆艇 9-10 节的航速、而且是前所未有的三维空间突击的角度，如果这样来说，这种可以在空中旋停，可以在绝大多数平坦地形上停放的“香蕉状飞行物”还是给海军陆战队带来了莫大的诱惑。那么，为这种新玩意提供作战平台，也就是理所当然的。

朝鲜战争的经验使美国人意识到未来战争中两栖作战的必要性，原子弹并不能替代传统的作战手段。对于全新登陆手段的渴望，使美国海军寄希望于改造现有舰艇。要求能够搭载至少 20 架直升机的同时，可以像船坞登陆舰一样收容两栖登陆艇。但是这种现成想法却被船舶专家们迎头浇了一瓢冷水，评估的结果是：如果仅进行直升机搭载改进的话还是可行的，若需要在船体尾部建造类似于船坞登陆那样的登陆艇甲板，那么所需要的花费还不如直接建造一艘专用的新型登陆舰。于是，这个所费不资的计划就此流产。无疑的，诸位想必已经在这种“改造计划”的描述上，看到了未来两栖攻击舰塔拉瓦级（Tarawa Class）的影子。虽然暂时因为战后军费紧缩的缘故，这一构想还不能立即付诸实施。

虽然让两栖舰艇变成“三栖”的构想暂时无法实现，但是海军高层并不打算放弃建造直升机两栖舰的构想，他们决定先退而求其次。1954 年底，海军开始着手把一些建造于第二次世界大战的航空母舰改装成直升机两栖舰（Amphibious Assault Ship Helicopte，简称 AAH），即不具备船坞搭载能力的纯直升机两栖舰艇。从 1955 年开始到 1968 年，先后有 7 艘舰艇接受了这种改装，其中包括 5 艘埃塞克斯级舰队航空

谢文波号船坞运输船

母舰。

因为经费问题而夭折的全能型两栖登陆舰并未“郁郁而终”。英国人在第二次中东战争中，率先将舰载直升机投入到两栖作战中，搭载于“竞技神”号与“海洋”号两艘航空母舰的直升机群。在 1956 年 11 月 6 日的突袭塞得港行动中，舰载直升机表现出色，22 架“旋风”式直升机在不到一个半小时内就将皇家海军陆战队第 45 两栖突击营的 415 名官兵运送到了埃军防线之后。这一成功的行动，对整个登陆战的成功起到了关键性的作用。

值得一提的是，1959 年 4 月 2 日下水的美国海军“硫黄岛”号（Iwo Jima），这是美国制造的第一艘专用两栖直升机攻击舰（Landing Helicopter Assault，简称 LHA），理应在历史上留有一席之地。尽管绝大多数时候，它都被掩盖在塔拉瓦级和黄蜂级的光芒下。这一级专用直升机两栖舰的建造，可以被视为美国海军对于他们欧洲同行的回应，尽管设计和最初建造之时美国人自己的脑袋里也未必清楚这艘军舰应该怎么用。

排水量 11000 吨的硫黄岛级，被设计成了综合性的两栖舰艇。它具备完善的两栖指挥中心，拥有一个大型的综合性医院，可以运载近 2000 名海军陆战队士兵，这些士兵通过舰上携带的 22 架直升机投入登陆作战。

但是在当时的背景下，硫黄岛级的设计被迫作了略微“缩水”。为了降低建造成本，海军在船体建造上采用了民用船舶标准，不论是结构强度还是甲板强度都大打折扣，动力系统更是采用了单轴设计，在战场复杂情况下生存能力令人堪忧。此外，由于船体狭小，而内部安装的设施以及设计承载的士兵数量又过多（居住条件自然很差），因此机库空间就被挤占了。一般情况下，其所携带的22架直升机中只有9架能放置在机库内。不能搭载登陆艇也是一个比较严重的问题，因为直升机并不能适合在恶劣气候下飞行，况且船体因为设计上的原因，在高海况下也无法放飞直升机。那种情况下，唯一的登陆手段只有用小型登陆艇把陆战队员送上岸，不过这未必是一个好办法，因为在波涛起伏的海面上尝试跳帮可被视为“玩命”。

上述诸多节省和不足也促成了美国海军在20世纪90年代将6艘硫黄岛级中的5艘退役、拆除。只有LPH/MCS-12“仁川”号（Inchon）因为在服役后期被改装成反潜母舰而苟活到了21世纪。但是2002年6月20日美国海军还是决定让其退出现役。目前“仁川”号正停泊在费城，它是大西洋后备役舰队的成员，正在作为靶船为美国海军做出最后贡献的机会。

美国人总结英国海军陆战队在第二次中东战争两栖作战的经验和教训时，除了充分认识到了未来两栖作战中直升机所能发挥的巨大作用以外，还警醒地预见到了机降部队无法装备重武器的问题。他们清楚，如果不是实力不济的埃及而是其他拥有较强作战能力和重型火力的对手，那么一场伤亡惨重的恶战是在所难免的。因此，必须加强传统两栖投送能力，因为在当时的技术条件下，火力强大的中型 / 主战坦克和重炮必须通过登陆艇才能运上敌人的海滩。

在诸多纷杂的背景之下，世界上第一种两栖攻击舰塔拉瓦级开始浮出水面。1967年，经过了17年的酝酿之后，新一代的两栖攻击舰（LPA）计划终于得以付诸实施，这即是塔拉瓦级（Tarawa Class）通用两栖攻击舰（General Purpose Amphibious Assault Ship）。塔拉瓦级的诞生是通过大量前期理论验证的，美国海军在先期改装的那几艘直升机航母上，进行过系统的实验以验证垂直登陆理论。同时，伴随着CH-46“海上骑士”型以及CH-53“海上种马”型这两种具备强大载运能力直升机的服役，这种新型两栖作战平台的实际效能已经不容怀疑。设计上还考虑到了巴拿马运河的问题。因此船体最大宽度被减小到33米以内。此外，为了便于离港，船艏还设计安装了侧推进器。

塔拉瓦级是一种体型非常庞大的两栖舰艇，其吨位超过第二次世界大战时期的绝大多数舰队航空母舰，满载排水量接近40000吨。在其处于理论性研发的过程中，也结合了当时一些两栖作战的最新理论和标准，“20节革命”和“均衡装载”概念也被纳入了塔拉瓦级的设计之中。舰上拥有足够的生活与居住设施，可以运送1730名陆战队员到世界上的任何一个角落。具备船坞结构和车辆甲板可以承载作战车辆并搭载登陆艇。总之，这是一种具备船坞登陆舰、人员运输舰以及直升机两栖舰特点的全新登陆平台。与船坞登陆舰以及船坞运输舰不同的是，由于船体过于庞大，因此即便在船体上尽可能优化，要达到设计航速（24 节）至少也要 70000 马力，所以也就不能采用 LSD 和 LPD 普遍使用的柴油主机，而必须采用传统的蒸汽轮机动力系统。总之，就当时看来，塔拉瓦级无疑是一艘完美的两栖作战舰艇。

作为 1970 年拟定的“60 工程”[①]的核心任务之一，计划建造的 5 艘两栖攻击舰将于 1980 年 5 月 3 日全部完成并投入服役。5 艘军舰全部在英格尔斯船厂建造，总共用去了美国纳税人 11.45 亿美元。不过这笔开销似乎是物有所值的，因为塔拉瓦级的服役使美国海军陆战队的战斗力大幅度获得强化，光就这 5 艘两栖攻击舰配合一些辅助的船坞登陆舰以及船坞运输舰，就能一次将整个陆战师及其所有装备投送到世界上的任何一个角落。配合舰上搭载的两栖运输直升机、两栖坦克和登陆艇，以塔拉瓦为核心的两栖特混舰队可以进行由海到空的全方位登陆行动，并能凭借自身搭载的火力系统为上岸部队提供掩护。

但是塔拉瓦也有不足。1974 年塔拉瓦级两栖攻击舰尚在设计期间，虽然考虑到了搭载最新式两栖突击车——AAV（Amphibious Assault Vehicle）的问题，却没有过多考虑另一种当时尚在试验并具备非凡潜力的登陆平台——LCAC（Landing Craft Air Cushion）。美国海军的气垫登陆艇在 20 世纪 80 年代初开始投入使用，随后就是对塔拉瓦级进行适当改造使其具备承载至少一艘气垫登陆艇的能力，不过向来对登陆平台要求甚高的陆战队方面却并不能对此满意。同样是在 20 世纪 80 年代早期，由麦道公司和英国宇航公司共同研制的 AV-8B 型（美国人喜欢称之为“鹞 II”）终于结出硕果。这种基于“鹞”式的最新改进型飞机具备完善的对地攻击能力，垂直起降能力和航程方面也比其前身有了长足的进步，非常适合在小型航空母舰狭窄的飞行甲板上使用。这也使向来需要海军大型航母提供固定翼飞机来进行空中掩护的海军陆战队，看到了“自食其力”的希望。同时海军也希望海军陆战队多少能够自我支援，以减轻战时海军的压力。

海军陆战队方面在塔拉瓦级两栖舰上做过几次试验（当然也只能用塔拉瓦级了，

① 60 工程这一计划得名于制定该计划一共用去了 60 天。“60 计划”标志着美国海军在吃完第二次世界大战的“老本”之后，再次大规模舰艇建造时代的开始。

硫黄岛级的飞机甲板是否能承受“鹞 II”发动机的强力冲击都还是问题），结果令他们喜忧参半。试验证实了塔拉瓦级完全可以承载“鹞 II”这种固定翼飞机，可是由于设计中没有考虑到会搭载固定翼喷气机，因此相关的维护设施完全没有，也没有能存放固定翼飞机所携带弹药的地方。机库似乎也不匹配，若是搭载 AV-8B 的话，势必会极大地影响到两栖运输直升机的搭载数量，进而削弱塔拉瓦级的空中突击能力。

塔拉瓦级两栖攻击舰

上述两个问题促使海军和陆战队方面继续寻求更强大和更完善的两栖攻击舰，并促成了 LHD-1 的诞生。

强袭登陆舰

首先必须承认，本节标题并不是中国大陆对于黄蜂级（Wasp Class）两栖舰的标准译名。关于黄蜂级的标准译名，中国大陆向来是翻译为“多用途两栖攻击舰”（Multi Purpose Amphibious Assault Ship）的，所谓“强袭登陆舰”之说仅见于日本和港台的军事类出版物。但是说句心里话，“强袭登陆舰”这种称呼更受青睐，因为这个名称能够更好地体现出黄蜂级的巨大作战能力和战术运用方式。

从本质上看，黄蜂级就像是完善设计之后的塔拉瓦级。塔拉瓦级上所有的缺点和不足在黄蜂级上都得到了修正和补充。在登陆艇的搭载上充分考虑到了如何更有效的搭载 LCAC 高速气垫登陆艇；在飞行甲板和机库方面将具备对地强大攻击能力的“鹞 II”考虑了进去。在黄蜂级的内部，有着超过 2000 平方米的车辆甲板和大容积货舱。如果说塔拉瓦级两栖舰是一种考虑到均衡装载理论的两栖舰，那么黄蜂级就应该算是一种依照均衡装载标准来设计的两栖舰。

黄蜂级可以携带 3 艘 LCAC，如果不打算使用这种登陆平台的话，那么它可以携带 12 艘 LCM6 机械化登陆艇或者 4 艘 LCPL 大型人员登陆艇。船上的陆战队员住舱相比塔拉瓦级有了一定精简，标准搭载人数为 1870 名海军陆战队员。这种精简也是出于均衡装载方面的考虑。但是，黄蜂级最值得骄傲的地方在于它的航空能力。在执行两栖登陆作战时可搭载42架CH-46E“海上骑士”和6架（必要时可增至8架）AV-8B“鹞II”式攻击机，凭借42架CH-46E所拥有强大的运载能力，仅两个波次就可以将黄蜂级上的全部陆战队员送上登陆点，而AV-8B则可以对滩头以及纵深的敌军防御火力进行有效的压制，至于重武器和车辆则依靠LCAC送上岸去。在不携带两栖运输直升机的时候，黄蜂级还能被用来执行制海任务。AV-8B有一定的空战能力，在不携带运输直升机的情况下，舰上可以装载多达20架直升机，另外还能带上4-6架SH-60B“海鹰”直升机或AH-1T/W“海眼镜蛇”直升机，以执行反潜和其他辅助任务。舰上装载的航空燃料总计有1232吨之多，足以保障一场争夺制空权战斗的需求。

黄蜂级和塔拉瓦级一样，被当作两栖舰队的旗舰与核心来使用，它们也都具备两栖指挥中心的机能。对于美国海军以及美国海军陆战队来说，未来的两栖舰队建设章程要求保持12支两栖特遣舰队的规模，5艘塔拉瓦级和7艘黄蜂级就是这12支舰队的核心力量。与之相搭配的是LSD（惠德贝岛级或者自惠德贝岛级改进的哈勃斯·菲力级）和LPD（建造中的圣·安东尼奥级）各一艘，每个两栖特遣队可以载运一个海军陆战团及其所有的装备在世界上任何一个地方进行两栖登陆作战。未来的美国两栖作战兵力将由12个两栖战斗群（ARG）构成，由12艘LHA/LHD、12艘LPD17和12艘LSD41/LSD49两栖舰船组成。

黄蜂级两栖攻击舰

黄蜂级两栖攻击舰（LHD）是美国海军为在21世纪替换已到达服役期的硫黄岛级两栖攻击舰而建造，当然其性能也大为提高，可携载大量部队和物资实施两栖登陆作战，还可利用大量的舰载飞机和直升机进行防空反潜作战。计划建造12艘，目前已有7艘建成服役，但12艘的计划可能会因财政问题而有所削减。

主要性能为:标准排水量28000吨，满载排水量40500吨。舰长257.3米，水线长240.2米，舰宽42.7米，水线宽32.3米，吃水8.1米，最大航速23节，续航力9500海里（18节）。动力装置为2台蒸汽轮主机，功率70000马力，双轴推进，5台2500千瓦蒸汽发电机组和2台2000千瓦应急柴油发电机组为辅机。武备为2座MK15型密集阵近防炮，2座MK29型八联装海麻雀RIM-7M舰空导弹，2座21单元垂直发射拉姆舰空导弹。可运载1870名海军陆战队员，搭载12艘LCM6机械化登

陆艇或 3 艘 LCAC 气垫登陆艇，4 艘 LCPL 大型人员登陆艇。此外还有 2044 立方米空间的货物舱。其典型的装备物资搭载方案为 5 辆 MI 型坦克、25 辆轻型装甲车、8 门 M198 榴弹炮、68 辆卡车，1 辆燃油车，4 辆铲车和 2 辆水中拖车。该级舰还有仅次于医院船水平的齐全医疗设施，舰上有 600 张病床及 4 个主手术室、2 个紧急手术室、牙科诊所、药房、化验室、X 光室和血库等设施。

飞行甲板长 249.6 米，宽 32.3 米，可携带 6-8 架 AV－8B 鹞式垂直短距起降飞机（最多时可载 20 架）、30 架 CH-46E“海上骑士”或 SH-60B“海鹰”直升机或 AH-1T/W“海眼镜蛇”直升机（最多时可载 42 架）。舰上可携带 1232 吨航空燃料供舰载机使用。

编制舰员 1077 名（军官 98 名）。

已服役各舰基本情况：

舰 名	编号	开工	下水	服役
黄蜂	LHD1	1985.5	1987.8	1989.7
埃塞克斯	LHD2	1989.3	1991.1	1992.10
奇尔沙治	LHD3	1990.2	1992.3	1993.10
拳师	LHD4	1991.4	1993.8	1995.2
巴丹	LHD5	1994.6	1996.3	1997.7
好人理查德	LHD6	1995.4	1997.3	1998.7
硫黄岛号	LHD7	1997.2	1999.1	2000.5

两栖指挥舰

说起美军的两栖舰艇，那么两栖指挥舰就不能不提。美军从第二次世界大战中的历次登陆战发现，要想使各军兵种在两栖作战中协同行动，顺利进行登陆作战，必须建立一个完整的指挥通信系统。而能满足这种统一指挥通信要求的设备一般舰艇并不具备。为此，美国国会在战后，专门批准了建造“蓝岭”级（Blue Ridge Class）两栖指挥舰（Landing Craft Control，简称 LCC）的计划。

这是世界上绝无仅有的两栖指挥舰，前无古人、后无来者，一共只造了两艘。1 号舰“蓝岭”号于 1969 年 1 月在美国费城海军造船厂下水，1970 年 11 月加入美国海军服役，经过一段时间的试验和试用后，1979 年 10 月取代“俄克拉荷马”号，正式成为美国海军第七舰队的旗舰。它的出现使美国海军第一次拥有了功能齐全、性能先进的大型海上指挥通信中心，从而在装备上彻底解决了大规模海上联合作战的指挥问题。2 号舰“惠特尼山”号 1970 年下水，1971 年服役，是美国海军第六舰队的旗舰。

远远看去，“蓝岭”号的甲板布局很像一艘轻型航空母舰，但事实上“蓝岭”号除了少量的自卫武器外，几乎没有什么攻击能力。所以说“蓝岭”号除了履行指挥控制的职能外，几乎不担负其他作战任务，完全是一艘纯粹的专业旗舰。

“蓝岭”近两万吨的排水量，使其拥有足够的甲板面积来布置数量众多的大型通讯天线，避免因天线配置密集而相互干扰。同时大排水量也使“蓝岭”号拥有良好的适航性、较大的续航力和较强自持力，足以满足要求。另外考虑到通信电子设备的飞速发展和作战指挥需求的不断提高，这样大的排水量也可以保证为今后的改进、改装提供较大的余地。

“蓝岭”号一个突出特点，是对使用中的各种问题都考虑得细致周密。为了减少对电磁波的干扰，各种系留装置和补给装置都尽量布置在上甲板以下。上甲板表面配置有卫星通信天线和远距离通用短波天线，为了避免工作时相互干扰，收发信天线分开布置，舰首甲板大多安装发信用天线。舰尾甲板安装收信用天线。为了保障两栖作战中指挥员离舰上岸的需要，在舰体中部甲板下有 3 个约占舰体长度 1/2 的突出部分，存放了 3 艘人员登陆艇和 2 艘车辆登陆艇，舰上还可以搭载 700 名登陆作战人员及车辆。考虑到舰上载有舰队指挥部及大量高级指挥人员，为了保持良好的工作和居住环境，全舰装有 200 台冷暖风机，舰上有 5 台涡轮发电机组提供空调所需电量。此外，舰上还设有减摇水柜，确保在高海况下平稳航行。

“蓝岭”号上的指挥中心是一个大型综合通信及信息处理系统，它与 70 多台发信机和 100 多台收信机连接在一起，同 3 组卫星通信装置相通，能以每秒 3000 个词语的速度同外界进行信息交流。接收的全部密码可以自动进行翻译，通过舰内自动装

“蓝岭”号指挥舰

置，将译出的电文送到指挥人员手中，同时将这些信息存储在综合情报中心的计算机中。“蓝岭”号的这种信息收发处理能力，在目前世界现役的所有军舰中是首屈一指的。作为一艘舰队指挥舰，“蓝岭”号主要设有 7 个指挥部位。

（1）旗舰指挥中心是指挥员日常工作的舱室，在实施两栖作战时又叫两栖登陆部队指挥舱。它的主要作用是对两栖作战中的对空、反潜、反舰兵力及航渡中的登陆编队实施指挥。舱内设有 13 部 TA-980U 卫星电话终端，2 个 1.1×1.1 米的正方形战术显示屏，随时显示整个舰队的位置和活动情况。

（2）登陆部队指挥舱是登陆部队指挥员的指挥位置，舱内设有海军战术数据系统终端、两栖支援信息系统终端和海军情报处理系统终端。登陆部队指挥员使用这些设施掌握登陆作战的进展情况，对先头部队的作战行动及后勤保障提供支援。

（3）对海作战指挥中心主要用于指挥航空母舰编队和其他作战编队实施对海作战，装备有战术数据系统终端和战术显示屏。

（4）反潜战中心和对海作战指挥中心设在同一舱室内，主要用于指挥舰队及潜艇实施反潜作战，传递反潜战信息。

（5）登陆部队火控中心负责协调舰队内火力分配，对两栖作战提供支援，登陆作战初期对登陆地段进行航空火力和舰炮火力支援，部队抢滩作战时对敌滩头火力进行压制，登陆部队向纵深推进时实施延伸火力支援。

（6）作战情报中心设有由各类显示屏、标图板、通信设备、终端机组成的 8 部显控台，包括空中拦截控制台、空中优劣形势控制台、战术系统显示台、威胁判断显控台、武器协调显控台等。

（7）综合通信中心设有 200 多个控制台，协调控制 200 余种收发信装置，保障舰队与陆上指挥部及舰队下属各作战部队的通信。

因为“蓝岭”号一开始就是作为两栖指挥舰来设计的，所以从设计开始就是围绕着“一切为保障海上指挥”的需要，而其强大的指挥控制与通信功能使其天下第一旗舰的称号名至实归。

上述这些性能各异的两栖舰艇，形成了一个繁杂庞大的两栖舰艇家族，可以说正是美国海军的两栖舰艇，作为投送海军陆战队以及两栖作战行动中的基地与后方，构成了美国海上威慑力量的重要组成部分。

“蓝岭”号（舷号LCC19）两栖指挥舰

同级舰2艘，标准排水量16790吨，满载排水量18372吨，舰长194米，舰宽25米，主甲板宽32.9米，吃水8.8米。动力装置为一台蒸汽轮机，22000马力，单轴。航速23节，16节航速时续航力为13000海里。武备为2座八联装MK25“海麻雀”对空导弹发射装置（备弹16枚）、2座MK33型双联装76毫米火炮、2座MK15六管20毫米“密集阵”近程武器系统。电子设备包括：1部SPS48C三坐标对空搜索雷达、1部SPS40C雷达、1部MK23搜索雷达、1部SPS65（V）1对海搜索雷达、1部LN66和1部SPS64（V）9导航雷达、1部URN 20/25“塔康”战术导航雷达、2部MK51火控雷达、1套MK XII AIMS UPX-29敌我识别装置、2套MK115导弹火控系统、4座MK36六管SRBOC固定式诱饵发射装置、1套SLQ25“水精”鱼雷诱饵系统、1套SLQ32（V）3组合式雷达侦察干扰和欺骗系统、1套卫星通信系统、1套海军战术数据系统、1套登陆指挥信息系统、1套海军情报处理系统、1套数字传输与自动转换系统。可搭载700名陆战队员，3艘人员登陆艇和2艘车辆与人员登陆艇。舰员821人，另司令部人员190人。造价7550万美元。

“蓝岭”号也是美国军舰中访问中国最多的一艘，先后于1989年5月、1998年8月、2001年3月和2004年2月4次访问中国。

向着滩头前进：登陆艇以及直升机的发展

同两栖母舰一样，登陆艇和直升机也是两栖作战力量的基础之一。

上一部分，在讲述登陆舰发展的时候，也已经对于第二次世界大战中的美国两栖登陆艇作了初步介紹。现代美国海军的两栖登陆艇大多继承第二次世界大战中的设计，比如著名的“机械登陆艇”LCM系列以及“车辆人员两用登陆艇”LCVP等。但是，也有一些20世纪新技术下的产物，比如著名的气垫登陆艇LCAC。

同样，自从1948年第一支直升机登陆部队组建以来，这种颠覆传统两栖登陆模式的全新登陆平台，已经成为了美国乃至世界两栖部队的重要组成部分。

这里将对上述登陆设备的发展和未来，作一个简要的回顾与展望。

常规登陆艇的发展

第二次世界大战中的两栖登陆艇种类繁多，而且具有非常繁杂的改进型和亚型。但是如同上文所述，其中被大量运用的不外乎就是 LCM、LCVP、LCT 这三种。而这三种登陆艇也在战后获得了进一步发展。

登陆艇在第二次世界大战以后逐渐向通用化和多用途方向发展。比如著名的 LCT，第二次世界大战的诺曼底战役，除了具备涉水能力的 M4DD 型以外，盟军的登陆部队唯一能获得的装甲车辆就得依靠这种坦克登陆舰来运送。当然，这种登陆艇能够运送的可不仅仅是坦克，许多时候它也被用来运送人员，比如太平洋战场。

现代美国海军作战舰艇序列中，已经不存在 LCT 这种登陆艇了，取而代之的是 LCU 效用登陆艇（Landing Craft Utility）。效用登陆艇是什么时候诞生的，这点笔者并无准确的资料。似乎是在 1944 年底，玛莉埃塔制造公司（Marietta Manufacturing）和美洲造船公司（Bison Shipbuilding）生产的最后几条 LCT 上，考虑到了通用性的问题。只知道关于这种新式通用登陆设备的介绍，最早是出现在 1957 年美国出版的《船员》杂志上。美国海军现役的 LCU 主要有两种，即 LCU1600 型和 LCU2000 型。前者满载排水量 390 吨，载货吨位 170 吨，可以运载 3 辆 70 吨级的 M1A1 型主战坦克或者 350 名全副武装的陆战队员，由 4 台底特律 6-71 型柴油机驱动，持续功率 696 马力（LCU1621、1680-1681 舰安装两台底特律 12V-71 柴油机、持续功率 680 马力）、双轴喷水推进方式，最大航速可以达到 12 节。至于 LCU2000 型是 20 世纪 90 年代的产物，比 1600 型要庞大许多，与其说它是登陆艇，不如说它是小型化的登陆舰。LCU2000 一般被用作 LCU1600 的补充，满载 1100 吨，净载重吨位超过 350 吨，一次可以运载 5 辆主战坦克，为其提供动力的是两台卡明斯

一艘 LCU 登陆艇正要驶入拿骚号两栖攻击舰（LHA4）

KTA50M型柴油机，持续功率2500马力，双轴、船艏装有助推器。LCU1600要被用作两栖母舰的搭载艇，在塔拉瓦级通用两栖攻击舰、哈勃斯·菲力级上广泛使用，主要是担负由舰向岸的人员和设备转运任务，而LCU2000则更像是新港级坦克登陆舰的小型版本。

在科威特附近海面游弋的塔拉瓦号两栖攻击舰（LHA1），其上空是一架CH53直升机，舰尾船坞舱出口是一艘LCU登陆艇

一艘刚驶出黄峰级两栖攻击舰的LCAC，其高速疾驶所激起的波浪清晰可见

在第二次世界大战中运用最为广泛的两种小型登陆设备是LCVP和LCM。大约在20世纪80年代早期，美国海军决定建造一种高速的新式小型登陆艇以替代老朽不堪的车辆人员两用登陆艇，这也就是后来的LCPL。LCPL是一种用玻璃钢建造的小型登陆艇，满载排水量仅11吨额定载运17人或者2吨货物。LCPL的特点是高速，安装有一台通用汽车公司的8V71TI型柴油机，单轴驱动持续功率450马力，航速高达20节比之“前辈”快了近乎1倍。由于采用了新的轻型登陆艇，老式的LCVP已经被美国海军陆战队完全淘汰。但是英国海军陆战队暂时还有装备，相信不久也会被彻底淘汰。机械化登陆艇LCM在战后一直不断发展和改进。20世纪60年代时大量服役的LCM6，曾经一度是美国海军陆战队使用率最高的两栖登陆艇。LCM6满载排水量64吨，以柴油机驱动航速9节，可以运载不超过34吨重的轻型坦克、装甲车辆，或者是80名全副武装的陆战队员。尽管该艇性能可靠、装备数量也大，但是航速慢也无法运载可以有效突破滩头和支援登陆作战的主战坦克，因此在20世纪80年代末90年代初，海军开始建造LCM8型机械化登陆艇来全面替代日渐老朽的LCM6。LCM8采用铝合金船体，因此具有非常高的载重系数，轻载状态排水量仅略超过30吨，满载状态却能达到120吨。所以，LCM8完全可以担负起运输主战坦克上岸的任务。

陆战队现役的常规登陆艇共5种型号，LCU2000型效用登陆艇35艘、LCUl600型效用登陆艇49艘、LCM6型机械化登陆艇42艘、LCM8型机械化登陆艇89艘、LCPL型人员登陆艇120艘。

气垫登陆艇 LCAC

相比这些传统的登陆手段，气垫登陆艇是一种富有创意并且有效的新式登陆工具，尽管从第一艘 LCAC 服役至今也已经有了 30 年。但时至今日，气垫登陆艇依旧被认为是美国海军陆战队最有效的两栖登陆工具。

1959 年，英国的克里斯托弗·科克雷尔爵士利用空气喷流原理造出了世界上第一艘气垫船，立即引起了全世界的广泛关注。任何新技术首先被想到必然是用于军事，气垫船也不例外。一直谋求一种更为有效而且高速登陆平台的美国海军陆战队，立刻开展有关水面舰艇用气垫技术支持的可行性研究。从英国引进了 3 艘第一代 SAN5 型气垫船，被军方投入到越南战争中并取得良好的实战效果。研制未来的 LCAC 原型艇是从 1971 年开始的，这一年美国海与通用喷气公司以及贝尔航宇公司签署了研制合同，从而为后来的气垫登陆艇能够踏上历史舞台奠定了基础。通用公司的原型艇被称为 JEFFA 完成于 1978 年 10 月，贝尔公司的 JEFFB 早在 1977 年 12 月即告完成。JEFFA 和 JEFFB 拥有截然不同的动力系统、操控系统、船体结构以及围裙系统。JEFFA 在某些方面更接近于苏联以及现在俄罗斯海军的气垫艇，而 JEFFB 则是现代 LCAC 的原型。

经过近 20 个月的对比实验，美国海军同贝尔航宇公司签署了 LCAC 的详细设计合同和首批 3 艘的购买合同。因为海军认为 JEFFB 具备更好的气垫系统，浪上失速也相对较小，动力系统更为可靠。

LCAC 气垫船逐渐成为美国海军陆战队有效的登陆平台

定型后的 LCAC 性能数据如下：满载排水量 170-182 吨、轻载排水量 87.2 吨，艇长 26.8 米（气垫状态）、24.7 米（硬结构间），全宽 14.3 米（气垫状态）、13.1 米（硬结构间），吃水 0.9 米（非气垫状态）。LCAC 采用燃气轮机作为动力，由 4 台莱康明公司（Lycoming）生产的 TF-40B 燃气轮机为其提供动力，总动力

16000马。其中两台燃气轮机驱动4台双进气升力风扇，另外两台则用来带动两个直径3.58米的推进用风扇，空载状态下极速50节，战斗装载下（一般为1辆M1A1主战坦克和24名陆战队员，或者60-75吨物资）最大航速约40节，35节航速下航程超过262海里。

但是，LCAC从服役到大量装备形成战斗力并不一帆风顺。如同所有新装备那样，首批生产的LCAC存在着各种各样的问题。海军在1986年组织专门委员会总结出了29个主要的技术问题并加以改进。1986年底，改进工作完成，随之而来的是作战能力评估。同年底，在确认可靠性已经有了飞跃性的提高之后，海军开始大量采购LCAC，至1990年LCAC已经交货24艘。LCAC最初的实战是在1991年的海湾战争中的“沙漠盾牌”行动，17艘LCAC曾经在40节大风和3级海浪中将7000名陆战队员和2400吨装备运送到指定海滩，其表现出的极高可靠性和卓越的运载能力，使各方面都感到满意。海军计划采购的LCAC合计有91艘，最后1艘LCAC于1997年交付。

从1983年第一艘LCAC服役以来，这种具备高速、大运载量、可以驶入世界上60%海岸（传统登陆艇只能将部队送上15%的海岸）的优秀登陆平台一直出色地履行着自己的职责。但是，主战坦克重型化的发展已经非常明显，可以运载一辆M1A1外加24名士兵（合计约65吨重）以35-40节的速度上岸虽然有这些在以前看不到是一种了不起的成就，但是却并不能完全适应未来的发展趋势。对于登陆艇而言，目前的LCAC在速度上已经足够了，美国海军寄希望于进一步提高其登陆平台的运载能力。

研制中的下一代气垫登陆艇被称为HLCAC重物运送气垫登陆艇。这种未来登陆艇的甲板面积将比现在的LCAC增加约33%，载重能力有望超过现有LCAC的1倍。换句话说，就是必须能够一次装载两辆M1A1主战坦克，或者10辆未来成为美军标准轻型装甲车辆LAV，而且要求航速和续航能力必须基本不受影响。以推测效果图同现役的LCAC相比，HLCAC在外

在确认了LCAC的高效能后，美军开始大量订购LCAC

观上主要的不同在于船体相对较长，预计全长将达到38米，比LCAC长了11米多，宽度上由于要考虑两栖舰的搭载问题因此没有作太大改动。为了提高货物载运能力，HLCAC的气垫裙壁高度将由LCAC的1.2米增加到1.8米。

海军高层似乎对这一新式气垫登陆平台充满期待。也许在将来，HLCAC将代替现役的LCAC（或者作为其补充），成为两栖战斗群（ARG）的高效登陆平台。但现在海军陆战队首要的任务是对现役的LCAC进行必要改进和延长服役寿命而进行的改装，毕竟最早服役的LCAC从入役至今已有20载。据说，改近工作将由由特克史泰龙船用系统公司（Textron）以及位于佛罗里达州格尔夫波特市（Gulfport）的阿冯代尔船厂（Avondale）承接。

两栖运输直升机

对于两栖攻击舰来说，直升机同它们的关系就如同先有蛋再有鸡一般。

早在1948年，美国海军陆战队最早的实验性直升机部队第1直升机中队HMX-1，当时使用的机型为皮亚塞茨基公司PV-3，军方编号为HRP-1型。由于PV-3外形怪异滑稽，因此飞行员们戏称之为“飞行香蕉”。中队的飞行员也对自己的工作多少有些轻视。他们戏称自己是空中马戏团的。之后的朝鲜战争中，HMX-1以及其他一些陆军部队组建的实验性直升机部队迎来了他们最初的实战。当然，最初直升机的用途不外乎是战场搜救、从火线撤出伤员和两栖运送等辅助任务，谁也没有想到过用它去担当空中突击和敌后登陆这样的主要任务。

直升机开始出名是在第二次中东战争中。在突袭塞德港的行动中，英国皇家海军率先将运输直升机用于两栖作战并取得了良好的效果，并由此诞生了彻底影响今后两栖作战理论的“垂直登陆”概念。对于陆战队来说，朝鲜战争后因为战后裁军而被削弱的海上威慑力又有了加强的希望。陆战队将“垂直登陆”概念，看作是一条充满创新精神和诱惑力的“光明大道”。

硫黄岛级直升机两栖攻击舰和改进自第二次世界大战航母的两栖母舰，奠定了美国海军最初的垂直登陆力量。早期的HRP-1很快就显得老旧过时，这种造型怪异、体型巨大的第一代直升机最大平飞速度不超过200公里/小时，只能同时装载8名武装人员且无法吊运任何重型设备或者武器，这种问题在进入20世纪50年代中期后有所改观。1956年，西科斯公司为美国军方提供了直升机历史上第一种具备较强载运能力的机型S-56。与“飞行香蕉”不同的是，S-56不再采用双旋翼设计，单一而且巨大的螺旋桨设计成为了它以及之后直升机设计的主流。军方给予 S-56 的编号是 CH-37，提供给海军陆战队的是第一种大规模生产型 CH-37C。1953 年 12 月 18 日原型机 XCH-37C 首飞成功并在两年后开始量产，它的正式名称为“莫哈韦”式（Mojave），一个北美印地安部落的名称。

CH-46 海上骑士直升机是名副其实的“海上骑士”

CH-37C 是一种庞大的飞行器，尺寸可以和道格拉斯公司的 DC-3 型运输机相比拟，装载在小巧的硫黄岛级两栖舰上多少显得有些滑稽，不过它的运载能力却是海军和海军陆战队所一直渴望的。一般情况下，CH-37C 的标准装载是 20 名全副武装的陆战队员和他们的全套装备以及给养，或者是一个 4 人的医疗小组外加 24 副担架。在运载货物的时候，“莫哈韦”庞大的机身以及宽敞的内部空间反倒成了不可多得的优点，机身内部安装有一台 1000 磅绞盘吊车，使它可以塞下近 54 立方米的货物，最大起飞重量达到 6 吨。在运载 6 吨货物的时候，最大平飞速度还是可以达到 261.8 公里 / 小时。许多时候，“莫哈韦”还被用来吊运重型货物，比如说用来为登陆部队提供火力支援的 M101A1 式 105 毫米榴弹炮。

同期地，需要一种相对小型的专用人员运输直升机为巨大的“莫哈韦”提供补充，这就是著名的UH-34“乔克托”式（Choctaw）运输直升机。这是一种造型独特的中型直升机，苏联曾大量采用的米-4运输直升机与其在机型与性能上酷似。总之，“乔克托”式和“莫哈韦”式两种直升机，构成了20世纪50年代后期和60年代早期美国海军两栖运输直升机兵力的骨干，也可以被视为第一代形成规模和战斗力的两栖运输直升机高低搭配。

进入20世纪60年代，CH-37C与UH-34日显老态，不能再适应未来两栖作战任务。美国海军开始谋求运输直升机的更新换代工作。后来几乎成为了越南战争代名词的UH-1“休伊/依洛魁”系列（Huey/lroquois）通用直升机就是在这个时候登上历史舞台的。H-1是贝尔航宇公司的杰作（UH-1是其通用型号），于1956年10月20日试飞，最初原型机被称为H-40，在进入预生产之后更名为UH-1。“休伊”和“伊洛魁”都是这种型号直升机的绰号。海军陆战队使用的是UH-1E型，除机组人员外最多可以搭载14人，机内有7立方米的载货空间，必要的话还可以在机身外悬吊货物。

UH-1E替代UH-34之后，庞大而且笨拙的CH-37也急需一种先进的两栖运输直升机取而代之，或者说这种早期的直升机载设计和制造技术上并不成熟，有必要选用一种更为可靠而且实用的机型加以取代，于是就有了波音公司的CH-46“海上骑士”。

初级军事爱好者们很容易将CH-46型和波音公司的另一种运输直升机CH-47“支奴干”相互混淆。固然，两者有着极其类似的布局和机体结构，可是后者至少比CH-46大上两圈。最大平飞速度268.25公里/小时“海上骑士”的运载能力略逊于“莫哈韦”，采用吊挂方式最大可以携带4535千克的货物，不过“海上骑士”的空重仅4.868吨，相比CH-37的9.556吨实在轻得可以。更为重要的是，由于尺寸大为缩小，因此“海上骑士”可以轻松地被收进机库内，相比壮硕的“莫哈韦”实在是又小巧又实用。

CH-46被赋予的作战使命是将作战部队、补给品以及支援设备迅速由母舰或者基

CH-53 海上种马

地运往前线和前进基地。由于前线基地多半是临时建筑设施简陋，甚至有些时候必须直接飞往前线提供支援，因此 CH-46 的设计成可以适应任何地形，甚至能在水上降落。由于机身采用密封设计，而且机身下部还设有专门的气舱，因此“海上骑士”可以像海上骑士那样降落在水面上。

有了输送人员和辎重的平台，下一步就是配备一种为两者提供保护和支援的机型了。利用 UH-1 的相关技术，贝尔航宇研制了另一种影响久远的机型——AH-1“眼镜蛇”式攻击直升机。“眼镜蛇”运用“伊洛魁”的后机身和全新设计的前机身相组合的方式，拼凑出了这种持续发展达 40 余年的传奇机种。自从 20 世纪 60 年代起，大量在海军陆战队两栖舰艇上服役的 AH-1J 型与美国陆军还有苏联陆军航空兵中的武装直升机一起，预示着攻击直升机时代的开始。AH-1 也在后来的历史中被不断改良，直到目前最新式的在性能上堪比“长弓阿帕奇”的 AH-1Z“超眼镜蛇”式攻击直升机出现。

对于两栖登陆作战来说，两点永远是海军陆战队永恒的追求：运载能力和速度。直升机的出现使速度有了飞跃性的提高，可是飞行器的运载能力无法同传统的登陆艇相比拟。1960 年，尽管 CH-46 型运输直升机作为 CH-37 的替代型号已经开始在美国海军陆战队服役，但是其将近 5 吨的承载能力还是不能满足陆战队对强大运载能力的渴望，正是这种渴望诞生了 S-65 并衍生出了海军陆战队的 CH-53 型中型运输直升机。

CH-53 海上种马还要在美军中服役很长一段时间

西科斯基公司的 S-65 于 1964 年 10 月首次试飞，并于 1966 年开始大量装备部队。这是迄今为止，美国军队所装备的、运载能力最强的直升机。海军陆战队最初所使用的型号被称为 CH-53D，一般被称为“海上种马”。CH-53D 具备当时最强大的垂直运送能力，可以一次运载一个排的士兵及其所有装备飞行近千公里，它的这种强大运载和长途奔袭能力也是美军在“伊朗

V-22 鱼鹰是突破传统的产物

门事件”中选中其的原因（尽管当时因为保密需要采用了临时进行改装的反潜型RH-53D型）。在两栖作战中，同主要被用作物资和货物输送的CH-46不同的是，CH-53并不偏重于哪一方的任务。我们经常能看见CH-53吊运着榴弹炮甚至是悍马侦察车，同样也能看见陆战队员从“海上种马”中鱼贯跃出的情景。

同已经被列入淘汰名单的CH-46有所不同的是，最新式的CH-53E型即使在偏转旋翼直升飞机“鱼鹰”式（Osprey）服役之后，依旧要服役相当长的时间。以最新型号的CH-53E为例，采用纯机外吊挂的时候，两种比较常见的装载是7.2吨重的M198式155毫米牵引式榴弹炮，以及11.8吨重的轻型装甲车辆。在最极端的情况下，这种多少显得有些变态的直升机可以从一艘两栖舰上装载上16吨的人员、设备、以及物资，然后飞越50海浬到达指定位置，在卸下运载物品和人员之后直接飞回母舰。

预测下美国海军陆战队在未来相当长一段时间内的垂直登陆力量，这里可以作如下判断，即现役的CH-46系列将被淘汰，现役的AH-1W型攻击直升机将被更为先进的AH-1Z所取代。这种最新改型具有玻璃化座舱和全新设计的武器/火控系统，将能更好地执行两栖登陆作战中至关重要的空中压制任务。

值得专门一提的就是“鱼鹰”了。这种突破传统的垂直起降飞机在其构想诞生的初期，一度被各方当作鸡肋。海军陆战队看中了它同时具备固定翼飞机和直升机两者的特性，尽管最初有人提出质疑“同活塞式动力固定翼飞机一样的速度，在喷气机时代究竟能发挥出什么优势？”但是如同上文所述的，陆战队向来追求的两大目标，只有“鱼鹰”才能使上述两点都得到实现。

尽管这种飞机自原型机上天以来已经摔去半数，尽管经费投入日渐巨大，尽管计划进度一再拖延，海军和海军陆战队依然志矢不渝地继续将资金投入下去，并最终获得了各方面的认同，使之得以继续发展。

V -22“鱼鹰”（Osprey）旋转翼飞机

1982 年，美国贝尔直升机公司和波音直升机公司，根据美国国防部提出的ＪＶＸ计划（多用途垂直起降飞机研制计划），开始在 XV-15 实验机的基础上联合研制倾转旋转翼机。1985 年原型机正式被命名为 V-22“鱼鹰”，1989 年完成首次试飞，1990 年 12 月开始在美国海军“大黄蜂”号航空母舰上进行了海上试飞，并于年底前完成了全部试飞项目。1998 年 6 月开始批量生产，1999 年交付美国海军陆战队。美国国防部预计将采购 523 架，其中海军陆战队 425 架，海军 48 架，空军 50 架。

V-22“鱼鹰”是一种融直升机垂直起降、悬停和固定翼飞机速度快、航程远优点为一体的悬臂式上单翼飞机。在机翼两端翼尖各安装了一部旋转式短舱，短舱内装有一台美国艾利逊公司 T406-AD-400 涡轮轴发动机，短舱头部装有一副三片桨叶旋翼，当旋转短舱垂直向上时，便可像直升机一样垂直起飞。当旋转式短舱转动到水平位置，便可像普通固定翼螺旋桨飞机一样向前飞行。

基本技术数据：机身长 17.33 米，机高 5.28 米，旋翼直径 11.58 米，旋翼圆周面积 210.7 平方米，空重 14463 千克，最大载重 4536 千克，最大吊挂载重量 6804 千克（使用两吊钩吊挂一件货物）或 4536 千克（使用单个吊钩），最大载油量 6192 千克，机内油箱 13449 千克（挂副油箱），最大起飞重量 21546 千克（垂直起降）或 24947 千克（短距起降），最大速度 584 公里 / 小时，巡航速度 510 公里 / 小时，最大爬升率 607 米 / 分钟（海平面高度），最大升限 9144 米，最大悬停高度 914 米（全重 20403 千克），最大航程 3889 公里，作战半径 852 公里（400 千克有效载重）或 797 公里（ 垂直起飞，自重 20403 千克，765 千克有效载重）或 2011 公里（短距起飞，自重 24948 千克，444 千克有效载重）。

（三）突击滩头的战马：水陆两栖突击战车

两栖突击战车的概念，起源于第二次世界大战前的沼泽地救援工作。20 世纪 40 年代初，美国国内曾经制造了一种具备两栖能力的车船融合体，其采用的履带式行走设计专门为执行在佛罗里达州南部地形复杂的沼泽中救援与运输任务。其具备履带车辆的特点和船的造型，使之具有非常强的地形通过能力，扁平而宽大的车身能为它提供足够的浮力以渡过河川，在水上航行时它采用履带板滑水模式，虽然效率不高但是结构相对简单许多。当时对其的称呼一般为：全地形车。随着战争的爆发，这种具备相当两栖能力的车辆逐渐得到军方的重视，并加以发展成了著名的两栖突击战车系列——履带式人员登陆车（Landing Vehicle Tracked），简称 LVT。美国在第二次世界大战中一共生产了超过 15000 辆 LVT，这种两栖战车跟随海军陆战队甚至是陆军部队投入到第二次世界大战中的各个战场。不包括试验性质的改进型号，也不包括更换搭载机枪型号这一类的改进，有 4 种主要类型的 LVT 战车，LVT1（部分因为加装一门 37 毫米战防炮以增强火力而被称为 LVTA1）、LVT2、LVT3、LVT4（部分因为换装 M8 榴弹炮以执行火力支援任务，而被称为 LVTA4）。其中产量最大的是 LVT4 型（包括 LVTA4），包括战后生产的合计产量超过 8000 辆之数。LVT4 从 1944 年起开始服役，首次参加实战是在 1944 年的塞班岛登陆战。

另一种同 LVT 一样有名的两栖车辆被称为 DUKW。它是一种轮式输送车辆，一般情况下 DUKW 并不参加抢滩作战。但是其设计为两栖装备作出了不可磨灭的贡献，因为其运载能力几乎同美军当时装备的 2.5 吨卡车等同，因此在那些不适合修建码头或者无法占领港口的登陆点，它自然就成为了将货物转运上最便捷的手段。川流不息的 DUKW 奠定了盟军登陆西西里最终胜利的基础，也在后来的太平洋战争和霸王行动中发挥过重要的作用。DUKW 代表了如下含义：D － 1942 年型、U －两栖、K －全轮驱动、W －双轮轴。

LVT 履带车在战争中逐渐受到重视

第二次世界大战以及之后朝鲜战争，使美国人坚信未来战争中两栖突击战车辆将继续发挥重要作用。自 20 世纪 50 年代

两栖舰艇及车辆字母代号：

坦克登陆舰：LST	两栖人员运输舰：APA
船坞登陆舰 ：LSD	两栖船坞运输舰：LPD
多用途两栖攻击舰：LHD	两栖攻击舰：LHA
两栖指挥舰：LCC	两栖货船：LKA
高速气垫登陆艇：LCAC	车辆人员两用登陆艇：LCVP
机械设备登陆艇：LCM	坦克登陆艇：LCT
效用登陆艇：LCU	高速车辆人员两用登陆艇：LCPL
履带式人员登陆车：LVT	两栖突击车：AAV
先进两栖突击车：AAAV	轻型装甲车辆：LAV

起，战后新一代两栖突击战车的开发计划就已拉开帷幕，新一代的两栖突击战车被称为 LVTP5 型。但是，坦率地说，这种新式车辆同它们在第二次世界大战中的前辈似乎没有太大的区别。

车体采用全焊接结构、甲板内侧有船肋一样支撑的结构，车体呈船形、宽大而且全密封。考虑到水上航行的必要，车体前甲板呈倒 V 型为提高水上机动性，车体前甲板和底甲板制成倒 V 形。后置动力舱、履带划水方式推进。车体顶部安装有小型炮塔，主要武器为炮塔内的一挺机枪，设计最大载员 34 名，重 39 吨（后期的改进型号则更重一些）。从上述数据和车辆的实际构造来看，与其说这是新设计的，不如认为是对第二次世界大战同类车辆的改进和放大。目前该车已从美国海军陆战队全部退役，但仍有部分在一些国家部队及地区的武装部队中服役。

第二次世界大战期间在两栖登陆战中发挥巨大作用的 DUKW 水陆两用车

LVTP5 之后是 LVTP7 型。LVTP5 在越南战争中暴露出许多缺点，让陆战队比较无法容忍的是其不论在陆地还是水上都一样低劣的机动能力。两栖突击战车不可能有太强的防护能力，所以这种能载运将近一个排的两栖突击战车许多时候简直

AAV7 两栖突击车是第一种完全采用铝合金的装甲车辆

就是个活靶。加上其他的诸如发动机可靠性差、车辆过重无法通过越南那种泥泞和沼泽地带等缺陷，促成了海军陆战队要求研制一种更新式两栖车辆的决心。1964 年 3 月，海军陆战队发布了研制新一代履带式人员登陆车的需求报告并获得批准，这也就预示了 LVTP7 的诞生。

开发新式两栖车辆的标的由 FMC 公司的军械分部获得，于 1966 年 2 月正式启动。样车于 1967 年 9 月交付，然后是 2 年多漫长的测试。为了验证其可靠性，代号 LVTPX12 的首批 15 辆样车被海军舰船系统司令部（NSSC）送到了世界上所有角落进行测试。从巴拿马热带雨林中的泥泞沼泽到阿拉斯加冰川上的严寒，所幸的是 LVTPX12 通过了所有的考验。1970 年中，LVTPX12 获得正式编号，即 LVTP7 型并投入正式生产。这一笔生意业使 FMC 公司的军械分部收益颇丰，首批订单就高达 942 辆之多，合同总值接近 8000 万美元。1977 年该公司又再次应美国海军陆战队的要求对已经服役的 LVTP7 进行改进，使之更为现代化。这次改进的成果，获得了“两栖突击车”（Amphibious Assault Vehicle，简称 AAV）这个正式名称，也就是现在我们称呼的 AAV7。

AAV7 是世界上第一种完全采用铝合金装甲的战斗车辆，其整个车体结构都采用焊接结构，即车辆的结构被融合进装甲防护内部了。同以往的两栖车辆相比，AAV7 拥有相对较强的装甲保护，使其在枪林弹雨般的登陆场中能获得更好的遮蔽。由于充分考虑到了在海上航行的必要，车体的首部略呈尖形并逐渐向下倾斜，同时两侧甲板平滑的向内倾斜。全车具备良好的密封性能，能在三级浪下正常行驶，并且全车可在水中浸没 10-15 秒而不进水。搭载人员从尾部的舱门登车，车尾设有液压驱动的跳板，所以非常便于搭载乘员上下车。车体前部右侧有一座全封闭型的全向旋转枪塔，采用电液混合驱动方式，内装有 1 挺 M85 式 12.7 毫米机枪，对于无防护和轻度防护目标有较大的破坏力。AAV7 有两种水上推进方式，传统的履带划水以及喷水推进系统，后者可以为车辆提供最大 13.2 公里 / 小时的水上航速，同时良好的悬挂系统也使车辆的陆地最大行驶速度达到了 70 公里 / 小时以上。目前整个美国海军陆战队内，有 1322 辆 AAV 正在服役。

AAAV 两栖突击车

鉴于目前陆战队装备的 AAV 两栖突击车装甲防护弱、水上速度低等缺陷，为了满足“超地平线”登陆理论中对平面登陆的两栖机动能力和地面作战能力的需求，1996 年陆战队确定美国通用动力公司地面系统部研制的两栖突击车为新一代两栖突击车，代号为 AAAV（Advanced Amphibious Assautlt Vehicle，意为先进两栖突击车）。1998 年陆战队对 AAAV 车进行了全面考察后，批准了 AAAV 的总体设计。预计 2005 年起进入批量生产阶段，2006 年起交付美国海军陆战队。陆战队总共计划采购 1013 辆，其中 950 辆为装甲人员输送车，其余则为指挥控制车。

AAAV 两栖突击车设计新颖，在结构上采用与赛艇相似的滑行车体，而不是靠浮力支持车体在水面上滑跑，从而使车辆获得较高的水上机动速度。动力系统中采用伸缩性液气弹簧悬挂装置，水上行驶时可回缩至紧贴车体位置，以减少滑行阻力，陆上行驶时又可弹出。车体由铝合金和玻璃纤维强化塑料制造的复合材料制成，并附加一些铝合金装甲块，具有很强的防护能力。

该车战斗全重 33.8 吨，乘员 3 名，可搭载 18 名陆战队员。陆上最大时速 72 公里，最大陆上行程 482 公里，水上行驶时速 20 节，最大水上行程 65 海里。装备 1 门 30 毫米“大毒蛇”机关炮（备弹 600 发）1 挺 7.62 毫米并列机枪（备弹 2400 发），还可配备“陶”式反坦克导弹系统，火控系统为全解式火控系统。车上电子设备包括卫星通信在内的多波段无线电台、全球卫星定位系统、AN / VSQ—1 型雷达等，具有较强的指挥控制能力，能较好地满足未来战争的需要。

20 世纪 80 年代，入侵格拉纳达的经验总结使美国海军陆战队广泛引进机动战的思想，进而提出了“超地平线”（Over The Horizon，简称 OTH）登陆作战理论。超地平线作战最后又发展出了“海上机动作战”（Operational Maneuver From The Sea，简称 OMFTS）理论。上述作战理论的核心思想，就是在敌对国家海岸线外部署两栖舰队，并随时在其海岸线视距外机动，伺机攻击其岸防薄弱环节，以达到在敌人戒备条件下最大可能的突然打击并取得胜利。上述理论有着诱人的战术前景，但是也对登陆设备提出了更为苛刻的要求。要在视距外发起攻击，也就意味着登陆舰队必须止步于登陆场外至少 40 公里的距离。在这种距离上使用 AAV7 的话，依照 13.2 公里 / 小时的最大航速，等其磨蹭到滩头阵地时，一切战术奇袭效果必然已经荡然无存。如果上述战术想要取得成功，那么首要的就是必须提高现有两栖突击车辆的水上速度，在这如果可能的话还必须具备上岸后即向内陆渗透的能力，海上机动作战就是寻找岸防薄弱点并伺机攻击。因此一旦再踏上疏于防范的滩头阵地，继续深入攻击内陆以获得尽可能多的战果也是一个必须考虑的问题。很明显，现有的两栖突击车根本就不可能满足上述要求，开发相适应的两栖战车势在必行。

美国海军海上系统司令部于 1989 年 9 月发布了“先进两栖突击车”（Advanced Amphibious Assault Vehicle，简称 AAAV）的需求报告，明确提出：未来两栖突击车两必须能在视距外向海岸发起高速突击，并能在上岸后不间断地向内陆继续发起冲击。突击车具备比较强的火力，可以摧毁地堡、掩体、以及轻型装甲车辆，同时具备比 AAAV7 更强的防护能力。AAAV 是一项耗时甚巨的工程，总设计直到 1998 年 6 月才获得批准，截止此书完成日尚未正式服役。但是不可否认的是，从现有的原型车数据和该计划的发展情况来看，其确实非常有潜力。

1998 年 12 月，AAAV 计划的第一辆工程样车交付。这是一辆全新概念的两栖车辆，完全不同于以往的设计思路。以 AAAV 设计总纲中最基本的高水面航速而言，其测试最大水面最大航速竟然高达 37-46 公里 / 小时，之所以可以取得如此惊人的航速得益于两点：（1）大马力的喷水推进器；（2）独特的水上滑行机构。AAAV 具备两套推进系统分别用于航行和陆上行驶，海上航行时采用两具 23 英寸（584 毫米）直径、2700 马力输出的喷水推进器驱动，单位马力高达 78.26 马力 / 吨（原型车全重 34.5 吨）。当然，要达到如此高的航速光有大马力推进器是不够的，况且两栖战车由于其“战车”的本质，所以从船形上来说也是极其不适合水上高速航行的。但是设计人员通过独特的“冲浪板”设计绕开了水的巨大阻力。在水上高速航行时，船体两侧和首部均有液压驱动的导流板下撑，从而使车体可以在大马力推进器的猛推下像冲浪板一样在浪尖上“冲刺”。当战车靠近海岸抢滩时，可以很容易将那几块导流板快速收起使其不妨碍战车的陆上行驶。AAAV 在陆上行驶时采用一台 850 马力的柴油机，公路最大时速 72 公里 / 小时。

由于设计中要求具备较强的火力，因此 AAAV 在设计中也不再采用传统的机枪作为主要火力。车体顶部炮塔内安装着一门采用弹链供弹的波音公司 MK44 型 30 毫米机关炮和一挺 M240 型 7.62 毫米同轴机枪。这样的火力对简易工事和轻型装甲目标具有相当大的威胁。同时，设计中还强化了车体装甲，车体正面 60 度区域内可以抗击 30 毫米机炮的直接射击，在加挂凯夫拉内衬的陶瓷附加装甲时，有望抵御 RPG-7 型火箭弹的射击。航电设备也具备同期 M1A2 主战坦克一样的水准。AAAV 完全是和 V-22、HLCAC、黄蜂级两栖攻击舰一样，代表两栖作战最尖端技术与成就的未来武器。

当然，目前在美国海军内服役的“两栖突击车”AAV 和将要投入现役的“先进两栖突击车”AAAV（近来《Jans》周刊传出消息，AAAV 将来将改名为“远征战车”EFV），依旧可被视为第二次世界大战中的 DUKW 和 LVT 系列的发展。只不过现代美国海军陆战队中并没有“两栖运输车”这个概念，唯有两栖战车在大量服役。

沙滩上的怪物：登陆作战中的装甲车辆

坦克向来是现代战争不可或缺的组成部分。第二次世界大战时，两栖部队使用当时同样为美国装甲部队主力的M4“谢尔曼”式中型坦克，甚至还改装了能够浮渡并直接冲上海滩的MADD型水陆两栖坦克。当时，陆战队的装甲力量主要通过LCM来投送上岸。

第二次世界大战以后，美国虽然继续研制履带式两栖输送车，但是并未像苏联那样研制专用的两栖坦克，“谢尔曼”DD型成了美国坦克发展史上昙花一现的产物。但是不再发展两栖坦克并不意味着陆战队不再需要坦克，装甲部队仍然是两栖突击力量的基本组成部分。

尽管从M48直到现在的M1A1型主战坦克，海军陆战队所使用的坦克和美国陆军装甲部队是通用的，但是性能上一般都要比陆军的落后一些。甚至可以认为，陆战队习惯于采用陆军的淘汰武器。比如，现在美国海军陆战队采用的M1A1型主战坦克，就是陆军在换装M1A2后替换下来的淘汰车辆。但是这一点并不难理解，因为海军陆战队并不会同敌军的精锐装甲部队发生正面冲突，从历史上来看，除了在第二次大战中的太平洋战场，陆战队几乎不用直面敌人的坦克。

海湾战争以后，基于实战经验对陆军的现有主战坦克M1A1进行了改进，成果就是目前的M1A2。相对老旧但是依旧保有战斗力的M1A1就转手给了陆战队。有关M1型主战坦克和M1A1的介绍相当多，这里就不另作介绍了。

M1A1 主战坦克

LAV 轻型装甲车

有一种轻型装甲车辆需要特别介绍一下。LAV 装甲车[①]构成了美国海军陆战队轻型装甲车辆的骨干，其实 LAV 就是英语中轻型装甲车辆“Light Armored Vehicle”的英语缩写。现役的 LAV 被称为 LAV III 型，其实这就是著名的“剪刀鱼”（也有译作锯脂鲤或水虎鱼）III 型轮式装甲车。由瑞士莫瓦格公司开发（该公司现已被通用动力公司收购）。通用动力公司于 20 世纪 80 年代初引进生产型号的专利生产权，制造了 LAV III 型装甲车以满足当时美国军队对于轻型装甲车辆的需求，这种轻型装甲车同样被海军陆战队大量装备。

在海军陆战队服役的 LAV III 主要有三种型号。最主要的是 LAV-25 型，装备 M242 型 25 毫米“大毒蛇”机关炮一挺、链式供弹，对轻型装甲车辆由一定的威胁。最大公路行驶速度为 100 公里 / 小时，最大公路行程 668 公里。可以被 CH-53 吊运。为了对付岸上敌人的重型火力点和装甲车辆，还专门研制了 LAV-AT“陶”式导弹发射车。此外，还有装备一门 81 毫米迫击炮的火力支援型，以及一种装备反坦克导弹的反坦克型。

我们需要火力支援：陆战队员是如何获得支援的

虽然陆战队能直接获得掩护舰队的火力支援，但那毕竟是属于海军的援助。对于海军陆战队来说，在需要火力支援的时候，有两种方式是最直接的——陆战队炮兵、陆战队所属航空兵。

来自于空中的支援不外乎 F/A-18“大黄蜂”和 AV-8B“鹞 II”两种型号的固定翼

① LAV 装甲车：本质上是通用动力公司通过专利特许形式生产的“剪刀鱼 III”型轮式装甲车，由瑞士莫瓦格公司研制。这种装甲车装备海军陆战队的时间比较早，而莫瓦格公司本身也已经被通用动力收购。目前在 LAV III 基础上发展起来的“斯特瑞克”式轻型轮式装甲车，有望成为美国武装力量的标准轻型车辆。

飞机，它们是岸上的陆战队员最可靠的空中掩护者。

海军陆战队列装的攻击机，自第二次世界大战结束以来几乎所有曾经在美国海军服役的战术攻击机型都曾被采用过。从皮实可靠的活塞式的 A-1 到从有着“最后的火炮战斗机”之称的 F-8“十字军战士”改进而来的 A-7 海盗，甚至还有一代名机 F-4。目前装备海军陆战队的是 F/A-18“大黄蜂”战斗攻击机。

“大黄蜂”源自与通用公司 F-16 竞争失败的机型罗斯洛普 YF-17。在 20 世纪 90 年代初在隐身攻击机 A-12 计划以及其替代品 A/F-X 计划因该经费以及军种竞争问题而搁置之后，海军将罗斯洛普公司的 YF-17 从“弃婴堆”里挑了出来加以改进，开发出了这款寄托 20 世纪末和 21 世纪初这近 20 年时间内的新式通用战机，作为海军提升打击力量的希望。在 F-35 形成战斗力之前，F/A-18 系列将是美国海军航空力量和战术打击的绝对主力，并接替了提前退役的 F-14D。

就目前来说，美国海军陆战队航空队装备的都是早期型“大黄蜂”（即 F/A-18A/B/C/D 等 4 种型号），而不是最先进的“超级大黄蜂”（F/A-18E/F）。

目前，海军陆战队装备的主要型号为 F/A-18C/D 两种。这两种改型从 1991 年开始装备部队，主要特点是装备了通用动力的 F404-GE-402EPE 型发动机以及 APG-73 型雷达，而不同于初期型 A/B 那样采用 F404-GE-400 发动机，装备 APG-65 型雷达。同 A/B 型相比，由于采用了更先进的雷达航电系统，战斗力显著增强，可以发射著名的 AIM-120 先进中距离空对空导弹，使整机的超视距作战能力增强不少。另外由于新雷达具备发射先进的 AGM-65F“幼畜”对地导弹的能力，因此攻击能力尤其是精确打击方面骤增。在两栖作战时，陆战队的“大黄蜂”一般驻扎在海军的航空母舰上，徘徊在登陆场外海上，应登陆部队的呼叫而来。

AV-8B“鹞 II”式垂直起降攻击机同“大黄蜂”相比，能为登陆场提供更为直接的空中掩护。因为伴随着黄蜂级两栖舰的服役，这种具备垂直起降能力的亚音速攻击机将被布置在登陆场的最前沿。

F/A-18“大黄蜂”战斗攻击机是美国海军陆战队装备的主力机型

“鹞 II”直接改进自英国皇家空军的“鹞”式，但是换装飞马引擎和全新航电系统和全套红外线探测设备以及夜视设备的“鹞 II”，具备更强的战斗力。飞马发动机可以为其提供更强的动力并装载更多的武器，崭新的航电以及探测设备可以大幅度提升 AV-8B 的夜间战斗能力，并使其具备发射各种先进精确制导武器的能力，因此在登陆战中能够发挥非常重要的作用。

AV-8B 可以携带 4173 公斤外挂，最大作战半径达到 800 公里。机上的固定武器为两门 25 毫米 GAU-12/U 五管机炮，7 个外挂点可以携带从“麻雀”空对空导弹到“幼畜”空对地导弹的各种武器，必要时甚至可以携带“鱼叉”反舰导弹，执行对舰攻击任务。

陆战队对于“鹞 II”的评价是，除了最大平飞速度和空战能力不足外，其执行对地任务时大体上和 F-16C/D 相当，而且具备 F-16 所无法具备的短距离起降能力。在必要的情况下，“鹞 II”可以在长度不超过 400 米的空地上起飞，这种能力是 F-16 万万不能及的，至于降落则更为方便，因为其垂直起降的能力注定了一架“鹞 II”降落时所需占用的空间甚至小于一架中型直升机。

在陆战队历史上，AV-8B 参加过的 1991 年海湾战争是对其能力最好的证明。陆战队共有 86 架 AV-8B 参战，出动 3342 架次，总飞行时间超过 4300 小时，投弹 2700 吨，战勤率为 88%，战斗中损失 5 架。AV-8B 在战斗中主要执行压制伊拉克军队地面火炮和攻击其装甲部队的任务。最突出的优点是可以在前线简陋的野战机场起降，如 AV-8B 进驻的阿吉斯机场，距离前线仅 60 公里，而且是沥青地面跑道，但是 24 架 AV-8B 在 5 分钟内就能降落完毕，补充弹药和燃料后，其中 12 架可在 2 分钟内随即起飞。如此接近前线，如此迅速反应，你还能要求什么呢？

对于敌人在登陆场纵深处的支撑点以及阵地的火力打击，除了呼叫航空兵进行空中打击外，最直接的手段就是出动由直接受登陆部队指挥的炮兵。陆战队一样需要装备火炮，尤其是重型火炮。老朽的 M1 系列早已退役，美国海军陆战队现役的火炮主要有三种：M198 式 155 毫米牵引火炮、M777 式超轻型 155 毫米榴弹炮，以及老朽但是依旧管用的 M101A1 式 105 毫米榴弹炮。

M198 式 155 毫米牵引火炮于 20 世纪 80 年代初开始装备部队，主要由英国研制用来装备英美两国军队。这种火炮融合了当时的全部新技术，包括 39 倍径镀铬自紧身管（M199 型）、铝合金箱型炮架、双室制退器（制退效率 17%）。M198 在发射 M107 式榴弹时最大射程可达 18150 米，发射 M549A1 式增程炮弹时则可以达到 30000 米。由于采用了大量铝合金部件，该炮的全重只有 7.1 吨，曾经是世界上最轻的 6 英寸级别榴弹炮，可以由直升机吊起运输。

榴弹炮是最直接的火力支援武器

不过M198式并不完全令英国人感到满意。从20世纪80年代末开始，他们就计划开发更为轻型的155毫米榴弹炮，也就是后来的M777。M777的最大特点就是高度轻型化，全重只有3.75吨，可以被轻型车辆牵引，而且在火炮性能上比之前的火炮也有显著提高。配合先进野战炮兵战术数据系统（AFATDS），其射击精度可以与陆军现役M109A6“帕拉丁”自行榴弹炮比肩。以标准眼光来看，M777最大的缺点在于射程，为了尽可能的减轻火炮重量，M777并没有使用当今牵引式榴弹炮普遍采用的45倍径身管，而将身管从样炮XM777的39倍径进一步削减到38倍径。显然，这不能很好地体现现代火炮在射程方面的优势，倍径削减的直接后果就是使最大射程比样炮要近大约3000米，在发射M549A1式增程炮弹时最大射程同M198式一样，也是30000米。在未来战争中有可能遭遇到先进的45倍径身管榴弹炮的压制射击时（45倍径身管榴弹炮一般最大射程都超过35000米，接近40000米），这种射程上的劣势可能会非常致命。

如今，M777已成功试射了雷声公司制造的XM982“神剑”GPS/惯性制导增程155毫米炮弹。如果这种精确打击弹药能在不久的将来顺利投入现役，那么在彻底解决M777射程不足问题的同时，海军陆战队将可以不依赖空中支援，直接获得精确打击能力。在2004年的4月，首门生产型M777正式投入现役。目前，M777处于低速量产的阶段，海军陆战队方面希望在将来M777可以全面替代M198式。

M101A1型105毫米榴弹炮采用M2A2式炮身，22.5倍径身管、发射榴弹时最大射程11270米、最大射速10发／分钟。由于其一般被用作战场火力支援，因此对其射程也没有太大的要求，又因为其轻便灵活（仅2.26吨）因此被沿用至今，恐怕将来还会服役很长一段时间。

AV-8B 垂直起降攻击机

鉴于英国鹞式垂直起降飞机的卓越性能，美国海军陆战队于1971年向英国购买了110架AV-8A（含8架双座教练机），购买别国战斗机用于作战部队的服役，在第二次世界大战以后可是绝无仅有的。陆战队随后对鹞式进行了改进，采用新的翼型、增加机内油箱容积、大量采用新型复合材料、采用水滴形座舱、改进旋转喷口周围结构布局、改进航电设备等。通过这些改进，使AV-8B总体性能有很大提高，尤其是在载弹量、航程方面，更是有了大幅提高。

AV-8B主要性能：机长14.25米，翼展9.25米，机翼面积21.37平方米，发动机最大推力9750千克，空重6336千克，最大起飞重量14061千克，垂直起飞最大重量9342千克，最大平飞速度M0.92（高空），M0.85（海平面），实用升限15000米，最大转场航程3929公里。武备为1门5管25毫米机炮（备弹300发），7个外挂点，最大外挂载荷为3738千克，可以携带空空导弹、空地导弹、激光制导炸弹、普通炸弹和火箭巢等多种武器。

一切终归要靠自己：海军陆战队的步兵武器

第二次世界大战中，美国海军陆战队是美国最后一支换装M1“加兰德”半自动步枪的部队。由于陆战队坚信老式的M1903“斯普林菲尔德”步枪是世界上精确度最高的步枪，因此直到经过瓜达尔卡纳尔岛血战的刺激，才意识到火力的重要性，陆战队各部队才陆续换装。

时光流转，陆战队士兵的武器从M1变成了M14，然后再变成著名的M16突击步枪。当然，陆战队员们并不仅使用一种步兵武器，越南战争时，陆战队员就曾经使用雷明顿散弹枪以对抗北越游击队的突袭，据称一支散弹枪能使一个步兵班信心百倍。不过，特殊情况才需要特殊处理的，最后一统天下的还是著名的M16A2型小口径突击步枪。作为一支重视步枪和射击技术几乎痴迷的部队，M16很受陆战队的欢迎，并赢得了“可爱16”的别名。

关于M16的故事，根本不用饶舌，作为步兵武器的革命性变革——小口径化的开端，其发展史为每个军事爱好者所熟知。其从 1983 年 11 月 20 日起装备美国海军陆战队直到今日，作为步兵的标准制式武器整整 20 年。今日，随着新一代枪械的崛起 M16A2 已经显得老旧，因此换装的任务就显得越来越重要了。

目前在美国武装力量中，占据轻武器主导地位的是 M4 以及 M4A1 卡宾枪。虽然在大多数步兵战斗的射击距离上可以确保有效的射击精度，可是由于其作为短身管的卡宾枪所固有的缺陷，使得它在远距离的对射中无法确保在命中目标后还能形成有效的杀伤。追求远距离射击精度以及远射威力导致了海军陆战队在 2002 年末决定采用 M16A4 作为主要制式武器。不过在机械化部队中，士兵们还将装备轻巧灵便的 M4 卡宾枪。

M16A4 是 M16 枪族的最新改进型号，在保存了传统步枪的长枪管的同时，同之前未能列装的 M16A3 相比作了不少改进和优化。但是同传统突击步枪相比，M16A4 最大的改进还是在瞄准具。光学瞄具包括 AN/PEQ-5 激光指示器、全息衍射镜（HDS）和 AN/PVS-14 夜视瞄准系统等。其复杂程度和对瞄准起到的帮助已经可以用“火控”来形容了。

M240G 机枪

M4 和 M16A4 都可以挂载 M203 式枪榴弹发射器，其发射的 40 毫米枪榴弹对于无装甲防护目标来说有着非常大的威胁，而且由于是枪榴弹，发射可以达到比较大的射程，士兵们因此将之戏称为“步兵随身的大炮”。一般每个步兵班 / 火力组内都会有一名士兵的枪上加挂榴弹发射器。

M4 卡宾枪

为了精确打击有生目标，陆战队每个步兵营一般都有一个狙击排，配备 8 支雷明顿公司生产的 M40A1 式 7.62 毫米

M16A2 与 M16A4

2002 年经过 2 年的激烈的辩论之后，海军陆战队终于宣布，决定从年底开始以 M16A4 替换现役的 M16A2。不过其机械化部队仍然会以 M4 作为主要武器。

M16A2 主要性能：口径为 5.56 毫米，全枪长 1000 毫米，枪管长 510 毫米，6 条右旋缠距 178 毫米膛线，空枪重（带空弹匣）3.77 千克，最大理论射速 900 发／分钟，有效射程 600 米，初速 945 米／秒，枪口动能 1765 焦，瞄准基线长 501 毫米。

M16A4 是在 M4A1 卡宾枪之后大约 1 年推出，两者的工作原理相同、结构相似，许多部件通用。M16A4 主要性能与 M16A2 几乎完全一致。只是 M16A4 将枪械作为一个模块，火控系统作为另一个模块来设计的。枪械本身改进不多，而瞄准具采用了许多的新技术，因此瞄准具几乎可以用火控系统来称呼。目前 M16A4 的光学瞄准具包括 AN/PEQ-5 激光指示器、全息衍射镜（HDS）和 AN/PVS-14 夜视瞄准系统等。

陆战队之所以选择 M16A4 而不是 M4/M4A1，一是射击准确性更高，二是射程更远，三是枪弹杀伤更大。只是机械化部队成员因为车辆内部空间有限，而采用比较短小的 M4/M4A1，其他部队尤其是步兵连队的步枪手基本都换装使用 M16A4。

M2HB12.7 毫米重机枪

这款重机枪就是从赫赫有名的勃朗宁 M2 式 12.7 毫米重机枪发展而来，M2HB 主要的改进就是采用重枪管，以提高持续射击的时间，该型号于 1933 年正式定型，一直使用至今，是陆战队所使用的武器中年纪最大的古董，但依旧以其威力大、精度好、性格可靠而深受部队欢迎。

主要性能：口径为 12.7 毫米，初速 983 米／秒，表尺射程 1800 米，最大有效射程 1650 米，枪口动能 18300 焦，理论射速 600 发／分钟，全枪长 1653 毫米，枪管长 1143 毫米，8 条右旋缠距 381 毫米膛线，全枪质量 38.2 千克，枪管质量 12.7 千克，供弹具质量（含子弹但不含弹箱）14.1 千克，瞄准基线长 510 毫米，弹链供弹，容弹量 110 发，配用弹种为 M2 式 12.7×99 毫米枪弹，包括普通弹、穿甲弹、穿甲燃烧弹和训练弹。

狙击步枪，可以对1000米内的人员实施精确射击。在狙击手排内还有另外一种远距离精确射击的利器，这就是在1991年海湾战争内出尽风头的M82A1型12.7毫米口径反器材步枪。由于可以发射特制的穿甲燃烧弹和专用爆破弹，加之大口径和巨大的枪口动能，这种反器材步枪对于轻装甲目标有着相当的威胁。

为班组提供火力支援的是M240G式7.62毫米轻机枪，作为步兵排的火力基干，其有着相当重要的地位，有效射程在1000米上下。另一种营级火力支援武器是M2HB式12.7毫米重机枪。M2系列12.7毫米口径重机枪这是一种比较古老的武器系统，诞生于第二次世界大战期间。但由于可靠耐用，因此一直改进并沿用至今。由于12.7毫米机枪弹对于软目标和轻装甲目标有较大的威胁，因此作为营一级的火力支援武器而深受部队倚重。

M47龙式反坦克导弹

同重机枪概念有所不同的是，MK19型40毫米榴弹发射器是在海湾战争之后流行起来的一种全新的火力支援武器。本质上，其同M203型枪榴弹发射器一样，但是另一方面它又能像机枪一样连续发射40毫米高爆榴弹。MK19一般采用链式供弹，一个弹链在20-30发左右。据说，其对1000米以上软目标的打击效果，要大于一支M2重机枪，虽然其并不能完全替代重机枪。

M224迫击炮

在2000米以上的火力支援或者压制射击中，迫击炮都会发挥重要的作用。装备海军陆战队的迫击炮有两种：M224型60毫米迫击炮、M252型81毫米迫击炮。前者是配属到连一级的火力支援武器，轻巧、灵便、射速高是其显著特点。一个熟练的装填手可以使其最大射速达到 30 发 / 分钟。M252 则是营一级的火力支援武器，最远可以打到 5800 米。在熟练士兵的操作下，最大射速也可以达到 30 发 / 分钟，不过一般射速不超过 15 发 / 分钟。虽然 M252 在威力上要明显超过 M224，但是相比后者 20.8 公斤的战斗全重，接近 40 公斤的 M252 就显得不是那么轻巧了。

M251 迫击炮

标枪反坦克导弹

对于掩体和敌人的重装甲目标，陆战队员们除了召唤主战坦克、炮火支援以及空中打击进行重点“照顾”以外，一般有 3 种对应的打击手段：肩射多用途突击武器、M47“龙”式轻型反坦克导弹，以及 FGM-148“标枪”式反坦克导弹。

对于加固的掩体和“不是那么先进”的坦克，配属到步兵连的肩射多用途突击武器（简称 SMAW，港台军事刊物称之为“石魔”火箭筒）就能轻松搞定。这是一种可发射破甲和高爆两种火箭弹的玻璃纤维质地便携式发射筒。高爆火箭弹对于掩体和水泥工事有着较强的摧毁效果，而破甲火箭弹可以穿透 600 毫米的钢质装甲。据最新资料，美军为 SMAW 还配备了最先进的温压火箭弹。所谓温压弹采用新型的爆炸填充物和先进引信，可在封闭空间如建筑物、工事和山洞中制造出致命的“超高压”。这种“超高压”对位于有效杀伤区域人员的身体可造成巨大伤害，同时温压弹爆炸后能迅速耗尽封闭空间中的氧气，使里面人员在极短时间里窒息而死。陆战队是 SMAW 装备最多的客户，在每个步兵连的火力支援排装备 6 具，1 个步兵营总共装备 18 具，而 1 个战斗工兵营装备的数量更是达到了 27 具。

1991 年海湾战争内出尽风头的 M82A1 型 12.7 毫米口径反器材步枪

对于比较先进的坦克则必须用到反坦克导弹。“龙”式是一种射程仅 1000 米的轻型反坦克导弹，优点是轻便灵活而且价格低廉。缺点则再明显不过了，它过短的射程和威力不足的战斗部（最大破甲厚度仅 500 毫米）使其无法从正面摧毁现役的先进主战坦克。与之对应的 FGM-148“标枪”式反坦克导弹是一种非常先进的中型反坦克导弹，127 毫米弹径、系统全重 22.6 公斤、最大射程 2500 米，再配以先进的复合导引头以确保高精度和高抗干扰能力，而且战斗部采用串联装药法，即在主战部前（最大破甲厚度 1000 毫米）串联一个小型的破甲战斗部，可有效对抗挂装反应装甲的敌主战坦克。但是由于价格昂贵，注定了其必须和廉价的“龙”式搭配使用。

所有使用班组武器的士兵和军官以及军士长，均配备有 M92F 型军用手枪，这是著名的手枪制造商意大利伯莱塔公司的招牌产品，性能相当优秀，是防身自卫的上选之品。

第五章

传奇逸事

在陆战队240年的历史上，发生过很多故事，有悲壮惨烈的，有激荡心旌的，有饶有趣味的，有感叹唏嘘的，当然更多的还是充满神秘传奇色彩的。本章撷取其中比较具有代表性的三个故事以飨读者。

陆战队一号

一想到有那么多人看着你从直升机里出来，真是很激动人心的事情。你站在那儿，一举一动都代表着海军陆战队的形象和荣誉。我为此而感到非常自豪！

——海军陆战队第1直升机中队飞行员　米迪上士

与总统结缘

1997年美国哥伦比亚电影公司拍摄，由沃尔夫冈·彼德森（Wolfgang Petersen）执导，哈里森·福特（Harrison Ford）主演的惊险动作大片《空军一号》（AIR FORCE ONE）上映后，美国总统的坐机呼号“空军一号”迅速成为家喻户晓的名词。事实上按照美国空军的规定，只有美国总统乘坐的那架飞机才是“空军一号”，只要报出“空军一号”的称号，那么所有的航空管制机构就会采取相应的航空管制措施以确保总统坐机的安全。而一般人的理解，“空军一号”就是那几架专供美国总统使用的高级飞机。虽然这一认识并不很确切，但毕竟知道了“空军一号”。如果你问起“陆战队一号”（MARINE ONE）的话，恐怕能答上来就没几个人了。

1997年，哈里森福特（Harrison Ford）主演的惊险动作大片《空军一号》（AIR FORCE ONE）

其实，“陆战队一号”和“空军一号”一样都是美国总统的坐机呼号，只不过“空军一号”是固定翼飞机，而“陆战队一号”则是直升机。在现实生活中，美国总统乘坐“陆战队一号”的机会远远超过“空军一号”，但是“空军一号”却借着同名电影大片的东风妇孺尽知，而“陆战队一号”却依然默默无闻，甚至在某些国内媒体上还把总统直升机的呼号误称为“海军一号”。

“陆战队一号”的称号的确名副其实，因为美国总统所使用的直升机确实是属于海军陆战队航空兵的不是空军，也不是海军。陆战队的直升机能和总统结缘还是源于一个巧合。那是 1957 年 9 月 7 日，当时的美国总统艾森豪威尔正在罗德岛的避暑胜地度假，突然发生紧急情况需要立即赶回白宫。在通常情况下，从罗德岛回白宫，先是要乘火车到“空军一号”停机处，再乘“空军一号”飞到安德鲁空军基地降落，最后换乘汽车到白宫，整个路程总共至少需要 2 小时。由于当时情况非常紧急，总统必须尽快赶回白宫，正好总统助手发现罗德岛上有 1 架隶属于海军陆战队第 1 直升机中队的 HUS—1“海蝙蝠”直升机，艾森豪威尔便立即乘坐这架直升机，仅花了 37 分钟就赶到了“空军一号”停机处，比乘火车整整缩短了近一半时间。艾森豪威尔也在无意之中成为乘坐直升机的第一位美国总统。回到白宫后的艾森豪威尔对直升机的便捷与迅速留下了深刻印象，而且想到既然直升机迅速飞到“空军一号”停机处能节约大量时间，那么如果直升机还能从安德鲁空军基地直接飞回白宫不就可以再节约大量时间了吗？于是，总统的海军顾问立即指示陆战队第 1 直升机中队就直升机在白宫南草坪起降的可行性进行评估测试。结果试验表明，白宫南草坪完全可以满足直升机起降要求，从此由陆战队第 1 直升机中队派出直升机接送总统往返于白宫和安德鲁空军基地便成为了惯例。而如果总统要乘直升机到其他地方，则再由陆战队或陆军派出直升机提供服务。这样临时指派直升机自然既不安全也不方便，于是到 1976 年，美国政府正式决定陆战队第 1 直升机中队成为向美国总统和其他政府要员提供直升机运输服务的唯一直升机专机中队。

美国历史上第一个坐直升机的总统艾森豪威尔正走下直升机，他对直升机印象深刻

美国总统乘坐的第一种直升机：HUS—1“海蝙蝠”直升机

S-34是美国西科斯基公司在S—55直升机基础上研制的放大版本。1952年，正式开始研制，海军原型机XHSS—1于1954年3月8日试飞，海军陆战队的型号为HUS—1，陆军型号H—34。它们分别有不同的别号“海蝙蝠”“海马”和“乔克托人”。一种机型在不同军兵种获不同别号这还是头一回。主要改型有:HSS—1、HSS—1N（即SH—34J）、SH—34H（HSS—1F）、HUS—1、HUS—1A海军型、HUS—1Z总统专机型、HUS—1L极地专用型、HUS—1G后称HH—34F。20世纪70年代，因机型过于陈旧，退出了现役。

夜鹰中队

说来绰号夜鹰中队的陆战队第1直升机中队与总统有着很深的渊源，也可以说是一种机缘巧合，但最终能成为总统直升机专机中队，主要还是靠自身也是在直升机飞行领域一支极富盛名的部队，夜鹰中队在海军陆战队航空兵直升机部队中有着很多项第一：陆战队第一个直升机中队、陆战队第一个担负直升机试验和评估的中队……第1直升机中队于1947年12月1日在匡蒂科陆战队航空站正式成立，不过成立之初规模非常小，全中队总共只有7名军官和3名士兵。1950年朝鲜战争爆发后，直升机在战场上得到了广泛使用，第1直升机中队也迅速扩充发展，主要承担直升机战术探索试验、试飞新型直升机、与直升机厂商一起研究直升机改进等任务，到20世纪50年代后期，第1直升机中队已经成为陆战队航空兵直升机部队中负责直升机性能与相关技术、战术发展试验与评估重任，并在飞行技术上牢牢把持住“领头羊”的地位。领受了总统直升机专机服务的任务之后，夜鹰中队的任务日渐繁重与多样，因此编制也逐渐扩大。目前已经成为美军所有直升机中队（包括空军、陆军航空兵、海军航空兵和陆战队航空兵）中编制最为庞大的中队，下辖行动计划、行政飞行、试验评估、安全警卫、维修保养、医务保障、通信和后勤8个分队，编制总人数超过1500人。

陆战队直升机第1中队的队徽，赫然可见白宫图案

其中的行动计划分队负责制定和协调飞

陆战队直升机第一中队的两种现役机型：海王（上）和黑鹰（下）

行计划，是整个中队的指挥中枢。行政飞行分队则是夜鹰中队最重要的组成部分，也是直接为总统提供直升机运输服务的单位。分队共有20架直升机、12架VH-3D“海王”和8架VH-60N“黑鹰”，这里直升机型号的英文代号也有讲究，V表示要人贵宾（VIP），而H就是直升机（HELICOPTER）。每架“海王”机组为3人，正驾驶、副驾驶和机长，可载14名乘客。每架“黑鹰”机组则为4人，除正驾驶、副驾驶和机长外还多了一名无线电员，可载11名乘客。由于“黑鹰”体型比“海王”稍小，所以通常如果总统到海外出访要带直升机的话，都是带“黑鹰”。因为“黑鹰”只要2小时就能装进C-5大型运输机，而“海王”虽然也能装进C-5，但是装载时间长达12小时。1998年6月克林顿总统访问中国就把“陆战队一号”也带到了中国，当然也是“黑鹰”了。总统每次乘坐夜鹰中队直升机，也只有1架能有此殊荣，而只有总统乘坐的才能叫作“陆战队一号”。尽管每次总统只乘坐1架，但是所有这20架直升机都得保持良好的飞行状态，以便随时出动，因此日常的维护保养的工作量是非常惊人的。该分队20架直升机顶部全部漆成白色，特别显眼醒目，所以被戏称为“白边”分队。

在夜鹰中队的8个分队里，唯一和总统接送任务毫无关系的就是试验评估分队。该分队承担的也是夜鹰中队的传统任务。目前该分队装备20架CH-46E“海上骑士”和CH-53E“海上种马”，承担陆战队直升机最新装备机型、技术和战术的试验评估。该分队直升机顶部被漆成绿色，因此与“白边”分队相对，自然也就被戏称为“绿边”分队了。

目前夜鹰中队在陆战队直升机中队里的地位非常特殊，是唯一一支拥有两个基地（安纳科斯蒂亚和匡蒂科）的直升机中队，也是唯一一支三头管理的直升机中队。所谓三头管理，是指凡是涉及总统的飞行任务全部由白宫军事办公室指挥中心来指挥管理，与陆战队有关的其他飞行任务服从于陆战队负责航空事务的副参谋长的指挥，而试验评估分队的有关试验评估情况则向陆战队作战试验与发展司令部报告。

陆战队一号机长

毫不夸张地说，“陆战队一号”的机长也是新闻人物，美国甚至世界性的电视新闻里经常可以看到美国乘坐总统的“陆战队一号”在白宫南草坪徐徐着陆，舱门打开，舷梯放下，身着陆战队兰色军礼服的“陆战队一号”机长军容严整地走下舷梯，以立正姿势肃立在舷梯旁，然后才是总统走出舱门，向公众挥手致意，当总统步下舷梯时，机长必定是一个标准的敬礼，而总统往往是潇洒地举手还礼，毕竟美国总统还是三军最高统帅啊！镜头里，“陆战队一号”机长更多是礼仪性的表现，而事实上他们同时还是陆战队里技术最过硬、经验最丰富的直升机机长，毕竟是要给总统开直升机的，来不得半点马虎。

“陆战队一号”机长的选拔任命也与众不同，首先是从整个陆战队直升机机长中精选出来佼佼者，之后还要经过严格的技术、心理、体能和政治多方面的考核审查，才能进入夜鹰中队。进了夜鹰中队也不是马上就能为总统服务，必须先到与总统任务毫无关系的“绿边”分队工作，只有取得了夜鹰中队自己特别颁发的“最终安全飞行证书”后才能进入“白边”分队。进入“白边”分队后还得接受系统严格的训练，通过了直升机公司工程代表和老牌“陆战队一号”机长双重主考的书面、口头和实践操作测试之后，才能真正成为“白边”分队的机长。注意，还不是“陆战队一号”机长！新机长通常是执行接送副总统、国会议员、外国贵宾等其他要人的任务，要想成为最高荣誉“陆战队一号”机长还得过一关。在“白

陆战队一号直升机及其身着陆战队礼服的机长，舷梯上可见“欢迎光临陆战队一号”（WELCOME ABOUT MARINE ONE）的字样

边”分队有个传统，这个“陆战队一号”机长可不是由上级任命的，而是由已经成为“陆战队一号”机长们在“白边”分队干过至少一年要人服务，而且两种机型都会驾驶的机长中集体提名，在所有参与竞争的候选机长里进行日常表现、基本军事素质、飞行技术和思想品质等多方面的综合量化评估，最后由“陆战队一号”机长们在得分最高的3人中以投票方式选出一名正式候选人，报夜鹰中队中队长，由中队长进行最后的审批。如果中队长不同意，则由机长们再重新选过。

美国总统坐“陆战队一号”的次数远远大于“空军一号”这是克林顿（上）和小布什（下）在乘坐“陆战队一号”时的情景

当上“陆战队一号”机长也不轻松，因为这份工作强度大，压力大，值勤时间又没个定数，所以夜鹰中队规定，“陆战队一号”机长最多只能干一年，老机长卸任后还是回到“白边”分队继续为其他政府要人服务。由于“陆战队一号”必须是24小时待命，所以“陆战队一号”要配备4名机长，但又有只干一年的时间限制，使得“陆战队一号”机长的流动相当大，几乎每个季度就有1人替换，如此循环往复。

正因为成为“陆战队一号”机长如此艰难，当上“陆战队一号”机长又如此荣耀，因此能成为“陆战队一号”机长几乎是每个陆战队直升机飞行员的梦想与追求。

陆战队一号使用机型之一：SH-3“海王”直升机

SH-3是美国西科斯基飞机公司研制的双发单旋翼带尾桨直升机，公司编号为S-61，美国军用编号为SH-3“海王”、HH-3A和VH-3，1957年9月23日开始研制，1959年3月11日原型机首次试飞，1961年9月开始交付使用。 SH-3在机身顶部并列装备2台1250马力的T58-GE-8B型涡轮轴发动机，旋翼及尾桨都为5片，这在直升机史上当属首次。旋翼翼型为NACA0012，桨叶可互换，并可折叠；尾桨桨叶由铝合金蒙皮，实心前缘金属大梁和蜂窝夹心组成。机身为矩形截面，腹下为船身造型，可随时降落于海面，为此，机身左右各设浮筒一具，以增加横侧稳定性。后三点起落架可收入浮筒及机身尾部，因此SH-3又是一架两栖直升机。机身侧面设有大型舱门，机舱内可放搜索设备或人员物资、机外吊挂能力为3630千克。

SH-3的主要改型有：SH-3A海军早期型反潜直升机，SH-3D“海王”海军标准型反潜直升机，SH-3G海军通用型，SH-3H多用途改型，HH-3A救援型，VH-3A要人专机型，VH-3D要人专机型，CH-124加拿大军用型，S-61A-4马来西亚空军型，S-61D-4阿根廷海军型，YSH-3J武器实验型。

主要性能数据:旋翼直径18.90米，尾桨直径3.23米，机长22.15米，机高（至旋翼桨毂顶部）4.72米，机宽4.98米，驾驶舱门1.68米×0.91米，主舱门1.52米×1.73米，座舱容积28.9立方米。空重5380公斤，正常起飞重量8190公斤，最大起飞重量9300公斤。最大平飞速度315公里/小时，巡航速度207公里/小时，最大爬升率10.3米/秒，实用升限4480米，航程1230公里，悬停升限（有地效）1530米，（无地效）975米。

陆战队一号使用机型之二：S-70“黑鹰”直升机

S-79是美国西科斯基飞机公司研制的双发单旋翼战斗突击运输直升机。公司编号S-70，美国军用编号为UH-60A、UH-60C。1972年开始研制，第一架原型机于1974年10月首飞，1977年8月开始生产，1979年4月开始交付使用。“黑鹰”主要改型有：SH-60B“海鹰”反潜/反舰导弹防御型；EH-60A电子对抗型；HH-60D战斗支援型；EH-60B远距离目标跟踪型；SH-6F海军作战型；S-70A/C，出口军事通用型。

动力装置为2台GE公司T700-GE-700涡轴发动机，单台功率1151千瓦，出口型选用T700-GE-701A涡轴发动机，最大起飞功率1285千瓦。

主要性能数据：旋翼直径16.36米，尾桨直径3.35米，机长（旋翼、尾桨旋转）19.76米，（旋翼、尾梁折叠），机身长15.26米，机高（尾桨旋转）5.18米，（至桨毂顶部）3.79米。空重5118千克，最大起飞重量99779千克，任务起飞重量7708千克。最大飞行速度361公里/小时，最大平飞速度（海平面）293公里/小时，最大巡航速度（高度1220米，35摄氏度）268公里/小时，垂直爬升率（海平面、32.2摄氏度）3.55米/秒，实用升限5790米，悬停高度（有地效、35摄氏度）2895米，航程（最大起飞重量、最大内部燃油、30分钟余油）600公里，续航时间2小时18分钟。

风语战士

这是一个不可思议的故事，叙述一群纳瓦霍士兵在第二次世界大战期间投身于一个独一无二、高度成功的通讯计划，在太平洋战场的舞台上激情演出。

——美国新墨西哥州的参议员　杰夫·宾格曼

著名华人导演吴宇森执导，美国著名硬派小生尼古拉斯·凯奇主演的好莱坞大片《风语战士》上演之后引起了不小的轰动。尽管有些人认为此片算不上是战争巨片，充其量不过是战争版的《街头喋血》，但是影片所反映的由印第安纳瓦霍族人担任报话机员进行战场通讯的故事却是第二次世界大战期间真实而又传奇的一幕。

密码与密语

影片中将纳瓦霍报话机员称为“密码战士”，其实这有一个概念上的误区：密码与密语的混淆。狭义的密码，是指无线电通信中在约定的对象之间所使用的特别编制的秘密电码，与之相对的就是国际通用的摩尔斯电码，也就是平时所称的明码。确切说密码是在无线电通信时所使用，战争中无线电通信一般用在较远距离通讯，在部队展开方面由于距离远部队的规模大，因此无线电通讯是师以上单位之间的重要通讯手段，部队规模越大其无线电通讯中所包含的机密程度也就越高。但因为无线电通信完全是开放式的，敌方完全可以利用无线电收报机接受，所以对无线电通信的加密就显得尤为重要。第二次世界大战期间，无线电密码更是发展到了高潮，出现了能对电码

1942 年在圣迭戈市艾利奥特（Elliott）军营列队的纳瓦霍通讯兵

进行自动转换的密码机，德国的“埃尼格码”（ENIGMA）密码机就是典型代表，另一部美国大片《U571》所反映的就是美军夺取“埃尼格码”密码机的故事。

而如风语战士所进行的通信实际上是通过报话机（报话机其实在现代社会上常见，就是警察和保安所使用对讲机的放大版）直接口头来传递信息，战争中报话机由于受功率限制，主要是在较近距离上通信所用，一般是在团以下单位之间通信时使用，直接用语言进行通话。因此确切地说，风语战士所使用的应是密语。当然，广义的密码将文字、语言、电码甚至程序等所有信息媒体进行加密都包含在内，那就另当别论了。

奇思妙想

虽然报话机有着使用简便、传递速度迅捷等优点，其灵活性与实时性在瞬息万变的战场更是有着无可比拟的优势，但是同时也存在安全性差的致命缺陷。如果敌方将报话机调到同一频率上，就能轻而易举地进行监听、干扰甚至冒名顶替进行通信。在太平洋战争中，日军就曾利用报话机进行了一次成功的冒名顶替：1943 年 2 月，日军驻瓜岛部队撤退时，当美军基地不断呼叫在所罗门群岛以北活动的一号警戒巡逻机时，日军设在拉巴维尔岛的无线电特别小队乘一号机没有立即答复，而是以同样频率，冒充一号机与基地沟通了联络，并乘机发出了一份早已准备好的假情报：“发现日军舰队，航母 2 艘，战列舰 2 艘，驱逐舰 10 艘，方向东南。”美军以为日军正大举来袭，紧急调动机动部队和航空兵前去拦截这支子虚乌有的影子部队。而日军乘着美军通讯频繁调动混乱之际，顺利

1943 年 7 月在南太平洋前线进行联络的纳瓦霍通讯兵

撤回肖特兰岛。此外，日军通过在报话机上监听而获取美军行动信息更是数不胜数，给美军造成了很大的麻烦。

如果对报话机通信进行加密，由于报话机使用范围极广，不仅烦琐复杂，而且在使用时密语转换费时费力，很可能会错过稍纵即逝的战机。如何克服使用简便与安全保密这一对矛盾，着实令美军通信部门头疼不已。

在塞班岛前线操作报话机的纳瓦霍通讯兵

菲利普·约翰斯顿注意到了这个问题，他是纳瓦霍保留居住区传教士的儿子，在纳瓦霍保留居住区长大成人，会一口流利的纳瓦霍语。当他接触到美国军队正在进行土著语言测试的消息后，灵光一现想出一个绝妙主意——在报话机上用纳瓦霍语进行通信。其实他的这一想法还算不上是首创者，早在第一次世界大战期间，在美军和加拿大军中服役的印第安士兵就曾经使用他们本民族的语言来传递情报。但由于缺少像“大炮”“机枪”“手榴弹”一类的军事术语词汇，加上缺乏系统的整理，实际应用受到很大限制，因此战争结束之后，被湮没在历史烟云之中。对纳瓦霍人有很深了解的约翰斯顿知道，许多纳瓦霍人已经接受了初步的正规教育，准备适应不同于他们传统的生活。1942 年之前，纳瓦霍儿童基本上都已经在保护地内由政府开办的学校里接受了英语教育，还有不少纳瓦霍人到保护地外接受有关艺术、雕刻、贸易等方面的职业教育训练。约翰斯顿坚信，受过一定教育的适龄纳瓦霍青年在入伍后经过训练，完全可以用他们本民族的语言传递信息。1942 年初，踌躇满志的约翰斯顿来到位于圣迭戈市北部的美国海军陆战队艾利奥特（Elliott）营地，提出了以纳瓦霍语为基础开发一种简便而又安全的口头密语。但海军陆战队对他的建议充满怀疑。约翰斯顿立即回到纳瓦霍保留居住区，带回了一些纳瓦霍族人再回到圣迭戈。1942 年 2 月 28 日约翰斯顿当着通信军官进行一次别开生面的试验，试验内容首先从英语被译成纳瓦霍语，传递给下一人，再被重新译成英语，结果大获成功。一切是那么迅速，又是那么安全，对于不懂纳瓦霍语的人来说，他们所说的简直就是鸟语！而全世界范围里，除了纳瓦霍族印第安人外，懂得这种语言的不超过 30 人，而且没有一个是日本人。这次试验给美国海军太平洋舰队两栖作战部队司令克雷顿·沃格（Clayton Vogel）少将留下了极其深刻的印象，一周以后也就是 3 月 6 日，沃格致函美国海军陆战队总司令，建议为太平洋舰队两栖作战部队招募 200 名纳瓦霍族印第安人。

纳瓦霍人的故乡

纳瓦霍人的故乡在美国亚利桑那州与新墨西哥州交界处附近。那里有一条由东南向西北，蜿蜒纵横的巨大而深邃的峡谷，这就是与大峡谷（Grand Canyon）齐名的谢伊峡谷（Canyon de Chelly），这是至今美洲大陆上唯一完全属于印第安人的峡谷。

这里就是纳瓦霍印第安人的故乡，“纳瓦霍”在印第安语里就是“伟大的田野”的意思，他们在这片美丽肥沃的土地上至少已生活了 400 年。纳瓦霍族因为有了这片伟大的田野，才能以肥美的羊群、精致的羊毛毯和丰收的谷地而远近闻名。目前，峡谷中约有 70 个纳瓦霍人家族，过着半耕半农的恬静生活。

1803 年，西班牙人侵入纳瓦霍人的家园，在一个洞穴里侵略者残暴屠杀了 100 多名为躲避战火而逃难于此的纳瓦霍族妇孺老弱，至今洞穴的墙壁上，当年的弹孔依然清晰可见。

1849 年，这是纳瓦霍人历史上最黑暗的时代。根据詹姆士 .H. 卡勒顿准将的命令，美国陆军上校克里斯多佛率部进入谢伊峡谷驱逐纳瓦霍人，纳瓦霍人被迫为家园而战……

1864 年 3 月，6000 多纳瓦霍人在刺刀与枪口下被迫踏上“血泪之路”，迁往 400 多英里外的萨姆纳堡，美其名曰为新居民点，实际上就是集中营。有数百名纳瓦霍人在迁徙途中丧生。

1868 年，美国政府与印第安人签订条约，在纳瓦霍人的故乡建立一个占地 350 万英亩的保留地，纳瓦霍人再次回到家乡。

1931 年，在纳瓦霍人的帮助下，美国政府在谢伊峡谷建立了国家公园，如今这里已经成为著名的旅游胜地，来自世界各地的游人络绎不绝。但峡谷依然属于纳瓦霍人，所以进入峡谷，必须要有纳瓦霍导游陪同，在印第安村落拍照也需征得主人的同意。

夏秋是谢伊峡谷最怡人的季节，壮观的峡谷，古朴的岩刻、祥和的印第安村落，蓝天黄土绿草，宛如一幅自然天成的画卷，置身其间，你会深深为之动容、为之心醉。

无敌密语

纳瓦霍语基本是口语，其书面语言只有极少数人类学家和语言学家才看得懂，连很多纳瓦霍人都不会。这正是报话机密语所需要的，既不要厚厚的密码本，也不要复杂的密码结构公式，要的只是舌头和嘴巴。

美国海军陆战队在事实面前终于接受了约翰斯顿的建议——1942 年 5 月，第一批 29 名纳瓦霍人被征召入伍，编进海军陆战队第 382 特别通信排，并在严密保卫下被安排在加利福尼亚一处偏僻海滨编制基于纳瓦霍语的密语。

日军通常派曾经在美国留学的人（联合舰队司令山本五十六就是毕业于哈佛大学的留学生）来窃听美军的报话机通讯。但是源自于亚大巴斯卡语系，据说是通过陆峡从亚洲传入美洲的纳瓦霍语，与英语完全不同，那是一种音调语言。它的元音高低起伏，以语调的强弱不同来表达语言内涵。一个单一的纳瓦霍语动词，就包括主语、谓语和副词，可以翻译成一个完整的英语句子。会纳瓦霍语的人曾说过，纳瓦霍语的词汇十分生动，一个词语就可以让你的脑海里浮现出整幅画面。

但是在纳瓦霍语中没有飞机、坦克和大炮这些词汇，于是密语编写者根据纳瓦霍语词汇创建了一个包含 500 个常用军事术语的词汇表，他们的灵感来自于自然界中。用鸟来命名各种飞机：俯冲轰炸机叫老鹰，侦察机叫猫头鹰，鱼雷机则叫燕子；用鱼来命名舰船：鲸鱼是战列舰，鲨鱼则是驱逐舰……甚至为了拼出美国人的常用姓名，密语编写者还相应准备了一套动物人名，如蚂蚁、熊和猫分别是最常见的埃布尔、贝克和查理，对于敌方人物，希特勒就叫八字胡须，墨索里尼则是大下巴，而东条英机干脆就叫斜眼。

整个纳瓦霍密语系统设计完成后，美海军情报机构抽调精干业务骨干来破译用这种密语编写的信息，整整花了 3 周的时间没有破译出一条。不要说不懂得纳瓦霍语的人，就连没有经过密语使用训练的普通纳瓦霍士兵也无法破解这些密语中所包含的真正意思。

纳瓦霍报话机员使用纳瓦霍密语与密码机也进行过比赛，结果风语战士使用纳瓦霍密语可以在 20 秒内传递整整三行英文信息，而同样长的信息由熟练的密码机操作员转换却需要足足 30 分钟。

美国陆军的无敌密语

美国海军（包括海军陆战队）以纳瓦霍语为基础创造出了无敌密语，此事由于影片《风语战士》而妇孺皆知。但是在第二次世界大战中美国陆军也使用过另一种印第安部族语言为基础的密语，那就是科曼奇密语（科曼奇是美国一个印第安部族名称，被用来命名美国最先进的武装直升机 RH66），而且时间更早，1941 年 1 月美国陆军征召了 10 多名科曼奇族人，对他们进行基本军事和报话机通信技术训练，然后组织他们根据科曼奇语言创造出包括 250 个军事术语的词汇表，形成了科曼奇密语。

在 1944 年 6 月著名的诺曼底登陆中，正是科曼奇话务员用科曼奇密语，第一个报告了登陆成功的信息。纳粹德国也发现了这种奇怪的密语，其情报机构集中了很大力量进行破解，但始终没有成功。毫无疑问，科曼奇密语和纳瓦霍密语一样，是无法破译的无敌密语！

风语战士在战场上

参与编制密语的第一批 29 名纳瓦霍族士兵，除了留下 2 人负责培训以后新的纳瓦霍族士兵外，其余 27 人都被分配到全部 6 个海军陆战队作战师中，充当各单位的报话机话务员。最初，他们被戏称为“酋长”，所遇到的通常是不信任。军官们对于把士兵的性命托付给这些话务员还是犹豫不决，因为纳瓦霍密语毕竟还没有经过战争的残酷考验。

但在战火纷飞的战场上，这些风语战士随后以自己的努力赢得了士兵的尊敬。举个例子：塞班岛战役期间（就是影片所反映的时间与地点），美军的一个连突然遭到己方炮火的猛烈轰击，当发现炮弹是从自己战线飞来的时候，他们立即在报话机上高呼:“赶快停止炮击！打到自己人了！”但是日军经常在报话机里模仿美军的声音。这样的小把戏使得美国炮兵真伪难辨，最后炮兵想到纳瓦霍话务员，于是问道：“你们有纳瓦霍话务员吗？”随该连前进的一名纳瓦霍话务员立即用纳瓦霍密语报告了情况，炮兵部队的纳瓦霍话务员证实了情况，炮击随即停止。

纳瓦霍通讯兵在前线观察敌情

当纳瓦霍话务员开始传递情报而且既快捷又正确无误时，陆战队逐渐意识到风语战士的巨大价值和作用。纳瓦霍话务员

纳瓦霍通讯兵战场合影

中的幸存者哈罗德·福斯特在回忆这段经历时甚至说："他们开始像对待国王那样对待你了！他们会说：'酋长，让我帮你拿报话机，让我帮你拿枪。'"海军陆战队接着就开始实行一项特别措施：正如影片展现的那样，为每个纳瓦霍话务员配备了个人警卫。这些警卫担负着两项使命，一是保护纳瓦霍话务员免受自己人的误伤（因为外貌上同是黄种人的纳瓦霍人与日本人实在太像了），二是保护他们不落入日军之手。关于是否有在被日军生俘危险下必须打死纳瓦霍话务员来保护纳瓦霍密语的命令，未见正式的书面命令，因此是否真的下达过此类命令那就不得而知了。

从瓜岛、马绍尔群岛、布干维尔岛，一直到塞班岛、硫黄岛和冲绳岛，纳瓦霍密语逐渐发挥了越来越重要的作用，尤其是在太平洋战争最惨烈的硫黄岛战役中，10 多名纳瓦霍语话务员两天两夜没有睡觉，在 6 个通讯网络中总共传递了 800 条信息和命令，无一差错。星条旗在折钵山升起的消息，最早也是通过纳瓦霍密语发出的。在长达 1 个月的激烈战斗中，有 3 名纳瓦霍话务员英勇牺牲。他们的表现令所有原先怀疑他们的人折服。海军陆战队第 3 师通讯长官霍德华·康纳少校就明确表示："没有纳瓦霍人，硫黄岛将永远不会被攻克！"这也正是对所有纳瓦霍话务员的肯定与赞誉。

日军也发现了这一情况，开始注意生俘纳瓦霍士兵。有一次，日军俘虏了1名普通的纳瓦霍士兵，对他进行严刑拷打，得到的结果只是这样的回答："那是他们自己编制的密码，我也弄不明白。"

在第二次世界大战中，有3600多名纳瓦霍族人参军，但其中只有420名被挑选出来，经过培训后成为纳瓦霍密语话务员。他们之中无一人被生俘，将无敌密语的秘密一直保留到战争结束。3年的战争表现，纳瓦霍密语被誉为"快速传递机密军事电文所不可或缺的手段"，以缄默寡言著称的纳瓦霍民族，用他们独特的语言，在第二次世界大战中编纂了一个不可破译的无敌密语，为世界反法西斯事业作出了巨大贡献。

迟到的荣誉

第二次世界大战结束后，纳瓦霍的风语战士大都退役还乡。战争中纳瓦霍密语曾被列为最高机密，这些风语战士也都宣誓保密，因为美国还曾计划在战后其他重要时刻再次起用。因此每当别人问及战争，这些纳瓦霍风语战士常常是轻描淡写地回答："我只是个话务员。"一些战后继续留在军中服役的纳瓦霍士兵后来参加了朝鲜和越南战争，但是纳瓦霍密语却再未使用过。

这一秘密一直到1968年，才被公之于众。1970年菲利普·约翰斯顿出版了《印

（左）正在操作报话机进行联络的诺瓦霍通讯兵（右）2001年8月在国会荣誉勋章颁发典礼上致辞的纳瓦霍通讯兵老约翰·布朗（John brown），他帽徽和领口陆战队军徽清晰可见，右臂上是陆战2师的师徽

（左）孩之宝公司出品的以纳瓦霍通讯兵为蓝本的兵人模型（右）积极推动褒奖纳瓦霍通讯兵，并提出“密码战士表彰法案”的新墨西哥州参议员杰夫·宾格曼

地安土语为我们赢得战争》一书，依旧没有引起太大的关注。此后很长一段时间里，有关战争历史的记叙中都没有纳瓦霍密语的一席之地。但是历史并没有忘记他们，1975 年纳瓦霍风语战士第一次受到国家级褒奖，并在当年的元旦花车巡游中公开表演。1982 年，当时的美国总统里根宣布每年的 8 月 14 日为“国家纳瓦霍密语话务员日”，以纪念纳瓦霍密语在战争中的巨大作用。2000 年 4 月，来自新墨西哥州的参议员杰夫·宾格曼（Jeff Bingaman）向国会提出了“密码战士表彰法案”，以表彰纳瓦霍密码战士的贡献。该法案于 2000 年 12 月被国会正式通过。

2001 年 7 月 26 日，美国总统小布什举行隆重仪式，为编制纳瓦霍密语的 29 名纳瓦霍人中的 4 人（另有 1 人因故无法出席，其他 24 人已先后谢世）颁发美国政府的最高荣誉勋章——国会勋章，以表彰他们在 60 年前所编制的不可破译的“无敌密语”，同时也向其他约 400 名纳瓦霍通讯兵颁发勋章。在颁奖仪式上，布什总统感慨地说：“他们勇敢工作，出色地完成了自己的任务……他们对国家的贡献值得所有美国人的尊敬和感谢！”

2001 年 8 月出席国会荣誉勋章颁发店里的三民纳瓦霍通讯老兵

2002 年 8 月，吴宇森导演的影片《风语战士》更是第一次将纳瓦霍密语话务员的形象搬上银幕，用艺术的视角为纳瓦霍话务员和他们的密语做一番最生动的宣传，使全世界都知道了风语战士。今天，你只要在网上输入关键字“纳瓦霍”，就能迅速找到连篇累牍的相关介绍，昔日的无名英雄终于名扬天下！

海军陆战队第 382 特别通信排最早编制密语的 29 名纳瓦霍通讯兵

（均荣获国会勋章）

2001 年 8 月健在：
John Brown, Jr
Allen Dale June
Chester Nez
Lioyd Oliver
Joe Palmer（因故无法出席）
已谢世：
Charlie Begay
Roy L. Begay
Samuel H. Begay
John Ashi Benaliy

Wilsie Bitsie
Cosey S. Brown
John Chee
Benjamin Cleveland
Eugene R. Crawford
David Curley
Lowell S. Damon
George H. Dennison
James Dixon
Carl N. Gorman
Oscar B. Ilthma
Alfred Leonard
Johnny R. Manuelito
William McCabe
Jack Nez
Frank Danny Pete
Nelson S. Thompson
Harry Tsosie
John Willie. Jr
William Yazzie

中国领土上唯一的外国军队

可能极少有国人知道，在中国领土上居然还有一支外国军队，这就是负责美国驻华大使馆、领事馆安全保卫的美国海军陆战队使馆警卫部队，这也是在中国境内唯一的一支外国军队。那么，中国又是怎么会同意陆战队驻扎在使馆内呢？

中美双方各退一步

根据国际惯例，各国大使馆、领事馆以大门和围墙为界，外面由所在国负责安全保卫，里面则是使领馆国家的领土，由使领馆自己负责安全保卫。而在中国，全世界各国驻华使馆的安全保卫都是由中国负责，只有美国例外。美国驻华使领馆大门围墙以外由中国负责，以内由美国海军陆战队负责警卫。在全世界，所有的美国使领馆门口都是全副武装的海军陆战队员在守卫。只有在中国，负责使领馆警卫的美国海军陆战队员不能穿制服，不能佩戴枪械。这两个特例，彰显出中美两国在使领馆安全保卫问题上出于维护各自主权尊严的斗争与妥协。

1972 年，美国总统尼克松访华，打开了中美建交的大门。随后中美两国商定，在没有建立正式外交关系前，双方互设联络处作为事实上的外交机构。而在中美两国联络处的设立过程中，谁也没想到，最棘手的问题，居然是负责保卫工作的美国海军陆战队该怎样进入中国。

根据美国法律，美国驻外机构都是由海军陆战队负责安全保卫，因此，中美互设联络处后，美方立即派出 26 名海军陆战队员来到北京。按照中美达成的协议，这些美国现役军人到北京后都穿着便装，所以最初并没有引起中方太多注意。但到了 1973 年 7 月 1 日，美国驻北京联络处举行开馆仪式时候问题就出现了。按照美军的规定，海军陆战队员穿着正式的军装出席，甚至还有人佩戴着在朝鲜战争和越南战争中获得的勋章。这种举动立即引起了中方的强烈反感，特别是勾起了中国人对当年美国军人开着吉普，搂着吉普女郎，在中国的街道上横冲直撞的屈辱记忆。中美双方为此进行了多次交涉。就在紧张交涉时，难耐没有夜生活的枯燥，美国海军修建营竟然在海军陆战队员居住的外交人员公寓内，修建了一个小酒吧，还挂上了“海军之家”和“海军陆战队俱乐部”的招牌。并且陆战队员们居然还印刷、出售“饮酒票”，引得许多驻北京的外国人来此跳舞和饮酒，很快，来这里饮酒作乐的外国人越来越多，醉酒闹事的情况也日渐增多。在这个情况下，中方向美方下达了“最后通牒”，要求美方立即撤走海军陆战队队员。美方联络处主任布鲁斯表示美方人员的行为确有不当，一定严加管束，但是希望中方不要立即驱逐这些陆战队员，给他们一个改过的机会。1973 年 11 月，基辛格访华，就北京的陆战队问题，亲自向周恩来总理“求情”。因为撤走陆战队，将打破美国驻外使馆安全保卫的常规模式，尼克松和基辛格都会遭到美国国内强硬派的激烈反对，可能影响中美建交的大局，所以希望中方体谅美方的难处。

考虑到这样的情况，周恩来同意陆战队继续留在北京，但向基辛格提出了 3 个条件：第一，对外活动不能使用海军陆战队的名义；第二，中方视陆战队员为美国驻中国联络处的外交人员，他们可以在卧室或者联络处内穿军装，但离开联络处外出时，不得穿军装；第三，随身武器只能在联络处内佩带。基辛格同意了中方的三个条件。此后，陆战队员也老实了一阵，不再穿着军装，只在联络处内部活动，还停止了引人注目的集体早操跑步。

尽管中美双方都作出了让步，但周恩来却为此遭到极左势力的猛烈抨击。毛泽东闻讯后，也批评周恩来“对美国要注意，搞斗争的时候容易‘左’，搞联合的时候容易‘右’”。毛泽东还要求在中央政治局开会批评周恩来、叶剑英等在此次中美会谈中的错误。在接下来的政治局会议上，江青便大肆批评周恩来是“右倾投降主义”，周恩来与之争辩。但次日，周恩来两次向毛泽东书面报告，表示自己在此次中美会谈中“做得不够”。

酒吧事件后老实了一段时间的陆战队员“积习难改”，很快又闹出事端。1974 年 4 月，陆战队员向北京的各国使馆倡议组织垒球联合会。陆战队员的这一举动，很显然是表现为“一支有组织的外国军队”，明显违反了周恩来与基辛格所达成的三项条件中的第一项，这回中方态度坚决，要求撤走海军陆战队员。美方撤走海军陆战队，势必冒着遭受国内批评以及他国仿效的危险，但美方更多地把此事和 1974 年中方持续发出的对中美关系不满的种种信号联系起来。为了维持“脆弱的友好关系”，也为了中美建交的大局，美国不得不打破惯例，从北京撤回海军陆战队。此后，美国驻北京联络处的安全保卫工作，只好改由美国外事安全官员负责，至少后者不穿军服，更没有海军陆战队那种令中国人反感的历史形象。1976 年“四人帮”倒台后，美国海军陆战队又回到了驻北京的联络处。 1979 年中美建交之后，负责美国驻华使领馆内部警卫任务的依然是陆战队。

就这样，美国海军陆战队成为了在中国领土上唯一的外国军队，不过为了维护中国的尊严，在中国的美国海军陆战队员都不得穿着军装、携带枪械。这两个前无古人、后无来者的破例，也充分体现了中美之间既斗争又妥协的微妙关系。

看家护院的陆战队

美国自第二次世界大战以后，便以“世界警察”自居，有意无意地招来了众多敌手。作为美国派驻在世界各国的外交机构，便很自然地首当其冲地成为袭击的目标。因此，保护好驻外使领馆安全，便是美国一项非常重要的任务。根据相关法律，担当这一重任的就是大名鼎鼎的美国海军陆战队。

陆战队作战部队由舰队陆战队、安全警卫部队两大部分组成，其中的安全警卫部队约占陆战队总兵力的 8%，分为担任大型军舰警卫的舰上分遣队，负责海军基地、重要岸上设施安全警卫的岸上警卫部队和负责美国驻外机构安全警卫的陆战队使馆警卫部队 3 个部分。

其中舰上分遣队一般只配属在航母、战列舰、巡洋舰和大型两栖舰艇上，根据舰种的不同，分遣队人数也有不同，航母上约有 60 人，巡洋舰上则只有 40 人。他们除

美国海军陆战队担负驻华使馆的安全警卫，成为在中国领土上唯一的外国军队

保卫军舰上重要舱室和贵重物资、器材的安全外，还担负着军舰上宪兵的职能。

岸上警卫部队除了保卫海军基地外，还负责保卫政府重要机构，以及包括核武器仓库等最要害的单位，还有美国总统的官邸——白宫。很多人都以为负责总统安全的是国土安全部的特勤局（United States Secret Service，简称 USSS）。没错，特勤局是总统的贴身保镖，而白宫的安全警卫则是由陆战队的岸上警卫部队来负责。形象点来说，特勤局像是御前带刀侍卫，而陆战队岸上警卫部队就像是守卫宫禁的御林军。海军陆战队是最受美国政府信任的部队。

而我们现在要着重介绍的，是负责美国所有驻外机构安全的陆战队——使馆警卫部队（Marine Corps Embassy Security Group，简称 MCESG），也叫使馆安全部队，以前叫海军陆战队警卫营（Marine Security Guard Battalion），负责美国驻外大使馆、领事馆及美国政府驻外机构，如比利时布鲁塞尔的美国驻北约代表处、哈瓦那的美国驻古巴代表处等单位的警卫任务。这支警卫部队的成员也有个专门的名称："海军陆战队安全警卫"（Marine Security Guard）。

从美国建国开始，陆战队就与国务院开始了友好的合作，从第一次巴巴里战争，到美墨战争，陆战队多次保护了冲突地区美国驻外人员与侨民的安全。1946 年实施的

早期的美国驻华大使馆

《外交机构法》第一次从法律上明确规定了海军陆战队正式、永久地作为驻外使领馆的警卫。

目前陆战队使馆警卫部队总人数约 1000 人，属于陆战队的营级编制，指挥官为中校，总部设在维吉尼亚州匡提科基地。下辖 9 个连，分别是德国法兰克福的 A 连（负责东欧、欧亚大陆）、阿联酋阿布达比的 B 连（负责印度、中东）、泰国曼谷的 C 连（负责东亚、太平洋）、美国佛罗里达罗德戴尔堡的 D 连（负责南美洲）、德国法兰克福的 E 连（负责西欧、北欧）、南非普勒托利亚的 F 连（负责东非）、德国法兰克福的 G 连（负责北非、西非）、德国法兰克福的 H 连（负责中欧）、美国佛罗里达罗德戴尔堡的 I 连（负责北美洲、加勒比地区）。每个连又下辖若干个分遣队（Detachments），分遣队则是派驻到各个驻外机构的最基层单位，这些分遣队的派驻地点将近 150 个，遍及全球 135 个国家。

分遣队的主要职责是为驻外机构提供安全保障，特别是保卫涉及国家安全的机密资料和重要设备的安全，并为来访的美国政要提供人身安全保障，还要协助对驻在国或美国雇用的当地安全部队的外围警卫工作进行监督。分遣队这些工作，在业务上接受国务院外交安全局派驻在驻外机构中的高级执法代表和安全专员——“地区安全

美国海军陆战队在中国的美使领馆担任警卫时时不允许穿军装、不得携带武器

官”(Regional Security Officer，简称 RSO)的指导监督，在行政上仍由海军陆战队使馆警卫部队管理。在大部分情况下，分遣队负责使领馆建筑内部的安全，紧急情况下才有权负责建筑外部安全，或者为离开使领馆区外出的高级外交人员提供特别保护。在需要紧急援助或采取行动的紧急情况下，分遣队还为美国公民及使领馆建筑物的内部财产提供保护。在履行公务时，陆战队警卫还可以享有一定程度的外交豁免权。

每个分遣队至少要在 6 人以上，由一名士官负责指挥，军衔通常在上士至一等士官长之间，而这个小小的士官，正式的职务竟然大得吓人，叫作“陆战队分遣队司令”(Marine Detachment Commander)，是极少数带有“司令”头衔的陆战队士官职务。分遣队司令一般任期为 2 个役期，每个役期为 18 个月。普通队员的军衔通常为一等兵至上士，通常需服满 3 个役期，每期 12 个月。分遣队司令可以是已婚，而他手下的队员则必须是未婚。

任何未婚的海军陆战队员都可以志愿申请加入使馆警卫部队，但是身上有刺青纹身、有违法纪录、没有美国国籍或具双重国籍者以及没能通过安全调查无权接触机密的人是不能申请的。申请获得批准后，就成为使馆警卫部队的后备人员，在正式派遣到驻外机构服役前，还必须在匡提科海军陆战队基地接受一段时间的上岗培训。

战队安全警卫在完成 2 个役期，每个役期 24 个月后，将被授予海军陆战队安全警卫绶带（Marine Corps Security Guard Ribbon），在完成第 3 个役期后，还将获得“服役之星”勋章（Service star）。

陆战队安全警卫表面看似风光，但危险度也很高，在近年来美国使领馆遭袭事件中，就有多名安全警卫殉职。除了生命危险外，由于安全警卫的岗位非常敏感，经常可以接触到国家机密，因此也成为别国情报机构拉拢的目标。如 20 世纪 80 年代，曾先后在美国驻莫斯科和维也纳大使馆担任安全警卫的克莱顿·罗尼特勒中士就被苏联克格勃精心布置的“美人计”拉下水，为克格勃提供各种情报，包括大使馆的建筑设计图纸，还协助克格勃安装窃听器。调到美国驻奥地利维也纳大使馆后，克莱顿又将大使馆联系电话、雇员信息、使馆建筑平面图等情报出卖给了苏联克格勃。罪行暴露后，克莱顿被判处 30 年有期徒刑，成为美国海军陆战队有史以来第一个被发现并定罪的间谍。由于克莱顿间谍案，使美国反间谍机构对驻外使馆的陆战队安全警卫进行了一次大规模的调查，最终发现至少有 10 个美国驻外使馆的卫兵遭到了别国情报机构渗透。1987 年 4 月，对驻苏联的使领馆警卫分遣队进行了一次彻底的“大洗牌”，包括整体撤换驻莫斯科大使馆、驻列宁格勒领事馆的警卫分遣队。这一事件也成为美国海军陆战队使馆警卫部队历史上的一大丑闻。

也正是此事件之后，美国更加重视对陆战队使馆警卫部队人员的挑选和监管，以确保驻外机构的安全。在当前反恐形势相对严峻之时，陆战队使馆警卫部队所面临的压力也是空前巨大。毕竟，看家护院的活也不是那么容易干好的。

第六章

战史征程

一支部队的优良传统不仅仅是一种精神的财富，更是一种平日充沛士气和作战动力的来源。美国海军陆战队今日的成就，从某种意义上来说，正是它昨日历史创造的。

建国功臣

陆战队今天在美国乃至世界的显赫地位，其实就是一笔厚重的历史财富。美国海军陆战队的历史甚至比美国建国的历史还要早。1775 年 11 月 10 日大陆会议通过决议建立两个营的海军陆战队。11 月 10 日也约定俗成地被认定为陆战队的建军日。不过直到 1921 年，美国国会正式认定此日为官方建军日。美国海军陆战队第一任指挥官是塞谬尔·尼古拉斯上尉。陆战队在费城附近正式组建成军，初建总兵力近 300 人。次年初，陆战队随美国海军艾斯克·霍普金斯将军的舰队首次出航作战。3 月 3 日，陆战队对于在罗德岛州首府普罗维登斯附近的英军要塞发动了登陆攻击。这次攻击在美海军炮火的掩护下大获成功。驻守的英军丝毫没有料到会遭到来自海上的直接攻击。近百名英军作了俘虏，陆战队不仅占领了要塞，而且还在要塞的仓库里意外缴获火药，数量超过 600 桶。这些军需物资有力地支持了纽约周边地区大陆军的军事行动。之后的数月里，陆战队开始追随大陆军在纽约附近和英军交战。

但是好景不长，大陆军初始的辉煌如泡沫般消散，面对训练精良的英军职业军人，比散兵游勇强大不了哪去的大陆军在正面交锋中几乎没有任何胜算。11 月初，华盛顿率领的大陆军在纽约长岛附近再次惨败，近 3 万人的大军只剩下了不足万人，不得不退入新泽西州。为了暂避英军锋芒，华盛顿率军横渡特拉华河，陆战队在华盛顿的命令下征用了附近所有的船只保证此次渡河，然后没有留下一条船给英国，希望借此阻止英军渡河追击。此时寒冷的冬季已经降临，大陆军的补给几乎消耗殆尽，甚至连枪支的火药都接济不上。更致命的是，随着严冬的加剧，特拉华河将冰封。那时，斗志正旺的英国人无需用船，只需要踩在冰上大摇大摆地走过河就行了。

1776 年 3 月，陆战队首次参加实践，攻击罗德岛英军

整个局势对华盛顿极为不利，如果他的军队再不补充给养，军心将涣散。如果他再不能带领这支败军获得一次胜利，那么费城的大陆会议也将失去对他乃至对这场战争的信心。最终，华盛顿决定实施一个大胆的冒险计划。他计划在圣诞夜，借

着夜色掩护，横渡特拉华到西岸奇袭英军的重要据点特伦顿。在此处驻守的并不是英国正规军，而是英国人的一个黑森雇佣兵团约1200人。这些黑森兵是当时欧洲大陆最好的士兵之一，他们身着普鲁士式掷弹兵制服在纽约曾让大陆军尝尽苦头，甚至得到了一个“魔鬼”的称号。12月，他们被部署到此监视对岸大陆军的动向。1776年12月25日，大陆军开始实施这个惊人的冒险计划。陆战队直接参与了这个计划，他们的任务是在天亮前运送大军渡河。陆战队必须在一个晚上把2400名大陆军和18门火炮全部运过河。在船只短缺、天气恶劣的种种不良条件下，陆战队仍然完成了任务。华盛顿的大军顺利地在凌晨时分部署到位，在早上7时大军就发动了攻击。突来的打击完全出乎黑森军的意料，驻守特伦顿的黑森军同时遭到了大陆军正面以及侧翼的攻击，部队陷入了一片混乱。华盛顿的计划大获成功。是役黑森部队几乎全军覆没。黑森雇佣军120余人阵亡，另外千余人全部被俘。奇袭获胜后，大陆军马上开始征集当地所有军需补给。但是，华盛顿并不敢在东岸逗留过久，陆战队在攻击过后马上又把大军和千名俘虏运送回了特拉华河西岸。这次战斗的成功是大陆军在近一年的接连惨败后一个重要转折点，这让华盛顿的大军避免陷入全军崩溃的惨况，也让北美13个殖民地在战争的寒冬里看到了一丝温暖的希望。而在此战中居功至伟的陆战队更是在战后名声大噪，盛名传遍美洲大陆。在之后漫长的战争岁月里，陆战队作为一支少而精的小部队一直追随华盛顿南征北战直到最后的胜利。独立战争胜利后，陆战队作为一支跨州临时组建的部队而被解散，陆战队的发展暂时告一段落。

1779年春，陆战队在约翰·威尔士将军指挥下猛烈攻击英军

战火中重生

独立后的美国展现出了一个新兴国家特有的活力，商业尤其国际贸易出现大幅上升的势头。从木材到棉花的各种原材料纷纷从美洲的各个港口运往彼岸的欧洲各地。不过，这种舒坦的生意，美国并没有能够做多久。法国大革命后，欧洲局势一直动荡不安，英法这两个传统宿敌间的明争暗斗日益升级。他们都宣布有权封锁对方的港口并对过往船只有搜查乃至扣留的权利。当时英国是美国货物最大的出口地，双方的这种做法势必将影响美国的商业利益。有鉴于此，美国国会于 1798 年 7 月 11 日通过法案重建了海军陆战队，规模扩编至 4 个营，兵力增加到了 500 人。刚刚重新组建的海军陆战队就参与了和法国的所谓“非正式宣战”的海上冲突。当时美国政府为了报复法国对来往英国港口美国船只的扣留和搜查，宣布以同等待遇对待法国船只，并宣布任何美国舰只都有权武装自卫。不过，美法之间当时冲突规模有限，大部分无非就是两艘军舰间的“单挑”或是对武装商船的弹压。双方这种不热不冷的冲突一直持续到了 1802 年，海军陆战队在此期间主要负责海军舰只和商船的舰上安全。

在与法国达成妥协彼此罢兵的同时，海军陆战队又积极介入了另一场小规模战争——的黎波里战争（1801-1805 年）。战争的目的同样是为了美国海外商业贸易的利益与安全。这次战争是海军陆战队海外作战的首次崭露头角，陆战队官兵舍弃了舰只，而是上岸骑着骆驼横穿了撒哈拉北部沙漠，击溃了以的黎波里的为根据地的伊斯兰海盗集团。这也是美利坚的军旗首次在美洲以外的土地上飘扬。战争的结果是双方达成了一份默认协议，美国的商业贸易得到了有力保障。

1812 年在美国与法国不宣而战的有限战争里，陆战队经常以接舷战俘虏法国船只

到了 1812 年，海军陆战队迎来了第 4 场战争。英美双方当时的冲突和之前美法之间的冲突一样，也是由于美国所谓的中立贸易政策。同时，英军为了保障皇家海军的人员数量，开始抓捕美国水手入伍。这当然引起了美国

塞缪尔·米勒上尉指挥114名陆战队员在伯登斯堡公路上顽强抗击英军

的强烈不满。而除此之外，美国也窥视英国在北美的殖民地加拿大已久，于是以此为借口向英国人施压。最终，各怀心事的英美在1812年互相宣战。

初始，美军的进展颇为顺利，甚至一度攻占多伦多。但是在英国本土部队抵达后，战争局势随之转变。英国舰队长驱直入如若无人之境，在美国东北海岸肆无忌惮地施以攻击。只有在巴尔的摩外遭到了美军顽强反击才受到挫折。在掌握制海权后，英国陆军也随之登陆并向美国首都华盛顿进发。美军在华盛顿以东的伯登斯堡和英军爆发了战斗。此战成为了1812年战争乃至美国军史上最耻辱的一笔。是役，美军兵败如山倒，无论从最高层的指挥人员还是到下层的普通士兵几乎都没有拼死一战的决心和毅力，如同惊弓之鸟一触即溃。英国远征军轻松收拾了美军。而海军陆战队却成为了唯一的例外。陆战队在密集炮火下顽强坚守至最后一刻抵抗着英军进攻，英军指挥罗斯将军对此也大为惊异。美军惨败后已经无力继续拱卫首都华盛顿，英军于1814年8月占领了华盛顿并放火焚烧了包括白宫在内的所有政府公共建筑，借此报复前一年美军占领多伦多后的行径。但是说来也奇怪，大大小小的政府建筑中，英军唯独没有焚烧美国海军陆战队的司令部。详细的原因已经无从考证，然而最为人津津乐道的一种说法是，英军司令罗斯将军深深为美国海军陆战队于伯登斯堡的杰出表现所震撼，所以通过这种方式向英勇的陆战队表达敬意。当然这可能只是一厢情愿的说法，但是从中也不难看出，当时海军陆战队所拥有的极高人望。而也正因为如此，当年的海军陆战队司令部如今成为了华盛顿历史最为悠久的建筑之一。

在之后的美墨战争中，海军陆战队作为海上先锋参与了对墨西哥各个港口的封锁和攻击行动，以策应陆军主力从北至南向墨西哥城的进击。这是海军陆战队第一次执行真正意义上的海岸封锁行动。墨西哥海军数量有限，且完全被困死在港内，美国舰队很快就控制了整个墨西哥湾的制海权。在陆军长驱直入杀到墨西哥城的时候，海军陆战队同时也上岸从东向西朝墨西哥城进击。在对墨西哥城郊的查普勒托克地区攻击中，墨军在此集结重兵使陆战队遭到了远胜于陆军的顽强抵抗。陆战队遭受了自建军以来最大的伤亡，血战中陆战队官兵伤亡了200多人。在付出惨重代价后，陆战队最终攻下了墨军坚守的阵地。为了纪念这次重大牺牲和胜利，从此后，在陆战队军官和士官礼服的蓝色军裤上加上了深红色条纹，也就是所谓"血线"（Blood Stripe）以示缅怀，这个传统保留至今。之后，这条所谓"血线"不仅是作为此战的纪念，同样也被引申作为对2个多世纪来为国牺牲的陆战队军人的致敬。

内战困斗

墨西哥战争结束后，美国国内最终对于蓄奴制合法性以及地方与中央的权利划分的问题矛盾迅速升级和尖锐化。最终一切矛盾在1861年以战争的形式爆发，血腥的南北战争宣告开始。但是颇具讽刺意味的是，内战前夕美国海军陆战队最著名的一次行动是在日后南军著名将领罗伯特·李的指挥下，镇压旨在解放黑奴的所谓"约翰·布朗叛乱"。1859年10月19日，约翰·布朗以及其追随者占领了哈勃渡口的联邦军火库，美国政府紧急征召尚在休假中的李前往该地指挥当地的海军陆战队进行镇压。

南北战争中陆战队向菲舍尔要塞发起攻击

平息约翰·布朗叛乱

内战初始，北方联邦战争部部长斯格特制订了一个名为"水蟒"的宏伟计划，顾名思义，这个计划就是想通过北方的绝对海军优势封锁南方各个重要港口，像水蟒一样绞杀，困死南方邦联。这个计划不仅意味着需要动用大量海军，而且还需要一定数量的登陆部队进行岸上攻击，斯格特自然而然地希望陆战队能够担任这个任务。但是，海军陆战队时任总司令约翰·哈里斯上校却对此颇有保留，他觉得大兵团陆上作战应该是陆军扮演的角色，陆战队只需要负责海军船只和海岸要塞的安全即可。不过，北方联邦国会还是在1861年通过法案，授权战争部将海军陆战队扩充至3000人。在南北战争第一次大规模会战即第一次公牛跑战役中，约1个营的海军陆战队作为侦察兵力参战。不过此战中陆战队如同绝大多数北军一样最终从战场溃退，这也成为哈里斯反对斯格特设想的一大现实依据。所以在之后的战斗中，陆战队再没有参加过正规的陆上会战，而把将重点放在了两栖登陆。陆战队先后参加了对新奥尔良、菲舍尔要塞以及查尔斯顿的登陆攻击。陆战队通常作为先头部队引导陆军主力上岸。在整个内战期间，北方联邦海军陆战队一共阵亡148人，另有17人获得了国会荣誉勋章（Medal of Honor）。至于南方邦联，也在1861年3月建立了自己的海军陆战队。南方的海军陆战队相较于北方其规模小了很多，截至1864年一共只有539人。而双方在质量上也相差颇大，负责指挥南军陆战队的是一个对陆战队以及海军事宜一窍不通的前陆军少校劳艾德·比尔。战争期间，南方陆战队主要负责数个海军港口以及港内海军舰只的安全保卫。总体而言，其在整个战争中的作用颇为有限。

1847年墨西哥战争期间，陆战队在墨西哥贝达克杜兹登陆

1847年墨西哥战争期间，陆战队在墨西哥海岸登陆

异军突起

除了这些重大的战争外，美海军陆战队还先后在日本、朝鲜、巴拿马、乌拉圭、中国大陆、中国台湾、巴拉圭、埃及、古巴、阿根廷、智利、海地、格陵兰、尼日利亚、萨摩亚群岛乃至北极圈实施过登陆。当然，这些并不一定都是战斗任务。美国海军陆战队就曾经随海军准将佩里的舰队于 1854 年一起打开了闭关锁国的日本大门，舰队进入江户湾，要求幕府政府开放通商，引发了所谓“黑船事件”。成为了日本近代历史的起点。

而 1898 年美西战争的爆发，让海军陆战队真正有机会走上世界军事舞台。1898 年 1 月 24 日，以保护侨民与美国在古巴利益为由停泊在哈瓦那的美军军舰“缅因号”由于不明原因突然发生爆炸而沉没。当时美国总统麦金莱正在和西班牙政府进行古巴等殖民地利益划分的谈判，双方的谈判条约甚至也行将出台。“缅因号事件”激起了美国国内舆论一片大哗，美国人都一致认为这是西班牙所为，要求和西班牙开战的呼声日渐增高。麦金莱和西班牙政府几成的协议胎死腹中。美西两国剑拔弩张，局势变得无法遏制。1898 年 4 月 24 日西班牙政府率先向美国正式宣战，次日美国国会也对西班牙正式宣战。虽然美国迫不及待地投入了这种战争，但是当时美国并没有完全作好战争准备，尤其是陆军甚至还没有部署动员到位。因为南北内战后陆军马上就被大幅裁撤，而保留下来的大部分陆军单位又被派往了西部去镇压当地的印第安人。所以，美国首批被动员投入战争的是志愿军、国民警卫队以及海军陆战队。海军陆战队第 1 营作为第一批部队在古巴关塔那摩附近地区登陆，拉开了整个古巴战役的序幕。虽然整场战役中，陆战队实际参战的规模并不大，但是其参战意义却非同一般。因为陆军的意外缺席，让海军陆战队有机会展示自己，其行动迅速可以快速投入战斗的显著特点引起了美军当局对其的高度重视。也就是在美西战争后，陆战队的角色越来越重要，成为美国在海外十分仰赖的一支尖兵。

1871 年 6 月，陆战队在朝鲜半岛登陆

美西战争后，海军陆战队

1900 年，陆战队在北京老城墙下列队

1900 年，陆战队在北京、写下了中国近代史上屈辱的一页

和美国国力一样变得越来越强大，也更热衷于对其他地区进行积极的军事干预。在美国崭新的全球战略下，美国海军陆战队在战争中的地位日益显著和突出。1899 年至 1902 年，美国陆战队参与镇压菲律宾的独立起义，他们对昔日美西战争中的盟友可谓毫不留情，大批菲律宾起义军遭到血腥屠杀。1900 年，美海军陆战队作为美军先锋参加了八国联军镇压义和团的行动，并参加了攻击天津、北京的军事行动。陆战 1 团曾作为所谓“胜利者”耀武扬威地在北京古老的城墙下列队行军。一战爆发前，海军陆战队还参加了对古巴（1906 － 1909 年）、尼日利亚（1912 年）以及多美尼加的军事干预。1914 年欧洲爆发第一次世界大战，美国早已跃跃欲试。在清剿了美墨边境所谓土匪的名义下，美军竟然明目张胆地越过美墨边境进入墨西哥境内实施军事行动。实际上，这次行动不过是美军的一次战争前的热身和实战演习。而海军陆战队在威尔逊总统的要求下同样参与了这次“军事远游”。不言而喻，这一切都是为了日后参加欧洲的积极准备。

投身一战

1917 年 5 月 29 日，在获得美国总统许可后，陆战 5 团被编入远征军，成为第一批赶赴欧洲的美国军队，暂时配属第 1 步兵师。6 月 14 日，陆战 5 团离开美国开赴法国前线。而在远征军司令潘兴将军的参谋人员中还特意安排了海军陆战队军官以资顾问和协调，足见当时美国军方对陆战队的重视程度。与此同时，美国海军陆战队又一次大规模扩军，基本战斗单位在原来陆战团的基础上增加工兵、炮兵，组建了所谓混成陆战旅。不仅是陆战队传统战力得到增强，全新的战争武器——飞机也加入了陆战队。实际上早在 1914 年，陆战航空联队已经在某种意义上参与了战争。最初美国派出了包括陆战航空联队在内的观战团赶赴法国，考察这种新型的战斗形态。随后甚至出现了陆战航空队军人以私人名义志愿加入法国空军的情况。其中最为有名的是陆战队中尉伯納德 · L · 史密斯，他先以武官身份在美国巴黎大使馆工作。不过，对于武官这个工作，史密斯颇为“三心二意”，他更乐意亲自造访前线的法国空军甚至自己驾机起飞作战。1917 年，史密斯被召回国负责陆战航空的训练和编成，成为了陆战航空联队早期的元老之一。陆战第 1 航空联队在战争期间组建，并随远征军参加了战争，在西线执行了轰炸、侦察和巡逻等各种战术任务。这也是陆战队航空部队第一次参加实际战斗。和陆上部队一样，海军陆战队航空

1918 年 4 月 15 日，陆战队航空队成立，这是陆战队航空队的第一面战旗

部队也由于出色的表现得到协约国以及美国政府本身的高度评价，在一战后陆战队航空部队进一步得到发展和壮大。甚至到了 1942 年，国防部鉴于陆战队空中力量的壮大而将原来陆战队“在陆地和海上”（On the land as on the sea）的格言改成了“在空中，在陆地，在海上”（In the air, on land, and sea）。

1914 年，陆战队参加一战

一战中陆战队机枪阵地

1919 年 6 月 18 日，热耶内少将（右）和萨摩拉尔少将（左）在旅长巴特勒的陪同下视察在法国的陆战 5 团

在一系列陆战队所参与的战斗中，最为世人所称道的无疑是陆战4旅于1918年6月在法国的贝露森林（Belleau Wood）中的奋战。这一战也是使陆战队闻名世界的一次战役，连欧陆的老牌军事强国德国也不得不为之侧目。当时，困兽犹斗的德军发动了一战中最后一次战略攻势，这次总攻击的猛烈程度远远超过当时盲目乐观的协约国预期，协约国防线全线告急。陆战 4 旅被紧急调防至马恩河边上小镇塞黎特西北5英里的贝露森林布防以阻击德军进一步突破。向陆战 4 旅杀来的是德军皇太子集团军群下属第 237 步兵师的第 461 步兵团、第 10 步兵师大部以及随后赶来增援的第 197 步兵师、87 步兵师、28 步兵师等大批德军。德军大举增兵攻击此处的主要原因，就是此处是通往巴黎的重要枢纽塞利特的门户所在，与巴黎的直线距离仅近为 50 英里。战斗刚开始的 6 月 1 日，由于兵力悬殊以及德军来势迅猛，负责协调美国作战的法国第 6 军军长就曾建议美军暂时撤退。当时率领首批陆战队赶到战场的陆战队上尉劳艾德·威廉听闻此言后不屑地回答：“撤退个鬼，我们

一战时期陆战队的海报

陆战队一直战斗到一战停战

才刚刚到这儿！”（Retreat, Hell! We just got here!）而威廉上尉自己之后也在这场激烈的战斗中阵亡。但是这句口号却成了陆战队面对困境时传统顽强精神的体现，以至于成为了日后陆战队最为著名的“口头禅”之一。陆战队不仅没有后撤，反而凭借密集火力成功地迟滞了德军的攻击步伐。

次日，德军主力开始进抵贝露森林附近。之后的近一个月中，双发在此处反复展开了异常激烈的争夺战。陆战4旅的阵地几度易手，但又一次次地被陆战队夺了回来。在6月18日的一次反冲锋中，陆战队被德军炮火压制在工事内，无法继续进攻。突然间，两位获得国会荣誉勋章获得者（一位由于1900年在中国的远征行动获得，一位由于在海地的战事而获得），面对德军的密集火力毅然率先跃出战壕回头对其他陆战队士兵喊道：“你们这些狗娘养的，难道想长生不老吗？”在这句粗野但极具煽动性的口号效果好得出奇。在它的激励下，陆战队马上发动了迅猛的冲锋。在这种陆战特有斗志的支持下，陆战4旅始终坚守着自己的防线。虽然德军曾一度达到过3：1的人员优势，但却始终无法突破陆战队的防线。陆战4旅极其顽强的防御让德军真正认识到了美国海军陆战队强悍战力。在伤亡累累却毫无进展的情况下，德军丧气把面前的这些陆战队称为“Teufelhunden”，意为“传说中暴躁好斗之犬”。陆战队也由此渐渐获得了“恶魔犬”（Devil Dogs）的外号。6月26日上午，陆战4旅打退了德军的最后一次攻击，德军被迫后撤。午后，陆战4旅旅长莫里斯·希勒正式宣布在近一个月的鏖战后，贝露森林已经完全被陆战队占领。这成为了海军陆战队在一战中最后一次也是最激烈的一次大规模战斗。在此处战斗的陆战队以及后来驰援的美第2步兵师总伤亡达到了9777人，其中有1811人阵亡。德军方面的具体伤亡难以确定，但是最后有多达1600名德军被俘虏。之前法国人把这片森林称为“Bois Belleau”，血战之后法国人重新命名这片森林为“Bois de la Brigade de Marine”，以纪念美国海军陆战队在此拼死奋战。

1927年陆战队在上海

一战结束后，美军又进行了裁军，但是相较陆军，海军陆战队裁撤规模并不大，个别部队甚至还有些许扩编。这不仅是出于美国国家利益的实际考虑，也是美国军事当局对其的认可与肯定。从20世纪20年代起，海军陆战队已经开始把关注的焦点从欧洲移到了太平洋地区。

威克岛

“珍珠港事件”爆发，美国终于向德、意、日宣战，海军陆战队在太平洋战场更是当仁不让地成为对日作战的主力。陆战队的发展在第二次世界大战中达到了颠峰。不过在战争初期，令陆战队名扬天下的并不是一场漂亮的两栖登陆战，而是一场岛屿防御战。

日军在偷袭珍珠港之后，立即分兵进攻泰国、马来亚、菲律宾、香港、关岛等地，兵锋所到犹如风卷残云，席卷太平洋及东南亚，唯独在威克岛遭到了开战以来的第一次挫折。12月8日，也就是珍珠港事件的次日，日军飞机就开始空袭威克岛，同时由3艘巡洋舰、6艘驱逐舰、2艘辅助巡洋舰和数艘小型船只组成的登陆编队也起航驶向威克岛。此时威克岛守备司令温菲尔德·斯科特·坎宁安

珍珠港事件中遭到袭击的陆战队飞机

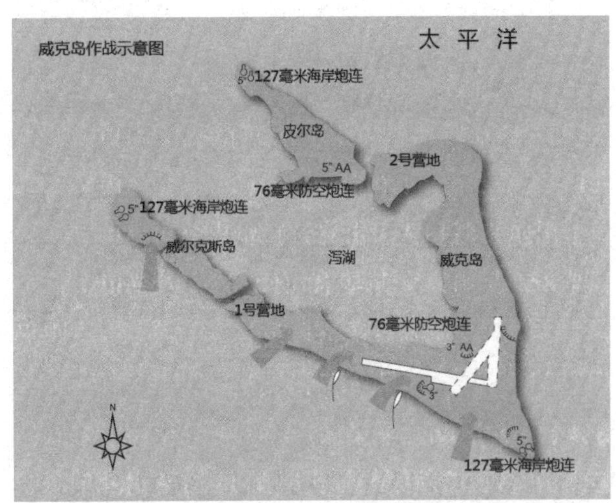

威克岛防御示意图

1942 年 4 月美军在菲律宾投降

上校手下共有约 500 名美军，主力是詹姆斯·德弗罗少校指挥的陆战队第 1 守备营 447 人，配备 6 门 127 毫米和 12 门 76 毫米岸炮，还有 1 个 12 架飞机的陆战队航空兵中队。

12 月 11 日，日军开始登陆，美军岸炮突然开火，日军“疾风”号驱逐舰连中数弹，大火蔓延到弹药舱，引起大爆炸后沉没。这是日军在太平洋战争中损失的第一艘军舰。此外，日军登陆编队旗舰“夕张”号巡洋舰、“追风”号驱逐舰也被岸炮击伤，登陆编队被迫后撤。岛上美军在遭到连续轰炸后仅存的4架飞机也升空，攻击了日军舰队，击伤“天龙”号和“龙田”号巡洋舰、“金刚丸”号辅助巡洋舰，“如月”号驱逐舰深水炸弹舱被炸弹命中，随即爆炸沉没。日军第一次登陆还未登岛就损失了2艘驱逐舰，并有 500 多人伤亡，加上风浪较大，登陆编队司令第 6 驱逐舰战队司令梶冈定道海军少将只得下令放弃登陆撤回夸贾林。美国海军战史专家埃里奥特·莫里森这样评价这场战斗：“1941 年 12 月 11 日，应该是美国海军陆战队历史上永远值得骄傲的一天。”

12 月 22 日，日军卷土重来，不仅登陆兵数量增加到了 2000 人，而且增派了 4 艘巡洋舰、2 艘驱逐舰和 2 艘运输船，还从刚参加完袭击珍珠港的军舰中抽调 2 艘航母、2 艘巡洋舰和 2 艘驱逐舰负责提供海空掩护。反观美军，虽然有派“萨拉托加”号航母直接护送增援部队驰援的计划，但是一方面海军不愿意派这艘唯一还有战斗力的航母去威克岛冒险，另一方面增援编队行动十分迟缓，特别是燃料缺乏无法保障高速航行，所以在日军开始第二次登陆时，威克岛没有得到丝毫增援。面对这样的局面，陆战队依然斗志高昂，德弗罗少校在回答需要什么援助时，还豪迈地说道："给我们送更多的日本鬼子来！"

然而此次日军充分吸取了上次失利的教训，航母舰载机和岸基飞机率先猛烈空袭将岛上美军仅存的 4 架飞机全部摧毁，然后登陆部队在舰炮支援下大举登陆，尽管美军进行了顽强抵抗，但终究寡不敌众。战至 23 日 7 时，坎宁安上校知道大势已去，为了避免无谓的牺牲，授权德弗罗少校停止抵抗。美军这才挂出白旗，但是在一些外围据点，陆战队还是坚守自己的职责拼死抵抗，直到日军把德弗罗少校送到前线，由德弗罗少校亲自下令投降，所以日军直到下午才完全占领威克岛。威克岛之战，陆战队阵亡 122 人，另有包括文职人员和民工在内 1500 人被俘，日军伤亡 800 多人，2 艘驱逐舰被击沉，多艘军舰受创。虽然威克岛最后还是不免沦于日军之手，但是陆战队在这个总面积不到 10 平方公里的小岛上所进行的 17 天英勇抵抗，成为战争初期面对强敌仍不屈战斗的典范。

瓜达尔卡纳尔岛

"关闭一切舱门以及窗口，熄灭甲板上的一切光源！黑船、黑船！进入反潜戒备状态！"一个声音从传声筒里骤然响起，几分钟内，灯火辉煌的船队就悄然隐入黑暗之中。如果一位海军陆战队的第二次世界大战老兵回忆在战争中的作战经历，那么十有八九最先会想到上述的情景。匆匆扩编的海军陆战队就这样踏上了征途。时间是 1942 年夏，目的地是他们从来没有听说过的地方——瓜达尔卡纳尔（以下简称瓜岛）……

1942 年初，太平洋上延续着 1941 年底的硝烟，日军正沿着各条战线咄咄进逼；欧洲战场上，德国人正在恢复 1941 年时的锐气，向着苏联的腹地快速推进。所幸这一团糟的开头后是一个不错的翻盘——中途岛战役。日本联合舰队的惨败导致日军在太平洋上的猛进势头被暂时抑制。而美国人从突袭之中回过劲来，开始考虑进行局部反攻。相对于美国，日本则期望能进一步巩固已有的惊人成果。对于日军来说所谓的战略最前沿，莫过于波利尼西亚的所罗门群岛。为了更好地控制这些岛屿，他们于年初开始在所罗门群岛中最大的一个岛屿——瓜达尔卡纳尔岛上修建机场。

盟军最高司令部虽遵从罗斯福的"先欧后亚"战略，将战事重心放在欧洲，但也试图开始对日军在太平洋上展开打击。于是，新的作战由此展开。

跨入绿色的地狱

作战任务代号“瞭望塔”，这是一次完全仓促拟订的作战行动。最初的构想是要海军和陆战队在圣特鲁克建立前进基地，但当获悉日本人在瓜岛建造机场的情报后，陆战队决策层立刻就将目标改成了瓜岛以及周边的图拉杰岛。

投入的兵力为一个陆战师，即海军陆战1师。虽然这是美国最精锐的作战部队之一，可是陆战1师师长亚历山大·范德格里夫特少将自己都承认，此前根本不知道有这个岛，所以对于胜败的判断，也是盲目的。按照计划，他必须在5周内集结起陆战1师散布在各地的作战单位，以及获得各种必要的补给和装备。更重要的是，必须利用一切机会获得这个“根本不知道”的岛上的一切资料。士兵们管这次行动叫“瘟疫作战”。据说这是从范德格里夫特师长那里传出来的，因为光从传教士和椰子种植园主那里打听来的有关热带海岛的瘟疫防范须知，就让师长觉得晕头转向了。

1942年8月，美军发动瓜岛登陆战前夕，将一辆坦克从运输船卸载到坦克登陆艇上的场面

尽管范德格里夫特全力施为，但行动还是比原定时间推迟了一周。7月31日，进驻新西兰的陆战1师搭乘运输船离港，前往斐济与从本土开来的配属部队汇合。8月3日，会合后的攻击编队从斐济锚地起航。一共19艘运输船，装载了整个加强师的部队，为其提供保护与支援的有43艘各型战舰。

8月6日午夜，两栖攻击舰队到达萨沃岛附近，随即依照预定计划兵分两路：一路向北，切入萨沃岛与图拉杰岛之间的水道开向图拉杰外海；另一路则一直向南穿越萨沃岛南方的水道，向着瓜岛北岸中部的伦加鼻（一个由一条小河形成的微型河口三角洲）直插而去。攻击时刻定在黎明时分，预定由以“昆西”号为首的重巡洋舰编队提供直射火力支援。

当船队驶入湛蓝的所罗门海时，船上的陆战队员们眺望着远处在热带雨林笼罩下的海岛，有一种仿佛到达天堂的错觉。遗憾的是，偶尔从海岛方向吹来的，充满腐败气味的海风难免会让人感到异样。由于攻击将在黎明时分进行，所以早饭定在4时半开。遗憾的是，此刻有食欲的人不太多，这既由于岸上不断飘来令人窒息的腐臭味道，更是因为这里几乎所有的人都即将面对第一次实战前的紧张。但是不论是否有胃口，面对即将到来的战斗都得多少吃点东西。匆匆吃过早饭之后，士兵们开始检查和保养自己的武器，忐忑地等待着攻击时刻的来临。

6时14分，东方霞光万丈，水天线上朝阳徐徐升起。伴随着日出，以重巡洋舰“昆西”号为首的支援舰群开始对岸轰击。一时间内各种口径的舰炮齐声轰鸣，排炮不断地打向瓜岛以及佛罗里达岛。图拉杰岛上的日军指挥所此刻才察觉到盟军舰队的存在。当日本守军的第一封求援电报匆匆拍出后，通讯站就被一发炮弹直接命中彻底炸毁。

1942年8月7日陆战1师在瓜岛登陆前夕的登陆艇上

在排炮声伴奏下，满载陆战队员的运输船缓缓地从两舷放下搭载的LCVP和LCM登陆艇，搭乘上陆战队员后陆续离开母舰，对于陆战队员们来说，登陆艇是前往滩头的最后一站。

陆战1师原本并不满员，配属的陆战7团在年初被调往萨摩亚岛驻防，至那时仍未调回。为了补足缺额，陆战2师的2团临时调入1师，并配属了军直属部队第1突击营、第1伞兵营以及第3防御营。这样，陆战1师就成了一个加强师。不过新调来的部队和原来的单位缺乏磨合，出发前进行的两栖登陆演习更是因为缺乏指挥与协调而变得一团糟。这次登陆战能否成功，亲临指挥的范德格里夫特少将和特纳少将还真是一点底都没有。

登陆点选择在伦加鼻东侧、机场的正北面。攻击目标位于登陆点南面约5公里处，从登陆场到机场，必须越过一个大型椰子种植园，然后再穿越3、4公里的热带雨林。第一波上岸的是陆战5团1营和3营，他们的任务是从登陆场向南推进并建立起一条防线以拱卫登陆场。在滩头外围防线建立后，陆战1团紧跟着上岸，这支部队是夺取机场的核心。在1团上岸之后，5团3营也随之向西边的伦加鼻推进，以进一步巩固战果。至于第1团，在登陆后一直向南推进，通过了椰子园后开始试图穿越雨林。他们没有遇到日军任何有组织的抵抗，仅遭遇到一些零星的冷枪射击。从此后“陆战1师登陆总是交好运”的说法不胫而走，甚至不少人抢着报名参加第一波登陆梯队，因为既风光又安全。这份好运一直到2年后帛琉岛登陆的滩头血战才告终结。

进展似乎一切顺利，午间，滩头的环形防线已经构筑完成，陆战1团也已进入丛林内开始向机场推进。岛上的日军并未作任何实质性的抵抗，虽然最初情报部门预计岛上的日军约有5000人，不过对于已经登陆的美军士兵来说，这些所谓的日军还不如这里险恶的环境来更令人头疼。不计其数的毒虫、密到无法通行的灌木和藤蔓、腐臭的沼泽，这一切如果不是亲身经历过，是绝对不会明白其中的险恶的。1团在丛林中摸索着，密集的植物和遍布的沼泽使他们根本无法保持队形。

瓜岛作战示意图

大约在午后13时左右，天空中出现了几队来自拉包尔的日军飞机。日机顶着美舰猛烈的对空炮火朝军舰俯冲、投弹。不过日军飞行员显然被击沉巡洋舰或者驱逐舰的荣誉所吸引，而没有将更为重要但是并不起眼的运输舰甚至滩头物资放在眼里。第一天的空袭中，仅有一艘驱逐舰被日机击伤。

第1团推进到机场是在8月8日的午后时分，仅仅5公里的路差不多走了一天时间，阻碍部队前进的不是日军的抵抗而是热带雨林。陆战1团占领了一个接近完工，而且丝毫没有被破坏的机场。从发电机到跑道，甚至还有一个制冰厂都完好无损，粮库内堆满大米和腌鱼头。没有抓到一个日本兵，只有许多朝鲜劳工，对于这些人的讯问使美国人获得了比较准确的情报：岛上总共只有2000余名朝鲜劳工，而日军连同警备人员在内不超过700名。至于那些日本人，自打枪声一响就逃进了丛林里。总之，陆战队在瓜岛上的一切行动似乎都很顺利。

对图拉杰岛和邻近的格伍图岛的攻击却不怎么顺利。由于图拉杰岛曾是殖民地的地区行政中心，因此日军在岛上驻扎了相对战斗力较强的部队，而且当地多岩洞的地形也更适合防守。在美军登陆部队的猛攻之下，城镇中的守军很快就退进岛上的各个掩体和岩洞内。这些日本守军在既无食物也缺乏弹药、更没有援军的绝望境地下，进行了殊死抵抗，这使美国人第一次领教到所谓的“武士道精神”。

大约就在陆战1团进占机场的时候，驻拉包尔基地的日军航空队对登陆部队发动了第二次攻击。这一天的攻击一共有两个波次，而且规模较前一日更大。第一波攻击由超过50架战斗机和鱼雷攻击机组成，日军第二次世界大战头号王牌飞行员坂井三郎也位列其中。不过由于两栖舰队获得了美军舰载战斗机的有效支援，日机的袭击并未收到太大成效，仅“艾劳特”号运输船中弹起火。它装载着提供给登陆部队的绝大部分铁丝网和一半的伪装网，还有一些燃料，这使它起火并持续烧了好几天。

瓜岛作战中的美军炮兵阵地

虽然日军对舰队攻击的收效甚微，但是日军精锐飞行员给美军舰载机造成了较大的损失。仅仅两天时间，为登陆行动提供掩护的3艘航母已经损失了19架战斗机。同时，由于日军对瓜岛登陆舰群发起的攻击行动中出动了大量的鱼雷攻击机，这也加剧了弗莱彻将军的担忧。在经历了珊瑚海与中途岛战役之后，美国海军对于航空母舰的倚重日益增加，实在不愿拿宝贵的母舰进行不必要的冒险。权衡之下，美军特混舰队司令弗莱彻决定航母战斗群撤出战斗。在电告上级戈利姆中将但却没有获得批准的情况下，弗莱彻即下令舰群转向南航行。这一行动虽属特定条件下的无奈之举，但却违背了海军“为登陆部队提供至少三天空中掩护”的承诺。

航母特混舰队南撤的消息在两栖舰队中产生了巨大震动。当晚，在两栖舰队的指挥舰“麦考利”号上，登陆舰队司令特纳，召集了舰队以及陆战部队的全体指挥官进行紧急磋商。他认为，失去空中掩护势必将使他的登陆舰队完全暴露在日军航空部队的打击下，等待他们的结果只能是被毁灭。因此，他决定在次日一早撤出瓜岛海域。范德格里夫特坚决反对这种决定，并斥之为“临阵脱逃”。不过特纳并非胆怯的人，他这样做更多的是为了能够保全自己的舰队。会议不欢而散，特纳唯一的让步就是将撤退时间推迟到中午，以便可以卸下更多的物资，但特纳和范德格里夫特都没有想到的是，更大的灾难已经逼近了。

此时的瓜岛海域，一片平静。在瓜岛，陆战1师的主力部队已经占据了机场并沿着机场外围构筑起了防线。在图拉杰和佛罗里达岛方面，由陆战1师副师长鲁珀特斯准将率领的4个营（陆战2团1营、5团2营、陆战队第1突击营、第1伞兵营）已经成功地控制了局势，图拉杰上日军残部虽然还在顽强抵抗，可是肃清他们也是早晚的事情。

瓜岛战役中，美军通过浮桥

8日下午，从所罗门群岛西面的海岸观察哨传来了消息，日军一个巡洋舰编队正在向西运动。对于这一警讯，海军将掩护舰艇分成两组，分别派往萨沃岛的南面和北边，试图以此来阻击可能出现的日军水面舰艇，确保登陆场的安全。遗憾的是，海军对此却并不以为然，在他们看来，日军是不可能在如此短的时间就集中起足够的舰艇来长途奔袭的，反正明天就要走了！但是这一疏忽，却令盟军舰队付出了惨重的代价。

瓜岛战役中，美军正在从林中整队，准备向日军进攻

8月9日凌晨2时许，日军5艘重巡洋舰和3艘驱逐舰，由三川军一海军中将亲自指挥杀入瓜岛海域，盟军舰队猝不及防。在半个小时的短促袭击中，担任登陆掩护主力的重巡洋舰3沉1伤，日军舰艇却毫发无伤。万幸的是，三川并不知道美军航母已经撤走。凌晨3时刚过，萨沃岛南北两侧的美国军舰或沉或伤，三川的舰队在萨沃岛西北处重新收拢编队。舰队旗舰“鸟海”号弹射起飞的侦察机报告伦加鼻北面海域发现盟军运输船队，但是三川权衡再三，还是放弃了趁机扩大战果并彻底摧毁运输船队的机会，决定返航。因为此时他的队列已经被打乱，而破晓时分就在两个小时之后，为了避免因美军空袭而遭受无畏的损伤，在黎明到来前同敌人的母舰拉开距离是必需的。

尽管在萨沃岛海战中遭受了严重损失，但特纳判断日军在9日白天不会再来，就一面救助落水士兵，一面组织未受打击的运输船只继续卸载，直至黄昏才带着未卸完的一大半物资、陆战1师约1000人的后备队和大多数的重装备撤离瓜岛。

瞭望塔行动的第一阶段到此为止，局面似乎是好头坏尾。现在，沙滩上有4个基数的弹药和可供岛上部队使用37天的给养，一些包括75毫米炮和105榴弹炮在内的重武器、几辆半履带车，但是缺乏辅助设备，比如伪装网就一卷都没有，铁丝网只有一捆，继续修建机场所必需的推土机也仅一辆。登陆舰队在撤退前还留下了几艘LCVP登陆舰，给陆战队作为水上交通联络艇使用。这些物资加上日军遗留下来的成吨的大米、豆子、鱼头以及各种设施和少量火炮，成为了一段时间内，陆战1师赖以在这个鬼地方生存的全部物质保证。

孤军奋战

本来应该为这次登陆行动提供空中掩护的航母舰队撤走了，运输船和登陆舰装载着半数物资也走了。所谓的孤军奋战，也不过如此吧。

瓜岛上的机场，已经进入工程扫尾阶段。加之日军在撤退时没有进行破坏。因此，纵使陆战 1 师缺乏足够的机械设备，也得以在进占机场后的第 9 天修建完工。范德格里夫特决定将其命名为“亨德森机场”，以纪念在中途岛空战中战死的陆战队飞行英雄洛夫坦 · 亨德森少校。

在加紧修建机场的同时，机场外围以及海岸防御工事也在加紧修筑之中。日军遗留下来的少量 77 毫米轻型榴弹炮（这些炮的弹药都很充足）、为数不少的 37 毫米战防炮以及 81 毫米迫击炮，陆战 11 炮兵团拥有的装备 75 毫米榴弹炮的 M3 坦克歼击车（这种陆军不屑使用的破烂被陆战队收来当作自行火炮），还有几门 105 毫米火炮，这些火炮构成了最初一个月岛上美军的全部压制火力。

范德格里夫特坚信日军不会放弃瓜岛，虽然目前岛上的日军仅有数百人，而且缺乏补给和增援，还不足以对机场形成严重威胁，但是留着总是一种祸患。而且，日军将在什么时候、派出多少部队来反击都还是个未知数。8 月 12 日，陆战 1 师情报科科长伽杰特上校凭借着不确切的情报，决定对机场西面约 7 公里处的马塔尼克河口进行一次敌后侦察，这次行动遭到了彻底失败，24 人的小分队仅 3 人生还，其余的人包括情报科长伽杰特上校在内，全部在激战中阵亡。

这一事件更加重了美国人的担心。他们从本已紧张的兵力中抽调了 3 个连，一路向西扫荡过去。在马塔尼克河附近，陆战队员们肃清了隐蔽在当地土人村庄里的日军，击毙几十名日军士兵。但这远远不是日军的主力。由于日军对当地地形非常熟悉，而且丛林战经验丰富，因此单凭目前手头上的这点兵力，陆战队无法将其彻底歼灭。

瓜岛战役中，美军在滩头搬运物资

就在美军全力作好固守准备的同时，如同范德格里夫特所担心的那样，

美军的舰队是陆战作战的坚强后盾

日军高层对于美军的登陆也开始作出反应。但是，日军大本营中的陆海军之间根深蒂固的矛盾却在无形中帮了美国人大忙。首先就海军来说，即使三川痛击了盟国舰队，可是瓜岛毕竟已经落入了美军手里。由于陆战必须得靠陆军大力协助，因此海军方面极不情愿地询问陆军，是否有兴趣一同夺回瓜岛，并说岛上只有 2000 余美国海军陆战队，而且在一年内不可能沿着所罗门群岛北上发动大规模反攻，还许诺全力配合陆军的行动。由于获得了海军方面比较“确实”的情报以及上述保证，陆军遂同意将计划和情况上报东条英机。

就这样，仓促制定、带有试探性质的“瞭望塔行动”震动了日军大本营最高层，最终演变成了改变战争走向艰苦的拉锯战。当然，对于日本人来说，这确实是一个值得重视的事件，毕竟这是开战以来，盟军第一次试图在日本的势力范围内主动发起攻势。东条英机为此专门向陆军下达了“集中兵力夺回瓜达尔卡纳尔岛”的命令，山本五十六大将也专门致电三川军一，要求他“在近藤谦信中将的第 2 舰队之协助下，尽一切努力将增援部队送上岛去”。同时，山本还命令南云忠一的机动舰队随同第 2 舰队南下。

负责夺回瓜岛的是正在新几内亚同麦克阿瑟鏖战的日本陆军第 17 军，由于极不准确的推测以及对自身力量过分的自信，军长百武春吉中将断定只需要 6000 人就可以解决岛上的美国兵。百武计划调用 3 支部队：原本用来攻击中途岛，现在关岛待命的一木清直大佐的部队，一共 2000 人；另一支是由川口清建少将指挥的部队，人数约在 3500 人；最后一部分是隶属海军的陆战队，约有 500 人。

从 9 日开始，每天下午 1 时整，机场上空必然会出现从拉包尔起飞的日军轰炸机。时间之精准甚至陆战 1 师的士兵差点就要拿这个作为报时钟了。这些日军飞机，一般都慢悠悠在机场上空晃一圈，然后从容地丢下几枚炸弹，接着继续转上一圈，才返航走人。美军连一卷伪装网都没有，因此损失总是难免的，但好在破坏并不严重。

在瓜岛，美军的敌人除了日军外还有丛林

另一种攻击就纯粹属于骚扰了。拉包尔基地部署有一些H5Y1式远程水上飞机，日军一般称之为“99式大艇”。由于其航程接近5000公里,因此可以长时间滞留在瓜岛上空。“99式大艇”的引擎在运转时会发出不规则的嗡嗡声，酷似美国国内生产的一种洗衣机，因此美国人给它起了个外号——“查理洗衣机”。这种远程巡逻 / 侦察机笨重、低速、载弹量小，因此无法用来执行轰炸任务，但是它可以凭借极强的续航力彻夜都在亨德森机场上空晃荡，然后每隔一刻钟丢下一枚小炸弹，搅得陆战1师的官兵们不得安宁，好似一只烦人又难以轰走的蚊子。由于一门高射炮都没有，所以美国人对于日军飞机的袭扰毫无办法，甚至是对于这种破“洗衣机”，也是办法全无。

至于海面上，暂时还是日本人的世界。在登陆后最初的两周内，日本海军的任何一种舰艇都可以随意航行在佛罗里达岛与瓜岛之间的水域。常常有日本人的驱逐舰悠哉游哉地开来，然后冲机场方向一通炮轰。就连日本人的潜艇也来凑热闹，不时地浮出海面朝岸上开几炮。

陆战1师虽然早预料到日军的反击，但是首次察觉日军反攻意图是在8月19日。当天，美军的一支巡逻队对之前一直未能重视的机场东面地区进行侦察。当巡逻队到达东面约6公里处的柯里鼻一带时发现了一些日军。这支巡逻队以奇袭的方式发起攻击，顺利地将这群日军尽数歼灭。战斗很成功，可是美国人却乐不起来。因为检查日军遗骸的时候，他们发现这些日本士兵衣着整齐装备齐全，绝对不是之前从机场逃脱的残兵败卒。随后，美国人又从领队军官的尸体上搜出了瓜岛大比例军用地图。毫无疑问，这显然是一支日军大部队的前卫，看来日军的增援部队已经上岛，有组织的反击已经即将来临。

这支部队就是一木支队，跟随运载一木支队第一梯队的6艘驱逐舰，于8月18日午夜开来。它们将包括一木清直大佐在内的915名日本官兵送到了位于机场东面约20公里处(以后这种以驱逐舰作高速运输船运送给养和部队上岸的做法逐渐为美国人熟知，并获得了“东京快车”的称号)。这些驱逐舰通过了亨德森机场北面的海域却没有开炮射击，却选择在几个小时之后返航之时，却猛烈地炮击岛上机场。从这种反常情况中，美军推测出了这个驱逐舰群此行的真正目的。不过作战不能仅凭猜测来进行，对机场以东地区组织侦察也是为了这个目的，以核实美军的推测。

查明日军的攻击企图之后，陆战1师着手紧急强化机场的防御，同时开始搜罗一切可以找到的能够增强防御的物资。美军东部防线建立在伊鲁河的西岸，这条小河同机场东面的伦加河一样发源于瓜达尔卡纳尔岛中部的山峰上，向北蜿蜒流入北部的海峡。这条河上没有桥梁，但是靠近河口的地方有一条天然的沙堤，此处水流缓和，水深不过脚踝，人可以轻易徒涉。毫无疑问这个位置是机场东侧防线的核心地带，为了守卫这个要地，美国人调集了所有可以抽调来的重武器，并配备了半数的37毫米战防炮。为了可以阻碍日军的进攻，美军从旧农场里搜罗来的铁丝网也派上了用场。这些生锈的铁丝网和仅有的那捆新铁丝网一起被巧妙隐蔽安置在沙洲西岸近一人高的稻草丛里。

一木大佐起初非常自信，自信到打算用这支不足千人的队伍去攻击美军的两个加强团。虽然他并不知道美军的确切数目，可纵使机场上的美军真的就只有2000人，他这样做也未免过于卤莽了点。19日夜间，这支日军终于到达了伊鲁河。这条小河因为沙堤的关系几乎无法将热带雨林的沉积物冲入海中，因此整日散发着阵阵恶臭。一木抽出战刀，指挥手下士兵开始突击。在伊鲁河的恶臭中，陆战队员静静地埋伏着，关注着东面椰林里传来的声音。一切都已经准备妥当，就等着日军冲上来受死。当第一个日军从岸边的椰子园里冲出来时，美军阵地上几乎同时响起了枪栓拉动的声音。伴随着

在瓜岛，美军正小心翼翼向前推进

美军在沼泽中艰难行进

恶劣的自然环境也是美军的敌人

日军主力涌出椰子园向沙堤冲击，美军阵地上响起了密集的轻武器射击声，第一排步枪打过去就放倒了一片日本兵。在毫无遮拦的沙堤前，日军就像镰刀收割麦子一样被美军的轻重机枪子弹扫倒。

不论是普通士兵还是一木本人，都对于眼前的景象感到吃惊：美军显然早有准备！不过他们可不打算退却，对武士来说死亡又算得了什么。日军在极短的时间内镇定了下来，再次朝沙堤冲来，美军机枪的密集交叉火力都无法阻止日军的疯狂进攻，不少日军向西一直冲过了沙堤，但是随即被带刺的铁丝网拦住了。这个障碍实在出乎日军的预料，只有少数日军得以钻过铁丝网向美军阵地内渗透，绝大部分都被拦阻在铁丝网前，被机枪和步枪一个一个击倒。

一小部分的日军沿着伊鲁河向南走，然后在上游找到了突破口到达了西岸。可是那时天已经渐渐亮了，这些渗入美军防线的日军散兵很快被歼灭。为了尽快歼灭这些日军（因为日军的攻击使美国人产生了这支部队是更大规模主力前卫的错觉，因此要及早消灭以便争取时间重整防线），美军预备队陆战 1 团 1 营，在黎明前被投入战场执行包抄任务。这一营的士兵从伊鲁河上游约 2 公里处涉水过河，渗入丛林对依旧在猛冲寻死的日军侧翼实施打击。

天亮后日军改变战术，在河对岸挖掘工事，然后凭借这些粗陋的散兵坑朝美军不断射击。美国人毫不客气地以炮火回敬。日军兵力没有优势，火力上也处于完全劣势，几乎陷于绝望的边缘。可即使如此，日军还是丝毫没有撤退的意思。中午时分，一木身边还能作战的只剩了 300 来人，他自己也已经负伤。美军的炮火逐渐猛烈，中午时分刚刚进驻亨德森机场的陆战队航空队飞机也加入到打击中，陆战 1 团 1 营在日

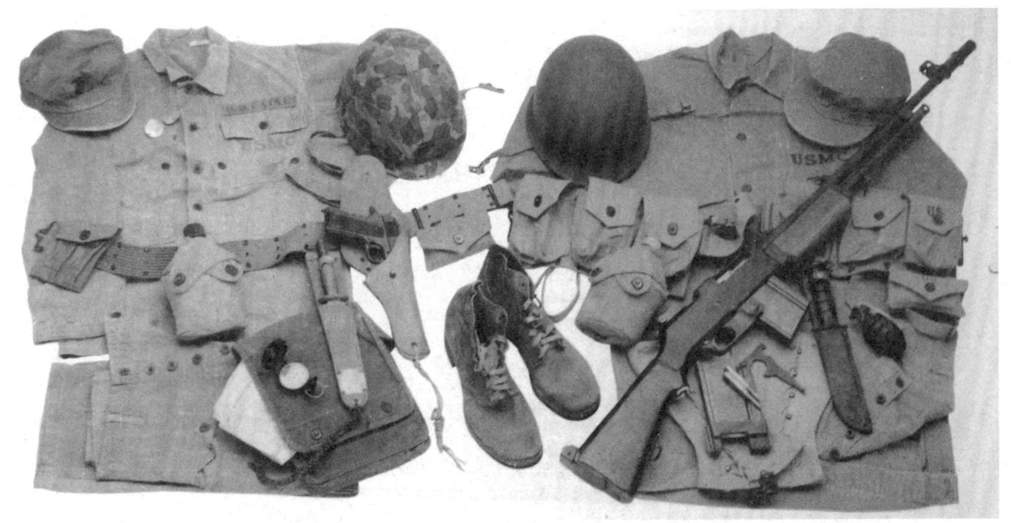

美国海军陆战队在第二次世界大战时期的单兵装具、制服和武器

军侧后开始发起攻击。在各个方向的打击下，日军终于开始崩溃，一些日军竟直往海里跳，结果成了美军士兵们极好的枪靶。受过良好训练的陆战队员们绝大多数都是神枪手，他们用手中的步枪像打靶一般一枪枪把那些露出水面的脑袋射开了花……

黄昏时分，虽然结局已经毫无悬念，可是日军残部还在负隅顽抗。失去耐心的美国人出动了仅有的5辆轻型坦克。这些坦克直接开过沙洲，冲入椰子园射杀碾压尚在顽抗的日军。坦克履带上沾满了血肉，成了一台台令人毛骨悚然的绞肉机。一木和20多名幸存的部下聚拢在一起，当坦克朝他们冲来时，一木下令烧毁军旗，然后剖腹自杀。一木支队全军覆没。

日军战死者超过800人而生还者不超过20人，这些幸运儿向东逃回了他们的登陆点，与留守在那里照看滩头的同伴会合。瓜岛上最初的血战就此结束，同日军的惨重伤亡相对比的是，美国人仅死了35人。

8月20日，在同日军鏖战的同时，配属陆战1师的陆战队航空兵终于到达了，匆匆赶上了瓜岛上的首场大战。中午，12架无畏式俯冲轰炸机和19架野猫式战斗机飞临机场。援军的到来引起了陆战1师全体官兵的齐声欢呼，一向古板的范德格里夫特也忍不住赞道："这是我一生中见过的最美好的场面之一。"航空部队的进驻意味着亨德森机场已不再仅仅是个摆设，这里很快就会发展成为改变地区实力对比的关键因素。这支航空队有一个响亮的名字"仙人掌"。

不过对于美机的到来，更重要的在于陆战1师不再是孤军奋战了。

地狱中的桥头堡

8月底到9月初，陆战1师获得了新的支援——陆战队第3防御营，而且还有陆战队急需的武器，包括12门新式的90毫米高射炮、19门40毫米防空机关炮、28挺20毫米厄利孔机关炮、探照灯，8门155毫米榴弹炮，还有一批铁丝网和伪装网，都是岛上最急需品。

种种迹象表明，日军将要发动更大规模的进攻。虽然没有日军运输船的迹象，但是从海岸哨的报告来分析，日军很有可能利用驱逐舰和小型高速船舶在夜间将作战部队分批运上瓜岛。由于一木支队残部向东方撤退，美军推测日军在东海岸有一个立足点。9月2日，侦察兵报告位于太发鼻的河口处发现有大约5000日军登陆，结合海岸观察哨的情报分析，美军确认东面的太发鼻有一个日军的桥头堡。

陆战队不相信日军能够在这么短的时间内将这么多部队运送上岛，但可以确信的是，日军的主力部队已经登陆。经过反复考虑，范德格里夫特决定先下手为强，动用刚从图拉杰调来的突击营和伞兵营对日军发起突袭。

9月8日，2个营的突击部队从伦加鼻西侧的小型海军码头搭上APD（一种以旧式驱逐舰改装的高速登陆舰），向日军登陆点开去。一个小时后，突击部队就到了预定地点，然后在海军舰炮的掩护下冲上滩头。不过他们并未遇到日军的激烈抵抗，滩头的日军不过只有百来人，显然只是看守滩头和后方物资的小部队。从滩头可以看到密密麻麻的足迹向西南位置的丛林延伸过去，日军的大部队才开走不久，他们正沿着几周前一木支队前去赴死的同一条道路前进……之后陆战队员焚毁物资乘船返回亨德森机场。

美军在丛林中休整，准备迎接新的战斗

对范德格里夫特来说，这次突袭只是证明了之前的侦察和分析并非多虑，所以他在获得报告后的第一时间，就下令固守机场外围的部队作好战斗准备。至于突击营和伞兵营，暂时在机场南面的山岭阵地休整，因为到目前为止，这个地区连日军的侦察部队都未曾出现过。相对西侧和东侧，这里的防御力量是相当薄弱的，没想到这个看似随意的安排恰好破坏了日军的偷袭计划。

9 月 12 日夜幕刚刚降临，亨德森机场上空迎来了不速之客——日军水上侦察机。依照以往的经验，这种小苍蝇的到来，就意味着日军舰艇对机场炮击的开始了，因为它肯定是从大型舰艇上弹射起飞的。入夜后负责监听的人就不断发现西南方向有动静，而且数量众多（陆战队员预先在高地下的丛林中安置了麦克风）。讨厌的“嗡嗡”声还在天上晃荡，美军没有朝它射击，以免被海上的日舰侦知准确的炮位。“狗娘养的！”不知是谁骂了一句。与此同时，这只嗡嗡叫的“虱子”投下了一颗照明弹，美国人立刻明白，日军战舰马上就要开始炮击了。不到半分钟，北边漆黑的海面上就闪现出猩红的炮口焰。炮弹夹着呼啸声飞来，击中跑道爆炸，一发又一发。之前南部山岭阵地的部队从未遭到日军舰艇炮击，此次却不一样了，日舰的炮火很快落到了他们的阵地上。

晚上 9 时天空开始飘落起细雨，日军的炮弹在爆炸，美军士兵们听到一种奇怪的吼声，成百上千人用蹩脚的英语有节奏地吼着“海军陆战队，明天就死！海军陆战队，明天就死！……”日军一边嘶喊一边用枪托敲打着泥地，发出沉闷而怪异的声音。陆战队员们面面相觑，他们从来没见过这种景象……

当夜的攻击集中在山岭阵地的右翼，那是突击营 C 连的防区。这个连的右侧就是伦加河，因此倒不必担心日军进行迂回。在日军持续猛攻之下，C 连被迫后退，B 连和 A 连等邻近部队也跟着后撤以保持战线，日军占领了美军防线之间的一小块区域。天亮以后突击营在营长梅里特·埃德森上校的率领下，凭借机场炮火的支援发动数次反击试图恢复战线，但是日军顽固地死守阵地，令美国人的一切努力皆白费。

美军在瓜岛丛林中的一次机枪阵地

13 日晚上的攻击集中在山岭阵地中央的 B 连阵地，向北俯视着机场，向南控制着伦加河上游东岸，这是防守亨德森机场南线的唯一屏障。埃德森亲自率领 B 连及一个伞兵连固守在此。两个连不过 300 人左右，面对的却是日军两个步兵营的冲击。埃德

美军在丛林修筑简易公路，以方便运送物资

森无法获得增援，因为9时左右守卫机场西部防线北端的陆战1团3营也遭到了日军猛烈攻击，这显然是一次有严密组织的攻击行动。

这天晚上，日军利用昨夜占领的美军阵地为跳板向B连发起猛攻。他们利用各种手段冲击埃德森的阵地，包括使用美军的通讯频率发布假命令、传达假报告等。在冲击美军正面阵地的同时，日军散兵利用一切机会向美军阵地渗透。突击营一度曾经被日军渗透进来的散兵分割开来，营长带着不足60人苦苦支撑。当晚，日军的巡洋舰以及驱逐舰也再次炮击着美军阵地。守卫防线是如此艰辛，以至于当日军开始退却时美国人几乎无法相信这是真的。

13日午夜时分，日军的攻击势头逐渐减弱。虽然不少日军从B连左翼后方渗入了美军防线，有些甚至一直潜到陆战1师师部附近，但是这种无组织的单兵渗透对于整个战局胜利并无多少作用，这些孤立的日军在天亮后就被美军肃清。清晨5时，进攻山岭的日军已经无力继续展开攻势，美军则在获得增援后展开反击。大约在上午9时，美军将所有日军逐下山岭（之后这座小丘就有了一个新的名字——突击营岭）。在这一天，从亨德森机场起飞的俯冲轰炸机发现了另一路从东面接近的日军，如果这路敌人及时赶到机场周边并发起攻击的话，那么对于整个防御体系将是一个不小的威胁。目前陆战1师的全部预备队都被投入到了南部突击营岭高地，西侧防线也在激烈战斗，实在无暇顾及东边的这路敌人。于是阻击的任务就交给了航空队，亨德森机场上的60余架飞机尽数齐出，除了向南线的敌人不断发起攻击外，还向东面而来的日军部队不断扫射和投弹，以尽可能地延缓其行进速度。

进攻西面防线的日军在美军强大的火力和铁丝网前一筹莫展，黎明后美军俯冲轰炸机投入战斗后日军攻势被击退。其他两个方向上，日军的攻击也在14日中午时分开始全面退却，突击营岭上奋战两天多的陆战队员欣慰地看着日军后撤，留下遍地的尸体。

美国人这时才发现，原来日军的计划是从东、西、南三面发起同时攻击，日军预定的攻击时刻显然是12日日落时分，由海面上的日军舰炮提供火力支援。可是不知道是什么原因，东路和西路的日军均未准时到达攻击地点。这种缺乏协同的三面攻击，其结果只能被各个击破。13 日晚间，西路日军显然是在机场方向猛烈的枪炮声中以强行军的形式穿越雨林赶来参战的，所以他们精疲力竭被轻易击退。至于从东面进攻的日军，在艰苦地穿越雨林途中，又不断遭到美军飞机的扫射，历尽艰辛在主力溃败之后才匆匆赶到，结局自然可想而知。

两天的战斗虽然惨烈，但是美军的阵亡人数却不足百人，伤亡合计在 300 人左右。反观日军，仅突击营岭前就遗尸 600 具以上。这次进攻的日军到底有多少人，对美国人来说是个未知数（实际在 3000 人左右），但是就在战斗已经进入尾声的 14 日上午，他们却从无线电里听到了一条“惊人”的消息，东京玫瑰宣布 6000 名日本帝国军人，已经于当天重新夺回了瓜达尔卡纳尔岛上的机场。

当然了，为什么不？

对于瓜岛上的陆战队来说，9 月 18 日是个好日子，这一天他们获得了一个实质性的增援——陆战 7 团归建了。这样一来，陆战 1 师就处于超编状态了，兵力的补充使美国人有了反击的资本。由于日军残部主要聚集在亨德森机场的西面和南面，因此陆战 1 师决定动用手头的兵力先将伦加河西岸肃清。

对于西侧日军的确切情况，美军侦察兵和巡逻队汇总而来的情报如下：日军的主力主要集中在马塔尼考河西岸的河口地区，兵力约在千人上下（塔萨法隆加地区，日军一直在用驱逐舰运送部队上岸，实际人数接近 2000），而且拥有火炮等武器，其中 75 毫米和 77 毫米口径的轻型榴弹炮为数不少；在马塔尼考河的河口地区，日军已经修筑完整阵地，并在马塔尼考河与伦加河之间构筑火炮阵地，似乎是想用手头的榴弹炮对机场进行炮火封锁。以上信息实在是无法令人感到乐观。范德格里夫特依照陆战队的一贯作风，打算再次发起先发制人的打击，以破坏日军的作战意图。

9 月 26 日起，陆战 5 团 2 营和突击营授命发起攻击。但是由于没有能正确估算出日军的数量和轻敌，结果事以愿违，行动从一开始就极不顺利。激战两天之后，陆战队还是未能跨过马塔尼考河。为了打破僵局，师部决定再玩一次半个多月前深入敌后抢滩登陆的把戏。

新到瓜岛的 7 团第 1 营，奉命在敌侧后位于马塔尼考河西面的克鲁兹鼻登陆。当天，APD 运送着这个营在克鲁兹鼻顺利上岸。似乎一切都很理想，除了原本调来支援这次登陆行动的驱逐舰因敌机威胁而临时取消掩护外，没有什么令美国人觉得不安了。在做了简单的整队之后，7 团 1 营开始向内陆推进，进入一小片开阔地后，随着炮弹的炸响，周围埋伏着的日军开始猛烈射击。虽然是开阔地，但地形却不完全平坦，因此美军还能依托地形还击。但是日军迫击炮和重机枪火力，把这营美国大兵们一个一个钉在原地动弹不得。就这样双方僵持了两个小时，日军并不心急，大有熬到天黑再战的味道……幸而这个营的运气还不算太糟。当天中午，一架无畏式发现了已同后方失去联系并陷于困境的这个营，立刻通知了陆战 1 师，师部急令登陆舰前去接应。在上午后撤的那艘驱逐舰引导下，接应船队来到了克鲁兹鼻。之后驱逐舰在飞机的指示下，以猛烈的炮火压制住了日军火力，同时从机场起飞的俯冲轰炸机也猛烈扫射日军阵地，为 7 团 1 营打开了一条逃生之路，使其成功撤上了登陆舰。

这场败仗使范德格里夫下定了决心，要扫清西面的敌人。陆战 1 师从各个阵地尽可能抽调兵力，就这样，一共凑出整整 6 个营的人马，投入到对马塔尼考河口地区的大扫荡中。10 月 9 日，对伦加河以西地区的扫荡开始了。美军主要分作两路：一路沿着海边和中线向河口日军的桥头堡前进，摧毁沿途遇到的一切日军部队和阵地；另一路从伦加河上游出发一路向西，最快的速度到达马塔尼考河上游地区，然后架设浮桥渡河并向北攻击。两股攻势的汇合点位于河口西面的马塔尼考村，都以摧毁残余日军的主力为目的。航空兵和基地的炮兵将提供全力支援。

美军的攻击取得了部分成功，但是南线的部队因为无法快速通过茂密的丛林，因此未能准时发起进攻。不过值得庆幸的是，虽然未能实现全歼日军的作战意图，但是日军主力部队已经遭到了重创。日军损失了几乎所有的重武器和大炮，遗尸超过 900 具，而美国人的伤亡不超过 200 人。打扫战场时，美国人在两条河之间的丛岭里发现了构筑完好而且隐蔽的火炮阵地，结合缴获的地图发现日军正在规划新的攻势，这次扫荡虽未全歼西岸的日军，但是将日军的新攻势扼杀在摇篮里。

在扫荡西线的同时，陆战队也出动了 1 个营对东边进行了“打扫”，他们彻底肃清了东边的残敌，缴获了大量军火和物资。通过这段时间的作战，亨德森机场周围的形势获得了改善，美军的控制区域和活动范围大为增加，日军对机场的炮火威胁也被暂时解除。

9 月末，《纽约时报》的一位记者在采访范德格里夫特时问及“陆战队是否能够坚持足够长的时间，以等待海军自大洋上的缓慢进军”时，范德格里夫略为沉思了一下反问道：“怎么？当然了，为什么不？”

10 月 9 日下午，就在对马塔尼考村的日军进行围剿的同时，5 艘日军驱逐舰到达了塔萨法隆加，这 5 艘驱逐舰送来了日本陆军第 17 军军长百武春吉中将和他的整个参谋班子以及2000名援军。连续两次的失败，日军大本营终于明白这不是美国人的试探性进攻（而事实上，从一开始“瞭望塔”作战就带有试探性质）。要想夺回瓜岛，不是几个小部队能够做到的，必须出动师团规模的大部队和包括大炮、坦克在内的重装备。这一次，整个第17军和联合舰队的主力舰都将参与进来，目的只有一个——夺回瓜岛。

自9日后，日军不断采用驱逐舰运输和大型水面舰艇掩护运输船的方式，将部队和装备源源送达塔萨法隆加角，其中包括4门150毫米榴弹炮。亨德森机场上的美军飞机虽尽力阻拦，但收效不大。于是，美国海军也投入到反击中，并于10月11日夜间取得了埃斯佩兰斯角之战的胜利，击沉日军一艘重巡洋舰和四艘驱逐舰，重创另一艘重巡洋舰。

但是美国人未能阻止日军将大部队运上瓜岛。10月20日，岛上日军的总人数已经达到了2.3万人，各种火炮近百门。日军空袭越来越频繁，除了从布干维尔岛和拉包尔基地起飞的远程轰炸机以外，还有联合舰队的舰载机。亨德森机场不断遭到轰炸，尽管“仙人掌”航空队奋力反击，但是仍渐感不支。亨德森机场的航空力量在前一段的顶峰时期，曾经拥有近90架各型作战飞机。到了13日，虽然还有50架可以投入作战，但是燃料已经所剩无几。10月13日是美国人值得高兴的一天，因为运来了陆军的首支增援部队——步兵第164团，总共2852人，同时还有大批物资，诸如粮食、弹药、卡车和37毫米战防炮。当天机场两次遭到日机轰炸，并开始受到日军远程火炮的轰击。好在日军重炮炮弹并不多，在工兵营的努力下，机场上轰炸和炮击的弹坑被迅速填满。尽管困难重重，但是总的来说还能坚持下去。当晚日本联合舰队出动了战列舰投入到瓜岛，炮击从14日凌晨1时05分开始，持续到2时20分。日军的两艘快速战列舰“金刚”号和“榛名”号，向亨德森机场猛轰。战列舰的主炮威力是巡洋舰和驱逐舰所无法比拟的，在震耳欲聋的爆炸声中，铺设在机场跑道上的钢板就好像纸片一样在炮弹的轰击下四分五裂飞散各处。一个油库被击中，5000加仑汽油起火燃烧。这1个多小时的炮击，并未给美军造成严重的人员伤亡，但是机场和跑道却给轰得一塌糊涂。整条跑道上布满坑洞和碎成铁片的薄钢板。俯冲轰炸机中尚能使用的只剩下3架，天一亮飞行员们就试图驾机起飞，可是跑道已经被轰烂，3架飞机中的2架撞进了跑道上的弹坑受损。就在亨德森机场功能逐渐丧失的时候，百武的部队已经积攒起了足够的力量。决定这个岛屿归属，乃至于太平洋上未来局势的时刻，似乎就在眼前。

通往地狱之路

日军这次的进攻非同小可，如果之前的两次失败算是挫折的话，那么这次的攻击行动将是日本帝国挽回颜面的最好机会。否则，瓜岛这个疮疤，迟早会溃烂流脓并毁掉整个所罗门群岛上的果实，甚至危及整个日本帝国的存灭。对于胜利，不论是百武中将，还是让山本五十六留下眼泪许诺“全力协助陆军，即使将‘大和’号开往瓜岛也在所不惜”的辻政信中佐，都认为绝对没有问题。

日军在岛上的力量以第2师团为骨干，其余的则是川口支队残部等，人数合计2.3万人。配属第17军的炮兵已被运上瓜岛，包括150毫米榴弹炮和120毫米加农炮，甚至还有10辆97式坦克。以日军的标准来看，规模确实属于空前，无怪乎他们那么自信满满的。

尽管每天都有日机狂轰滥炸，驻守亨德森机场的陆战队工兵营仍尽全力维修跑道，其填补弹坑的速度超越了日军轰炸的速度，从而为航空队的起飞创造了条件。“仙人掌”航空队的地勤人员也尽一切努力抢修飞机，飞行员同样尽可能升空奋战。正是因为上述努力，尽管日军占尽优势，却也无法获得完全的主动。美国海军水面舰艇和舰载航空兵不断地适时出击，大大抵消日军的海空优势，全力保卫瓜岛上来之不易的亨德森机场。

此时，陆战队已经在马塔尼考河的东岸建立了一个强大的桥头堡。在此部署重兵对于保卫机场是大有好处的，日军进攻部队如果不先行拔除这个据点，那么攻击机场时就会遭到美军从背后发动的袭击。至于南边的突击营岭，因为有了第164团的增援，防守力量已大大增强。机场东部的敌军已被基本肃清，如果日军企图迂回，那么广阔的热带雨林将是日军最大的敌人……范德格里夫特现在手头有5个团外加2个营，战斗人员数量和日军大致相等。如果他们能顶住日军的进攻，同时太平洋舰队能有效地阻止日本舰队对瓜岛的炮击并给岛上送来补给的话，那么胜利也并非遥不可及。

百武的攻击方案几乎就是川口计划的翻版，只是由东向西变成了由西向东。日军兵分三路，主攻方向还是选在了正南，也就是突击营岭的方向。为了能够隐蔽行进，以期获得最大的奇袭效果，这一次日军迂回路线非常远，远远地绕开了美军的防线和巡逻队，但是他们还是犯下了同川口一样的错误——各部在进攻中极度缺乏协调与配合。

马塔尼考河东岸据点的陆战队员，在10月20日确认3日军进攻即将开始。对日军的进攻他们并不感到意外，但是这次日军居然出动了坦克，倒着实出乎了他们的预料。20 日晚上，他们听见了西面传来坦克的隆隆噪音，日军在 2 辆坦克伴随下试图打开通路，陆战队立刻使用 37 毫米战防炮迎击，击毁坦克一辆，迫使日军撤退。

但是日本人在次日晚上再次卷土重来，又在被摧毁一辆坦克后撤退。美军完全没有料到日军会动用坦克，为了能有效应付坦克的冲击，22 日白天陆战 1 师把装备 75 毫米炮的 M3 型半履带车调到桥头堡阵地，同时还调来了一些 37 毫米战防炮。但是当天日军并未发起进攻，美国人开始还以为是日军的后续部队未能及时紧随坦克而来，不过后来才知道这是因为“预定总攻击时间”未到的缘故。

陆战队员们苦等了 2 天时间，23 日入夜后不久，这出好戏终于开场了。先是炮火，这次炮火准备用日本人自己的话来说是“整个战争期间不多见的”。可是陆战 1 团并未被压制住。炮击过后，日军准备发起冲击了。如同突击营遇到的情况一样，河对岸传来了日本兵野兽一样的叫喊，他们冲出丛林奔向岸边。几辆日本坦克也伴随着步兵一起冲了过来，美国人别无选择，唯有呼叫炮兵火力支援，不到 2 分钟，机场上的 105 毫米和 155 毫米火炮的炮弹就呼啸而来，美军阵地上的 75 毫米炮和 37 毫米战防炮也适时地开火反击。日军轻型坦克缺乏有效的装甲保护，很快就被美军炮火击毁。只有一辆坦克冲过了沙洲开上了美军的阵地。但一名陆战队士兵将一颗手榴弹丢到了坦克的履带下面，炸坏了坦克的行走系统，于是坦克无法前行移动，只能原地打转，并很快被击毁。在进攻一开始，日本人就失去了他们仅有的装甲力量，余下的日军被迫接受着美军炮弹的洗礼，陆战队第 11 炮兵团可是为他们准备了充足的炮弹。

一队日军试图绕道上游，但是这完全在美国人的预料之中，在美军猛烈炮火下这一股日军很快遭到覆没。日军原本预定和西面攻击同时发起进攻的南面主攻部队，却一直延迟到 24 日午夜前才进入到预定位置，并在午夜时间发起攻击。美军守卫南线的是两支比较缺乏作战经验的部队：陆军 164 团 3 营以及陆战 7 团 1 营，美国人确实没料到日军会从这里发起进攻。但是美军戒备森严，日军原本以为突袭一定能收到效果，因此在辛苦穿越丛林后未及休息就投入进攻，可是美军迫击炮火和机枪火力的准确打击立刻给这股已经疲惫不堪的日军主力部队以迎头痛击。在发现美国人早有准备之后，日军只得退回等待后续部队，准备次日夜间发动正面进攻。

25 日上午，日军飞机照例“光顾”机场到处扫射和投弹，而且就连拉包尔方向开来的驱逐舰也大模大样地开到海峡里来炮击。这可是自从亨德森机场进驻航空队以后从未有过的事情。憋着一股气的工兵营尽全力修复机场跑道，到了中午时分，已经能勉强允许飞机起降了。于是“仙人掌”航空队立即驾机升空，在轰跑了日本军舰之后，野猫式战斗机爬升到高空，等待着日军轰炸机来引颈待戳。这一天的空战结果大快人心，美机以极小的代价击落了 10 多架日机。但是随着太阳渐渐落下，陆地上的新一轮苦战就要开始了。日军的攻势从 22 时开始，比前一天夜里的攻击略微靠东一些，直接进攻矛头直指陆战 7 团 2 营和 3 营的防守区域。日军先是使用迫击炮和掷弹筒进行短促轰击，然后一浪接一浪冲锋。但是日军的第一波攻击一开始就遇到了麻烦——先头部队撞上了美军在上午刚刚新设的一道铁丝网，于是攻势立刻被遏制住了。随后美军的机枪将被铁丝网拦住的日军统统扫倒，如同收割稻草一般。这一波攻势随即被瓦解，但是日军很快又重整旗鼓继续冲锋……这一夜的类似冲击至少进行了 7 次。到了 27 日凌晨的时候，日军终于凭借数量上的优势冲入了两个营的结合部，并占据了山脊中央的一小部分。但是这并不意味着突破成功，因为山脊本身还掌握在美军手里。陆战 1 师现在已经没有预备队可以调遣，但是不愧其是海军陆战队，师部一个参谋不到一刻钟时间就组织起了一支拥有 2 个连兵力的部队——由司机、文职人员、厨师等组成的临时部队。这些陆战队的勤杂人员一样能征善战，因为陆战队每一个成员都要接受严格的军事训练。在这股生力军的努力下，渗透进来的 100 多个日本兵均在日出前被肃清。天亮后在撤出战斗的过程中，日军遭到美军持续不断的打击，最后撤下山岭的人屈指可数。这一次的战斗就此收场，日军伤亡至少有 6000 人，而美军的伤亡却不超过 500 人。

开始的结束

日军最精锐的第 2 师团是海空军联手，费尽力气才送上瓜岛的部队，就这样被打残废了……如果说日本人学到了什么教训的话，那也只是使他们觉得必须要有更多的船舶、更多的飞机，掩护更多的部队上岸去。这一次他们打算运 2 个师团上岸，然后发起更大规模的进攻。但是，这一切都随着日本海军的溃败而宣告终结。

11 月 13 日，日军一支强大舰队接近了瓜岛，但是这一次日军的炮击计划未能得逞，美国海军的一支巡洋舰编队拦住了他们的去路，随后爆发了激烈的炮战。卡拉汉和斯科特两位海军少将搭上了性命，但是他们以及其他在这次海战中牺牲的水兵以生命换来了一次宝贵的胜利。日军遭到重创的“比睿”号战列舰在次日自沉，日军的夜间炮击舰队遭到了首次挫败，当天晚上没有一颗炮弹落到亨德森机场。

虽然次日晚上日军的重巡洋舰编队对机场进行了近 40 分钟的炮击，但是亨德森机场仍能正常使用。15 日，运送 2 个师团的 12 艘运输船被美军侦察机发现。在随后的美机攻击中被击沉 8 艘，剩余的 4 艘拼死开到塔萨法隆加并搁浅。

当天晚上，联合舰队遭到了另一个灾难。前一天晚上被击溃的舰队，在山本五十六的严令下回来继续执行炮击任务，但是这次他们遭到了美国海军战列舰队的阻击……在“华盛顿”号战列舰406毫米重炮之下，“雾岛”号战列舰变成了一堆燃烧的残骸。日军继续运送部队上岛的企图也成为了泡影。因为运送师团规模部队以及补给和装备的任务，不是驱逐舰所能胜任的，必须是速度低但易遭打击的运输船。

11月，美军援兵陆续在瓜岛上登陆，陆战1师已经不再是瓜岛上唯一的作战单位了。在苦战了4个月之后，陆战1师将一个完整的亨德森机场，甚至可以认为是已经到手的瓜达尔卡纳尔岛，交到了兄弟部队的手上。

第一批上岛的陆战队中，1943年1月31日最后一个撤离的单位是陆战2团。当然，休整只是暂时的，战争还在继续。同样地，瓜岛的故事也还未结束，结束的只是“属于陆战队的”瓜岛故事而已。

塔拉瓦

1943年10月，陆战2师离开丛林已经整整7个月了，大多数人开始怀念起在丛林的泥泞中苦战的日子。经历了1942年底到1943年初在所罗门群岛的殊死搏杀之后，整个1943年的大部分时间，太平洋战场都呈现着僵持状态。美日双方都在全力恢复舰队实力和训练新的作战部队。8月初，美军参谋长联席会议决定，将海军陆战队第2师和陆军步兵第27师调归第5舰队，准备用于自太平洋中部地区发起的对日反攻作战。

“史密斯”作战

当然，这个作战名称只是士兵间流传的一个玩笑，因为第5两栖军的军长以及陆战2师、步兵第27师两位师长都姓史密斯，结果士兵们就想出了这样一个外号。在正式场合和史料中，都把攻占吉尔伯特群岛的作战计划称作“电流”作战。

11月1日，运送陆战2师的16艘运输船从新西兰的惠灵顿港起航。第一站是新赫布里底群岛的埃法特岛维拉港，那里是盟军的后勤基地，运送战斗物资和给养的运输船正在那里待命。而第5两栖军的另一个作战单位，陆军第27师此刻也搭乘着自由轮，正从珍珠港航向新赫布里底的路上。

舰队在埃法特岛的锚地上等待了几天，在迎来第27师的船队之后，“电流”作战

1943年11月，陆战队在塔拉瓦登陆，这是激战过后的狰狞战场

正式启动。

“舰队将前往‘海伦’，即刻启航！”“海伦”这个代号对于士兵们来说，并无任何意义。直到起航3天之后，南线舰队指挥官才宣布了真正的目的地，不过这一样没有意义，同陆战1师刚去瓜达尔卡纳尔岛一样，有谁会认得那种地方？

舰队司令霍华德少将似乎很自信，“我们不是要中和这个岛，也不是想毁灭这个岛，我们只不过是想把它涂抹掉罢了”。就海军方面来看，这种自信似乎也不是没有道理，至少配属给两栖编队的是开战以来最强大的支援舰群，合计有5艘护航航母、3艘战列舰、5艘巡洋舰、21艘舰队驱逐舰。他们还能获得强大的第50特遣舰队的支援，这支舰队拥有5艘最舰队航空母舰和5艘轻型舰队航空母舰。如此规模的海军舰队，霍华德少将确实有狂妄的资本。

11月19日，舰队浩浩荡荡开过赤道。塔拉瓦环礁就在前面不远的地方了，当天傍晚，3架来自于塔拉瓦的日军巡逻机飞临舰队上空。不过美国人对此不以为然，毫不理会这些嗡嗡叫的大家伙。

日本巡逻机向塔拉瓦和东京大本营发出警报，依照早先制订的防御计划，日军从拉包尔基地出动远程轰炸机（主要为一式陆攻），联合舰队也将从特鲁克启航迎击。无奈，由于在抗击美军布干维尔岛登陆作战中损失了太多的轰炸机，拉包尔的日军航空队尚未恢复元气，对于支援整整4000公里外的友军这种任务，实在是有心无力。而联合舰队方面，由于急需培训舰载机飞行员和重新组建遭到严重打击的机动舰队，也无力承担出击吉尔伯特群岛的任务……似乎吉尔伯特群岛上日本守军的命运算是已经决定了，但这并不意味着他们会束手待毙。在塔拉瓦环礁的主岛贝蒂欧上，日军的防御司令官柴崎惠次海军少将早已作好了充分准备，他指挥着2500人的正规部队，包括松尾敬公大佐指挥的第6横须贺陆战队和管井武男中佐指挥的第7佐世保陆战队，另外还有1个工兵营和近千名朝鲜劳工，岛上日军的总数达到4500人。从进驻之日起，连续18个月的修筑已经使1.18平方公里的贝蒂欧岛成为了一个坚固的要塞。柴崎已经预计到了可能受到的攻击，他警告部下们“必须作好抵御100万人100年的进攻准备”。

只不过是想把它涂抹掉罢了

塔拉瓦环礁就在前方的海面上，最清晰的莫过于这次进攻的目标——贝蒂欧岛。这是塔拉瓦环礁上最大的一个海岛也是其防御的核心，可即便是如此，从军舰上望去它此刻还只是远处黑乎乎的一团。这个岛的外形就像一只面朝北头朝西的海鸟，从“鸟”的腹部延出一条长堤似的栈桥，一直通过了岛屿外泻湖内的暗礁部分，延伸到湖内的深水区，好似“鸟”的爪子一样。同在瓜达尔卡纳尔岛那种地形完整的大陆型岛屿比较起来，这个岛显得非常渺小，长度接近4公里，最大宽度也只有800米。很多人都怀疑，攻占这巴掌大的一块地方，有必要出动整个陆战2师吗？

11月20日凌晨4时30分，陆战队员们在攻击发起前起床用早餐，然后照例擦拭武器，整理装备。现在，陆战队员手中握的已经是先进的M1加兰德半自动步枪，此外还大量装备了性能可靠而且威力十足的汤姆森冲锋枪。

5时07分，战列舰“马里兰”号开始弹射舰载水上飞机，以便为之后的舰炮射击进行弹着观测。伴随着闷响和闪光，水上侦察机起飞。随之而来的却是岛上射来

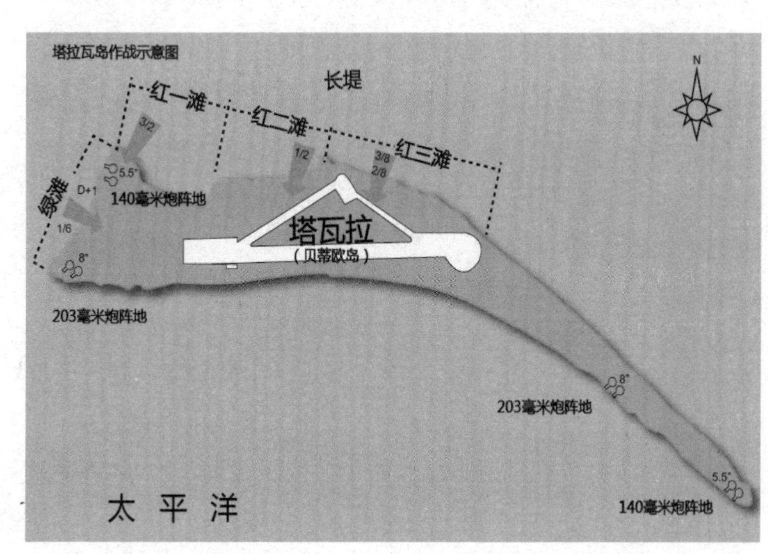

塔瓦拉战役作战示意图

两栖突击车从LST中放了出来准备编队抢滩

塔拉瓦岛登陆战时正在涉水上岸的美军陆战队员

的猛烈炮火，日军显然已经处于高度戒备状态，他们将飞机弹射时产生的火药闪光当作了美舰射击的闪光，立即开始还击。

先是一个水柱从一条运输船一侧升起，然后是无数的水柱出现在各舰周围。152毫米和203毫米炮弹呼啸着飞来，落入水中爆炸，弹片乒乒乓乓地砸向船只的甲板、外壳以及上层建筑物，打得甲板上的人们纷纷寻找掩护。贝蒂欧岛上安装有日军从新加坡要塞搬来的维克斯203毫米海岸防御炮，这组大威力的岸炮被安装在“鸟的后脑勺”部位，构筑成一个强大的炮台。同时，在“鸟身”与“鸟尾”的衔接处，还有一个由6英寸炮组成的炮台。另外，在这只“鸟”向着大洋方向的其他各个部位，也零散分布着152毫米口径和120毫米口径的各种火炮。这会儿，这些大炮正冲船队轰得不亦乐乎。

美国舰队当然也不是省油的灯，“田纳西”“科罗拉多”以及“马里兰”号战列舰开始向岛上回敬356毫米和406毫米重炮。随着战列舰开火，巡洋舰与驱逐舰队也一同开始炮击。一时间这个尚不及曼哈顿岛大小的珊瑚岛上火光不断，到处都是炮弹爆炸的闪光和腾起的烟尘。在第5舰队旗舰“印地安纳波利斯”号上观战的舰队参谋长查尔斯·摩尔上校对此印象深刻：“到处在起火燃烧，椰子树被烧死。岛上似乎已不可能有生物存活——部队正在靠岸，看来只要走上岛就行了。”

5时45分，舰炮射击戛然而止。依照计划，第50特遣舰队和护航航空母舰上的俯冲轰炸机将对岛上目标进行轰炸，所以舰炮必须停火，以便烟尘散去后使俯冲轰炸机能搜寻到目标。可是计划中的空中打击却没有按时到来，岛上一度被压制的火力渐

登陆滩头一瞥，近处是隐藏在两栖车后的陆战队员，远处是起火燃烧的两栖车

渐开始复活，朝着驶近岛屿并开始释放登陆艇的运输舰猛烈射击。运输舰只得转向驶出岸炮射程，以规避炮火。大约在6时过后，姗姗来迟的美军舰载机终于出现。这些飞机俯冲下来，向着一切可以看见的地面设施投掷炸弹，电台、水塔、观测站等尽皆被毁，空中打击只维持了7分钟，之后飞机离去海上炮击继续进行。

7时刚过，掩护舰队开始向泻湖里运动。扫雷舰“追踪”号和“必需”号开道，驱逐舰“林格德”号和“达希尔”号紧随其后，殿后的还有一艘潜艇。这只小舰队从“鸟尾”处的深水航道闯入珊瑚礁内，为满载登陆部队的运输舰开道。日军并未在“鸟腹”部位设置大口径岸炮，但是却布置有大量57毫米[①]或者37毫米的战防炮。这些口径小但是贯彻力强的火炮对着这队贴近海岸航行的军舰不断射击，并且多次命中。好在这些火炮的杀伤能力极其有限，对于军舰来说，即使多次命中也无关痛痒，只不过对于登陆艇和两栖输送车来说，这种小型火炮还是很有杀伤力的。突入泻湖的小舰群原本的任务是释放烟雾，以掩护从“鸟腹”部发起攻击的登陆部队，无奈当天风向不配合无法形成有效的烟雾。舰队不得不留在了泻湖内，以便为登陆行动提供直射火力掩护。

登陆舰队穿越6英里的泻湖在环礁内集结，由于即将投送部队上岸，因此支援舰队的炮火渐渐平息了下来。到那时为止，支援舰队对于贝蒂欧岛的猛烈轰击已经持续了近3个小时。大多数美国人都相信岛上的日军已经被炸得粉身碎骨了。“岛上还活着的不超过50人。”一位美国海军的舰桥执勤官这样说道。

登陆时刻从最初预定的8时30分，推迟到了8时45分，又推迟到了9时，海面上排列着93辆“短吻鳄”两栖输送车，第一波登陆部队已经整装待发。

①这多半是被埋下当作固定掩体的97式坦克。

强攻

登陆场从左到右分成 3 块——红一区、红二区、红三区。

红三区为“鸟腿”右侧一直延伸到身体同尾巴的结合处，这里将作为第一批上岸部队的登陆地点，负责攻击此段的是陆战 8 团第 2 营；“鸟脖子”到“鸟腿”处则是红二区，作为第二批登陆部队陆战 2 团 2 营的攻击地点；红一区位于“鸟嘴”到“鸟脖子”这一段，为第三批登陆部队陆战 2 团 3 营攻击地点。

最初的 3 个攻击波次，人员由两栖输送车投送上岸，后续部队搭乘登陆艇上岸。海上有战列舰与巡洋舰，空中有俯冲轰炸机，登上这个已经被炸得面目全非的岛屿似乎易如反掌，但是美国人很快就意识到自己错了。

红三区的登陆过程很顺利，塔拉瓦沉寂得如同一座坟墓。水中航速仅 4 节的两栖车没费多大力气就将人员全送上了滩头。随后第二波次的登陆地点在红二区滩头，但是在运载着陆战 2 团 2 营的两栖车开往滩头的时候，整个塔拉瓦好像突然活了过来，岛上各个隐蔽的机枪和战防炮开始向这些在水中“蠕动”的两栖车猛烈射击。虽然一开始射击还很散乱而且缺乏准头，但是日军显然已经从之前可怕的猛烈炮击中恢复了过来。尽管有些损失，大多数两栖车还是开上了红二区。

运气不错的陆战 8 团 2 营从滩头向机场方向小心翼翼地推进了大约 80 米，但是他们很快就发现自己陷入了日军的火力网中，遭到来自于三面火力的猛烈射击。绝大多数士兵被迫就地寻找掩蔽，于是 2 营的攻击势头基本被阻止住了。由于遭到日军密集火力拦截，第 2 团 2 营的伤亡比较大。不过这个营基本上算是在滩头站稳了，尽管暂时无法向内陆推进，可是日军也不能轻易地赶他们下海。幸运的是，红二区和红三区之间的栈桥此刻已经被美国人控制，日军无法以此为支撑点阻隔两个滩头上的美军。这全是仰赖一个突击排的奋战，由霍金斯中尉领导的这个侦察突击排在大部队登陆前 15 分钟发起攻击，他们从栈桥最北面的水上飞机区上桥，然后以巧妙的战术配合肃清桥上的日军，最后夺占了整个长堤。

红一区的登陆部队可就没有另外两处的友军那么幸运了。日军在“鸟嘴”部位的 37 毫米战防炮和 75 毫米榴弹炮阵地因为贸然向驶近的“达希尔”号驱逐舰射击，导致过早暴露目标而被该舰的抵近轰击破坏殆尽，因此登陆这一区域的陆战队员们伤亡很小。可是在“鸟脖子”部位登陆的部队却遭遇到了可怕的阻击。这一部位是岛上唯一的“海湾”区，配属有整个塔拉瓦最密集的火力防御体系。第 2 团 3 营企图从“鸟脖子”登陆的两栖车队，遭到了来自 3 个方向的炮火袭击。10 多辆两栖车在数分钟内被先后击毁，陆战队员们跳出被摧毁的座车涉水上岸，结果不少士兵在涉过齐胸深的浅滩途中被日军的机枪击中，一时间连海水都被染成了淡红色。运气比较好的人通过浅滩到达了唯一能够获得掩蔽的地方——沿高潮线修筑的一道 4 英尺（约 1 米）高的圆木墙。沿着这堵墙大约躲着 200 多人，面临着进退维谷的窘境。

上岸的美军急需支援，可是低潮位却不允许登陆艇靠近，而可以凭履带开过浅滩的两栖车数量也有限。无奈之下，指挥部下令原计划第 4、第 5 批次上岸的士兵们徒步涉水进行增援。这可实在是一项要命的任务，一般情况下即使没有任何装具，从齐胸深的海水中涉过 800 米然后上岸都不是一项轻松的工作，而现在，陆战队员们还要背负沉重的装具在日军的炮火之下完成这项任务。

只有少数幸运的人能够在日军的机枪与炮火封锁下冲上贝蒂欧岛，日军的机枪子弹不时掠过海面，不断有人中弹倒下，最后指挥部终于决定放弃这种无意义的冒险，等待天黑后再对岛上的士兵进行支援。时至中午时分，登上贝蒂欧岛的 1500 余名海军陆战队员已经伤亡了至少 400 人。更为麻烦的是，军官伤亡严重而且缺乏有效协同，几乎不可能再依照建制进行作战了。

等待转机

为了更有效地指挥岛上的作战，重新建立起指挥系统，10 时 30 分左右，陆战 2 团团长修普（Shoup）上校搭乘两栖车登上长堤并在那里建立了司令部。

但是指挥部却连一部堪用的电台都没有。TBX 型近距步话机和 TBY 中距电台性能都不可靠，一旦浸入海水后就会失灵，结果修普好不容易才组建的岛上指挥部根本无法同指挥塔拉瓦作战的旗舰“" 马里兰”号进行联系。上岸部队中的通讯兵也几乎全数伤亡，所以修普同其他两个滩头阵地的联系时断时续，而同红一区的 2 团 3 营压根就无法联系上。折腾到中午 12 时左右，岛上的作战司令部参谋费尽千辛才找来了一台还能使用的步话机，修普同旗舰联系时的第一句话就是“请求尽可能多的火力支援”。

午后，修普终于迎来了他急需的支援，这也是迄今为止最可靠的支援——2 辆谢尔曼坦克。坦克在这种珊瑚礁上的作用当然不是突击，在贝蒂欧岛上它的最佳用途就是当作移动火力发射点。拥有装甲保护，坦克根本不惧怕机枪火力，即使是 37 毫米和 57 毫米战防炮也很难对它造成伤害。为夺占长堤而立下奇功的霍金斯中尉带领着他的那一排人，现在正由这两辆宝贵的坦克开道，由红二区的最西端从侧翼向红一区小心推进着。

另一方面，位于泻湖之外的支援舰队主力，也开始再次向岛上轰击。这次的炮火多集中在岛屿的北侧，被小心翼翼地控制在登陆美军控制区以南 100 米处，尽管这种炮击的效果已经被证明多半仅是心理威慑。就这样，上岛的陆战队一寸一寸、一米一米地扩展着狭小的控制区。

下午 5 时，熟知日军战术的修普下令岛上各部停止攻击，就地组织防线，以应付日军必然在夜间发动的反击。对于控制区域非常有限而且立足不稳的上岸美军来说，一次有组织的大规模夜间突袭将会对整个行动产生毁灭性打击。但是修普上校所不知道的是，这种巨大的潜在危机已经被意外地化解了，海军盲目发射的猛烈炮火虽然无法摧毁岛上的日军工事，但是却切断了岛上日军各部之间的联系，日军电话线被全部炸断，在猛烈的炮击中，日军传令兵要想离开掩蔽部传达命令，也都成了妄想。

当夜，缺乏集中指挥的日军各部，在毫无组织的情况下发动了零星的夜间突袭，结果均被美军击退。但在这一天晚上，美军本来寄希望获得的夜间支援，也因为种种意外而未能到达。海面上熊熊燃烧的车船、岛上起火燃烧的油库，再加上头顶上高悬着的那一轮满月，使得往来奔波于长堤，努力为岛上同伴输送给养与物资的美军士兵无所遁形。日军的重机枪和战防炮火力，彻夜朝着在堤道上来回奔走的美军士兵射击。日军的火力封锁使得登陆部队可以获得的补给极其有限，但是他们还是得到了必需的弹药和其他给养，起码可以坚持下去了。

伴随着 11 月 21 日的到来，一切似乎同前一天一样。战斗在继续下去，海军陆战队还得从日军手里一寸一寸得争夺这个小岛上的土地。没有人知道战斗还会持续多久，但是总得打下去，直到分出胜负为止。

D+1 日

这一天清早，美国人所要做的第一件事情就是对堤道西北侧一艘搁浅的日舰投掷炸弹。这条小船在 20 日攻击一开始即被美军的鱼雷机击毁，但是少量日军在 20 日晚间借着夜色潜入了那条船的船体中，利用舰上尚能使用的武器不断袭击堤道旁往来转运物资的美国舰艇。在一队舰载机的轰击下，这艘小船终于被彻底摧毁，但是残骸中还有少数日军用步枪不断骚扰堤道上的美军，直到下午美国人抽调出兵力专门扫荡了那条船的残骸为止。

转机出现在红一区。这里原本是令美国人伤亡惨重的区域，却因为海军在之后的

1944年2月1日，陆战团22团在那慕尔礁登陆

重点照顾而成为了最终得以占领全岛的突破口。由于炮击重点被集中在了岛屿的西北端，所以这一地域的日军防御体系在反反复复的炮击下终告瓦解。因此，从“鸟嘴”部位上岸的美军，惊讶地发现自己面前的日军防御体系已经被撕开了一个大缺口，白天被压制在海湾堤坝下的上百名陆战队员，在天黑后陆续向西转移同位于“鸟嘴”部位的友军汇合，逐渐形成了一股能够打开贝蒂欧岛上僵局的关键性力量。这里的美军并不全是属于陆战2团3营，2营的一些单位因为航道太右偏结果稀里糊涂就上了红一区，而3营营长和营部成员却因为规避炮火而导致航道左偏，结果登上了红二区。现在，“鸟嘴”部位的陆战队员由富有经验的资深连长雷恩（Ryan）少校统一指挥。

21日黎明，美军支援舰群再次猛烈轰击“鸟嘴”南侧地区。203毫米、356毫米，乃至406毫米炮弹不断在这块狭小的区域内爆炸。在炮击过后，临时混编而成的2团3营在雷恩的带领下跃出掩蔽部，一寸一寸向南突破。这份努力最后取得了成效。大约在中午刚过的时候，雷恩向旗舰报告说“已经控制了绿滩”。绿滩位于整个贝蒂欧岛的最西面，差不多相当于“鸟脸”的位置，雷恩少校的部队已经占领了整个绿滩纵深大约150米。绿滩不在泻湖内，因此航道水深足够让登陆艇开上去，显然这一成功无疑是具有非凡意义的，大感振奋的司令部立刻下令将增援部队送上绿滩。

负责增援的是陆战6团1营。午后，这支部队进入贝蒂欧岛的西侧航道，向绿滩进发，并最终在绿滩北面登陆上岸（绿滩南侧铺设有大量水雷）。这支部队在转运和抢滩过程中没有遇到阻击，因此实力保存完整，更重要的是这支部队虽然目睹了岛上的惨烈景象，但依然士气高昂。

位于“鸟腹”部位的两个营却还未能结束他们的苦难。借着并不可靠的夜色掩护，

担负直接空中掩护掩护的陆战队飞机向日军投下燃烧弹

美军正在与日军激战

船队通过长堤送来了补给品并向后方转送了部分伤员。还在一个地堡内，建立起了一座战地医院，1 名军医和 3 名医护兵在里面连续工作了将近36个小时，处理了 100 多名伤患。但是战斗还在继续，陆战队员们必须一个一个地攻破日军坚固的防御工事。

日军建筑的堡垒往往拥有非常好的伪装，射击孔也不明显。很多时候，陆战队员们会发现自己赖以庇护的土堆居然是个暗堡。当然，一旦它向美国兵开火也就意味着彻底暴露。如此严密伪装的碉堡，自然也存在射界狭窄的缺点，日军采用在两侧修建地堡互相掩护的办法来解决这个缺陷。于是日军地堡越修越多，最后成为一个严密罗织起来的火力网。面对固若金汤的防御体系，要突破必须选择关键点上一两处缺乏掩护的地堡将之摧毁，然后从侧面逐渐敲掉那些可以相互支援的堡垒。这实在是一项令人头疼不已的差事，为了炸毁一个防护严密的地堡，有时候可能会花上 1 个多小时的时间，为了前进 50 米，有时得花费数小时。但纵使如此，美国人还是一步步由北向南推进过去。

在一整天内，8 团 1 营一直努力地通过长堤以及涉水通过浅滩在贝蒂欧岛登陆。红一区和红二区位置临近海岸的日军火力点已经被基本消灭，但是“鸟尾”处日军的火力网还完好地存在，形势比前一天只能说是略有好转。午后潮水终于上涨到了必要的高度，登陆艇可以开上滩头了，岸上最需要的坦克终于可以上岸了。

随着潮水上涨，海军也赶来凑热闹。在 D 日夜间，又有 3 艘驱逐舰加入到“林格德”号和“达希尔”号组成的小舰队之中。5 艘驱逐舰趁着上涨的潮水逼近到距离海岸几百米，用直射炮火对着日军坚固的火力点猛烈射击。

随着大批援军搭乘登陆艇上岸，形势彻底倒向美国一方。当天黄昏的时候，来自于红二区与红三区的部队终于同红一区的友军在机场以南的海岸上会合。“鸟身”部位的日军已经被陆战队员们从后面包围了，但是随着暮色降临，美国人再次就地挖掘工事，因为日军在夜晚的袭击已经像钟表一样准确。

蔚蓝色的墓地

如果说日军在 D 日夜间的袭击，因为指挥通信系统瘫痪而流产的话，那么 D+1 日夜间的反击就只能说明贝蒂欧岛上日军的溃灭已经是时间问题了。D+1 日夜间，日军已经无力发动夜袭，只有少数日军散兵爬出他们的掩蔽部偷偷渗入美军的战线。但是这种行动仅有的收获就是美军缺乏保护的战地医护人员和随军牧师受到了袭击。稍有规模的一次袭击，几十个日军敢死队员在一名军官的带领下冲到了位于堤道顶端的美军战地医院附近，迫使那些轻伤员拿起武器来保护同伴，这股日本兵最后也没有能逃脱覆灭的命运。

美军采用的战术非常简单，就是利用手中的走廊型区域调来攻击部队，然后选择若干个点投入部队将敌防区再作切割，直到完全控制各个分割区域。增援部队陆续上岸，随之而来的还有坦克和安装有 75 毫米炮的半履带车。整个 D+2 日，美军只是在逐个扫清日军的火力点和地堡。攻占贝蒂欧岛只是个时间问题，结局已经毫无悬念。当天晚上，“鸟身”部位上的日军已经基本被肃清，残存的日军龟缩在海湾附近的一块袋型阵地中。这个阵地的中央就是岛上的核心地堡——柴崎惠次的指挥所。

此刻岛上的日本守军开始绝望，有些日军在白天跳出地堡向美军战线发起冲锋，希望死在敌人的枪弹之下。当然，美国人成全了他们。另一些日军则使用一些千奇百怪的方式自杀，比如用一颗手榴弹对着自己的腹部引爆。已经丢光了手榴弹的日军显然无法采用那么简单的方式了断，但是人要想死总是不难的。他们中的多数人选择了用步枪自杀，将枪顶着自己的下颚，用大脚趾扣动扳机……

D+2 日的战斗预示了登陆战即将结束，但是即便人员和装备已经遭受了无比惨重的损失，日军还是进行了夜间袭击，而且是 3 天内最为猛烈的一次夜袭，攻击方向集中在了第 6 团 1 营 B 连的阵地前。

贝蒂欧岛上的激烈战斗的阵地

夜幕刚刚降临，大批日军

尼米兹将军（中）视察刚刚结束战斗的塔拉瓦

就冲出地堡挥舞着军刀或端着刺刀冲向美军阵地。美军发挥自动武器的威力，击毙了许多日军，可是架不住这些疯狂士兵们一波又一波的冲锋，最后还是同他们展开了肉搏战。好在B连的陆战队员都是在瓜岛打过仗的老兵，并不怎么畏惧日军的白刃战。双方使用军刀、刺刀、手枪，甚至枪托和牙齿，进行了一个多小时的苦战，日军的攻势终于被击退。但这并不算完，残存日军凭借着在A连和B连结合部占据的一小块阵地，又多次发动夜袭冲击美军的防线。

为了阻止日军的疯狂行为，环礁内的军舰在夜间冒险向岛上日军反扑区域轰击，美军阵地后方的迫击炮群也不断轰击6团1营阵地前沿，有些炮弹落点距离美军阵地还不足20米。但是即便如此日军还是屡次试图发起冲击，为此他们蒙受了巨大的伤亡。

在岛上的其他地方，这一夜还算平静，“鸟尾”上的日军被美军严密封锁，并未轻举妄动，因此对他们来说这一夜是在美国军舰不断发射的照明弹光芒中平安度过了。现在的贝蒂欧岛，除了在海湾处宽度不超过200米的最后袋型阵地外，剩余的日军均被压缩在“鸟尾”处。岛屿主体部分和机场上的日军，均已经被肃清。

当23日的太阳升起的时候，美国人和岛上残存的日本人都很明白，这场残酷战斗即将落下帷幕。

美国人现在要做的不再是占领，而是肃清残敌。日出后，对日军指挥所所在的袋形阵地的最后攻击即告展开。因为在前一天午夜和黎明的逆袭中损失了大量的有生力量，日军在海湾地区已经无法组织起有效的抵抗。

“我们的武器已经被毁。从即刻起，人人准备最后的战斗。日本帝国万岁！”柴崎少将在他的地堡里，向东京大本营发出了最后一封电报。之后不久，他的地堡就遭到美军坦克的轰击。坦克推土机将大量砂石推向这个岛上最大地堡的射击孔，之后几个美国兵爬到了地堡顶部，朝着通风口内灌进汽油并投下手榴弹。在震耳欲聋的爆炸声中，柴崎惠次与同在地堡内的其他200多人全部身亡。

对于“鸟尾”部分的肃清并没有费多少力气，持续的炮击已经使那里化为一片焦土。

11 月 23 日，也就是 D+3 日中午 12 时 35 分，修普上校向司令部报告，已经控制了岛屿的全境。之后虽然还有零星的残敌躲藏于碉堡的废墟内，可再也没有发生过可以被称为战斗的交火了。13 时 12 分，两栖部队司令官霍兰·史密斯少将向本土发报，宣布陆战队已经占领了塔拉瓦环礁。

整个贝蒂欧岛登陆战历时 75 小时 45 分钟。为了这块仅 1.18 平方公里的珊瑚礁，陆战队总计付出阵亡及失踪 984 人、受伤 2072 人的惨重代价，如果计入为了夺取马金岛所付出的牺牲，那么死亡总数将超过 1300 人。陆战 2 师的官兵用鲜血记录了这次胜利的代价，守卫贝蒂欧岛的大约 4500 名日军，全军覆没。被俘的 145 人中仅有 16 名士兵，他们多半是因为重伤失去知觉或者被爆炸震昏失去反抗能力而被俘的，其他 129 人均是韩国劳工。

血战硫黄岛

硫黄岛（也作硫磺岛），北距东京 1200 余公里，南距塞班岛 1100 余公里，东南距马里亚纳群岛 500 余公里，战略地位极其重要。岛长约 8000 米，宽约 4000 米，形状酷似火腿，面积约 20 平方公里，岛的南部有一座尚未完全冷却的死火山，叫折钵山，海拔 160 米，终年喷发着雾气，硫磺味弥漫全岛，故此得名。

在 1944 年前，日军仅仅把硫黄岛作为一个前哨基地，部署了陆军约 400 人，海军守备部队约 1100 余人和飞机 20 架。马里亚纳群岛失守后，硫黄岛的重要性日趋凸显，日军才开始大力加强其防御力量，3 月下旬将由厚地兼彦陆军大佐指挥的陆军步兵独立第 309 大队 4000 余人送上岛；4 月增派和智恒藏海军中佐率领的海军守备队 5000 余人；5 月岛上陆军部队增至 5170 人，装备各种口径火炮 13 门，轻重机枪 200 挺，海军守备部队的火炮也增加到 14 门 120 毫米海岸炮、12 门 100 毫米高射炮和 30 门 25 毫米双联装高射炮。6 月 16 日，硫黄岛的陆军部队整编为第 109 师团，由栗林忠道中将（Tadamichi Kuribayashi）任师团长，栗林在陆军大学时曾是获天皇恩赐军刀的优异毕业生，也是同期生中第一个晋升少将的，堪称日军将领中的佼佼者。7 月，陆军第 26 战车联队和海军第 27 航空战队也先后被调至岛上。截至 1945 年 2 月，日军在岛上有陆军 13500 人、海军 7020 人，共 20520 人，飞机 30 余架（堪用只有 2 架），近 600 门各型火炮，以及 11 辆 95 式轻型坦克和 12 辆 97 式中型坦克，由栗林统一指挥。

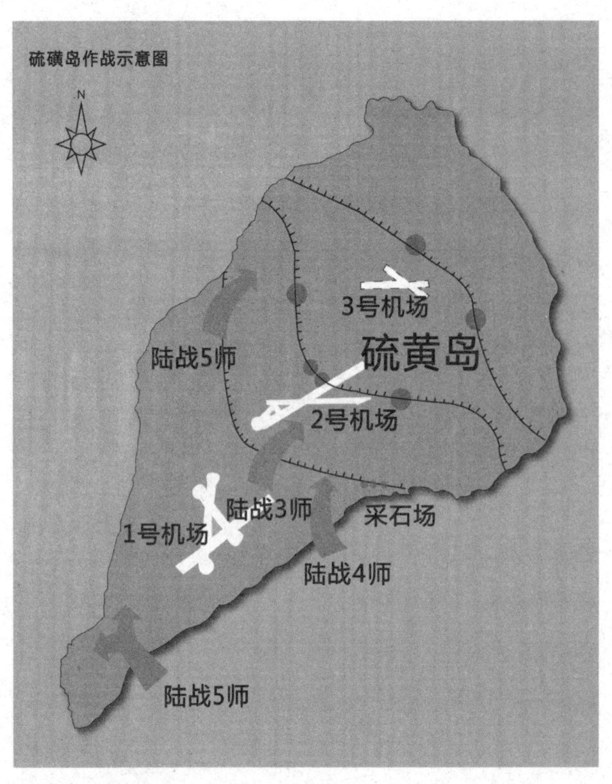

硫黄岛战役作战示意图

由于日本海空军主力在菲律宾战役中遭到了毁灭性的打击，已无力为硫黄岛提供海空支援，因此抗登陆作战要在几乎没有海空支援的情况下进行。栗林接受了海军工兵专家崛江其孝少佐的建议，防御工事多以地下坑道为主。以日军主要通信中心为例，建在深入地下约 23 米处，而且必须经过蜿蜒长达 150 米的隧道才能到达，通信中心顶部是厚达 3 米的钢筋水泥层，四壁则有 1.5 米厚的钢筋水泥墙。根据这种建议折钵山几乎被日军掏空，筑有的坑道就有九层之多。针对美军的作战特点，栗林在海滩埋设了大量地雷，以机枪、迫击炮、反坦克炮构成绵密火力网，所有武器的配置与射击目标都进行过精确计算，既能隐蔽自己，又能最大限度杀伤敌军。日军炮兵总共拥有 120 门 75 毫米以上口径重炮（备弹 10 万发）、130 门 81 毫米以上口径迫击炮（备弹 1.17 万发）、20 门 320 毫米臼炮（备弹 800 发）、40 门 47 毫米速射炮（备弹 2 万发）和 300 门 25 毫米以上口径高射炮（备弹 15 万发），并对一些美军可能的攻击线路都进行了预先标定，还对炮手进行了强化训练，使日军炮火精准异常。战时给予美军造成了极大的伤亡，战后美军对日军炮火之准确感叹不已。唯一不足的是，原计划元山地区的坑道工事只完成了 70%，而且折钵山与元山之间也没有坑道连接。

1945 年 2 月 15 日，栗林下达甲号部署令，各部队进入最高戒备。栗林一改日军在战争初期的死拼战术，规定了近距射击、分兵机动防御、诱伏等战术，还严禁自杀试冲锋，号召每一个士兵至少要杀死 10 个美军。栗林的这些苦心经营，确实给美军造成了巨大的麻烦，使硫黄岛之战成为太平洋上最残酷的登陆战役。

从 1944 年 8 月至 1945 年 2 月初，美军共出动舰载机 1269 架次，岸基航空兵 1479 架次，军舰 64 艘次，总共投掷炸弹 6800 余吨，发射大口径舰炮 2 万余发，其中 406

毫米炮弹203发、203毫米炮弹6472发、127毫米炮弹15251发。美军如此猛烈的火力轰击，在日军的防御工事异常坚固的情况下，效果十分有限，对岛上两个机场也没能予以彻底摧毁。日军总能在空袭后迅速修复，而日军也初步领略到了美军火力的滋味，更加倾注全力修筑以坑道为骨干的防御工事。

硫黄岛之战美军作战序列：

海军第五舰队

第52特遣舰队：布兰迪海军少将，两栖支援部队，担负炮火准备、扫雷、侦察、爆破等任务

第53特遣舰队：希尔海军少将，输送部队，担负输送登陆部队的任务

第54特遣舰队：罗哲海军少将，炮火支援部队，担负舰炮支援任务

第56特遣舰队：史密斯海军中将

第58特遣舰队：米切尔海军中将，航母部队，担负整个舰队的空中掩护任务

第93特遣舰队：黑尔少将，岸基航空兵，担负对登陆部队空中支援任务

第94特遣舰队：后勤部队，担负后勤保障

第5两栖军：军长斯密特海军少将，担负登陆后的地面作战

陆战3师：师长厄斯金海军少将

陆战4师：师长凯兹海军少将

陆战5师：师长洛奇海军少将

1945年1月起，准备参加硫黄岛作战的美军第5两栖军各师都开始了紧张的临战训练，特别对日军可能的战术进行了有针对性的强化训练。陆战第4、5师在夏威夷进行了多次两栖战斗演习，陆战5师28团还特别选择在酷似折钵山的地形上进行模拟攻击演练。1月12日至18日，参战部队在夏威夷地区进行了大规模的实战演习。2月上旬，又在马里亚纳群岛进行了一次以陆、海、空三军协同作战为重点的硫黄岛登陆战全程模拟演练。美军后勤准备也相当充分，仅特混舰队里的运输船就携带6万多吨补给物资。医疗方面有4艘医疗船和1艘辅助医疗船，不仅有专业医护人员和设备外，还在医疗船上设立了血库。

最初，斯普鲁恩斯和尼米兹都认为攻占这样一个弹丸小岛，不用费多大力气，但看了对硫黄岛的空中侦察所拍摄的航空照片后，才知道在这个岛上极可能存在不同寻常的防御系统。史密斯中将仔细研究了航空照片后，表示这将是最难攻占的岛屿，并预计要付出2万人的伤亡。

2月16日，威廉·布兰迪海军少将率领由6艘战列舰、12艘护航航母、5艘巡洋

舰、16 艘驱逐舰组成的火力支援编队到达硫黄岛海域，开始实施预先火力准备。每艘军舰分片承包，对已查明的目标逐一摧毁。为确保炮击的准确性，有几艘战列舰甚至在距岸边仅 3000 米处对目标进行直接瞄准射击。但由于天气状况导致视线不佳，岛上又是硝烟弥漫，预定的 750 个目标只摧毁了 17 个，炮击效果很不尽人意。日军只以部分中小口径火炮进行反击，大口径火炮出于隐蔽考虑，一炮未发。美军航空兵也对硫黄岛进行猛烈轰炸，岸基航空兵出动 158 架次轰炸机，集中攻击日军机场，舰载机则重点攻击了折钵山日军炮兵阵地。

2 月 17 日，美军水下爆破队在 12 艘登陆炮艇的掩护下探测海滩礁脉的航道，并清除水下障碍物，栗林以为美军登陆在即，下令大口径火炮开火，转瞬之间 12 艘登陆炮艇就沉 9 伤 3，艇员阵亡、失踪 44 人，伤 152 人。美军大为震惊，岛上的日军竟然还有如此猛烈的火力，立即对这些刚暴露的目标进行猛烈轰击。

2 月 18 日，舰炮轰击和轰炸达到最高潮。从 16 日至 18 日 3 天里，硫黄岛几乎完全被美军火力轰击的硝烟所淹没。据统计，美军在登陆前共消耗炮弹、炸弹 24000 余吨，硫黄岛上平均每平方公里承受 1200 吨。在如此猛烈的炮火下，日军却仅死伤 104 人，地面工事遭到严重破坏，地下工事却损失轻微。

2 月 19 日 6 时，特纳率领的登陆编队到达硫黄岛海域，斯普鲁恩斯和米切尔指挥的航母编队也到达硫黄岛西北海域。此时，硫黄岛出现了少有的晴朗天气，天高云淡，微风轻拂。

6 时 40 分，美军舰炮支援编队的 7 艘战列舰、4 艘重巡洋舰和 13 艘驱逐舰开始直接火力准备，航母编队一边担负空中掩护任务，一边出动舰载机参加对硫黄岛的航空火力准备。这次火力准备，时间虽短，但因为天气晴朗，目标清晰可见，效果比较理想。

6 时 45 分，9 艘装备多管火箭炮的登陆艇一口气向岛上倾泻了 95000 枚火箭弹。

在直接火力准备的同时，第一批登陆部队 8 个营完成了换乘任务。登陆滩头选在硫黄岛的东海滩，从折钵山山脚下沿海岸向东北延伸，总长 3150 米，从南到北依次每 450 米划分为 1 个登陆滩头，代号分别是绿一、红一、红二、黄一、黄二、蓝一、蓝二。陆战 5 师在南端的 3 个滩头登陆，穿越岛的最狭窄部，孤立或攻占岛南的折钵山，陆战 4 师则在北面的 4 个滩头登陆，攻击一号机场。

8 时 05 分，120 架飞机对海滩进行最后的航空火力准备。

8 时 30 分，第一波 68 辆履带登陆车离开出发点，向滩头冲击。舰炮火力以徐进弹幕（弹幕与登陆部队距离为 400 码）射击掩护登陆部队抢滩。

8 时 59 分，舰炮火力开始延伸射击。

9 时整，准时开始登陆，一开始非常顺利，日军的抵抗十分微弱，只有迫击炮和轻武器的零星射击，美军遇到的最大阻碍是岸滩上松软异常的火山灰，履带登陆车全部陷在火山灰中，难以前进。后面的登陆艇一波接一波驶上岸，却被这些无法动弹的履带登陆车阻挡，根本无法抢滩登陆。艇上的登陆兵只好涉水上岸。但好景不长，登陆的美军才推进了 200 多米，美军炮火刚开始延伸，栗林就下令部队从坑道进入阵地，根据事先早已测算好的数据，准确覆盖了登陆滩头。一时间，美军被准确而密集的炮火完全压制在滩头，伤亡惨重，前进受阻。

陆战 5 师因为比陆战 4 师晚了大约 20 分钟遭到炮击，而且炮火相对比陆战 4 师遭受的要弱，所以先头的 28 团 1 营得以利用这一机会，穿越岛上的最狭窄部，切断了折钵山与其他地区日军的联系，2 营随后向折钵山发起了攻击。而陆战 4 师在日军猛烈炮火阻击下，几乎寸步难行。就在危急时刻，美军的舰炮火力给了登陆部队以极其有力的支援。此次登陆，美军登陆部队每个营都配有舰炮火力控制组，能够及时召唤舰炮火力的支援，而空中的校射飞机也发挥了巨大作用，准确测定日军炮火位置并引导舰炮将其消灭。可以说，在太平洋战争历次登陆战中，舰炮火力支援从没有像硫黄岛登陆战那样有效。在舰炮火力的大力支援下，美军登陆部队艰难地向前推进，全天美军共消耗 127 毫米以上口径舰炮炮弹 38550 发，火力支援之强，史无前例。

激战之中的硫黄岛滩头

9 时 30 分，随同第一波登陆的坦克部队陆战 5 师坦克第 5 营 3 连登陆，共有 14 辆 M4A3 谢尔曼坦克、2 辆喷火坦克、装甲推土机和装甲救护车各 1 辆。该连在登陆时损失 2 辆谢尔曼坦克，主力于 14 时开始支援 28 团的进攻，在激战中被日军炮火击毁 4 辆谢尔曼。本该发挥巨大作

硫黄岛海滩上等待后送的美军阵亡者尸体

用的坦克，大都为火山灰地质所困，行动迟缓。美军只能依靠炸药包和火焰喷射器，一步一步向前推进，而每一步都要付出惨重的代价。

10 时 30 分，美军已有 8 个步兵营上岸，从左至右依次为 28 团 2 营、1 营，27 团 2 营、1 营，23 团 1 营、2 营，25 团 1 营、3 营。

11 时，风向转为东南，风力逐渐加大，给美军的登陆带来了不小的阻力，这时各团的预备队营正在登陆，许多登陆艇被强劲的阵风吹得失去控制，甚至倾覆，再加上日军炮火的轰击，滩头上到处都是损坏的登陆艇。而后续的物资和人员仍在按计划源源不断上岸，整个海滩一片混乱。

12 时许，陆战 4 师 23 团才前进了 450 米，就遭到日军密集火力压制，前进不得，只好请求坦克增援。陆战 4 师坦克第 4 营 3 连 16 辆谢尔曼于 10 时许登陆，登陆时第一艘坦克登陆舰上的第一辆坦克刚开上岸就陷入火山灰中，堵住了登陆舰的大门，导致另外 4 辆坦克无法上岸，其他登陆舰上的 11 辆坦克，有 3 辆在海滩触雷，最后只有 8 辆到达 23 团战线，23 团在坦克支援下攻击前进，直到 14 时才攻到一号机场。随后又因为日军反坦克炮火很猛，坦克被迫撤回，步兵的攻势也就只好在一号机场边停了下来。而 4 师 25 团则被日军在蓝二滩东北一个悬崖上的永备发射点所阻，伤亡严重，毫无进展。为摧毁这些永备发射点，美军使用了一种新的引导舰炮射击法：先以登陆艇向目标发射曳光弹，巡洋舰再根据曳光弹的弹着射击，效果极佳。到黄昏时分，终于消除了这些火力点的威胁，但 25 团在登陆当天几乎没有进展。陆战 5 师

在硫黄岛上，陆战队士兵正在苦战

美军不得不靠带推土铲的坦克来解决龟缩在坚固工事里顽抗的日军

情况稍好，28 团已割断折钵山与其他地区日军的联系，27 团在海滩上被困 40 分钟之后，终于取得了突破，推进到了一号机场南端。

登陆部队中的炮兵部队共 6 个营，在炮兵第 13 团的 4 个营中，炮 3 营在工兵推土机和坦克支援下顺利上岸，并在 17 时 45 分完成 105 告密榴弹炮的放列，开始为 28 团提供直接炮火支援。炮 1 营 16 时许上岸，22 时 45 分完成 75 毫米山炮的放列，开始为 27 团提供炮火支援。炮 2 营遭到日军炮击，损失 2 门 105 毫米榴弹炮，直到次日凌晨 2 时才占领阵地。最后上岸的炮 4 营也遭到日军炮火轰击，损失 3 门 105 毫米榴弹炮和通信器材，直到次日 8 时才占领了阵地。炮兵 14 团的 2 个营中，炮 1 营 11 门 75 毫米山炮很快就占领阵地并完成试射，开始为 25 团提供炮火支援。炮 2 营的 105 毫米榴弹炮因为登陆海滩火山灰松软，卸载困难，直到天黑后才占领阵地。

日落时，美军已有 6 个步兵团、6 个炮兵营和 2 个坦克营共约 3 万人上岸，占领了宽约 3600 米，纵深从 650 米到 1000 米不等的登陆场，全天有 548 人阵亡，1755 人负伤，伤亡总数约占登陆总人数的 8%。就第一天的战况而言，还不算太糟糕，但随后的战斗却越来越困难。第一天日军按照栗林的命令没有实施大规模反击，而是采取小部队渗透、袭扰和炮火压制的战术，特别是日军炮火根据事先标定的位置，射击准确性异常之高，命中美军多个弹药囤积处，给美军造成了巨大伤亡和心理震撼。尤其是日军独立速射炮第 12 大队和步兵第 145 联队的战防炮表现出色，共击毁了美军 28 辆坦克。

天黑后，美军害怕日军发动大规模夜袭，海面上的军舰几乎不间断地向岛上发射照明弹，将黑夜照得如同白昼。出乎意料的是，以往日军惯例的夜间自杀性夜袭根本没有出现，除了一些小股日军的袭扰外，整个夜晚可以称得上太平无事。度过了第一个平安的夜晚后，迎接美军的将是更为残酷的战斗。

2 月 20 日，从凌晨开始，美军舰炮就根据登陆部队的要求开始进行舰炮火力准备。8 时 30 分，美军登陆部队发起了进攻，陆战 4 师前进路线全部暴露在日军火力之下，好在有舰炮和坦克直接支援，才艰难攻占了一号机场，并切断了岛南日军与元山之间的联系。机场刚刚被攻占，工兵就开始全力抢修，以便尽快能投入使用。天黑后，4 师就地转入防御，以 2 个营为第一线沿机场以北至西海岸构筑工事，以 3 个营为第二线作纵深防御。

陆战 5 师向折钵山攻击，海拔 160 米的折钵山是由地道、岩洞、堡垒组成的半独立守备区域，由松下久彦少佐指挥 1300 名陆军和 640 名海军负责防御。尽管在登陆日由于作战心切，急急开火暴露了多处火炮阵地而遭致美军舰炮的猛烈轰击，但守军依旧顽强抵抗。美军攻击折钵山的是最精锐的陆战28团，7时50分在舰炮轰击整整50分钟后才开始攻击。团长李维瑟基上校展开2个营，2营在左3营在右，并列攻击。由于日军很多工事都建在舰炮火力无法射击到的岩洞中，在坦克到来前，28团几乎无法前进，战至11时许，才推进了区区50、60米。11时后坦克前来助战，同时美军飞机、舰炮、炮13团3营的105毫米榴弹炮、28团所属的37毫米战防炮和75毫米山炮全部开火，再以手榴弹、炸药包、火焰喷射器逐一消灭岩洞中的日军，有时甚至出动推土机将洞口封闭，才能肃清日军的抵抗。因此进展极为缓慢，直到黄昏，才总共前进了180米。

中央地区的陆战4师以23团和24团并肩突击，在坦克支援下总算摧毁日军一连串的坚固据点。中午过后由于地形越来越崎岖，加之雷区阻碍，坦克无法继续前行，失去坦克支援的步兵完全被日军凶猛炮火所压制，进攻不得不停止。左翼的25团运气最差，1营、2营的营指挥所相继被日军炮火命中，弹药囤积处和急救站也连遭炮击，下午甚至遭到美军自家飞机的误击，进攻自然无法继续了。

当天美军又有2个炮兵营上岛，不过炮4营在登陆时有7门105毫米榴弹炮沉入海中。另外军炮兵所属的4门155毫米榴弹炮也于黄昏前上岛，使美军地面炮兵力量大增。

2月21日，岛上的激战仍在继续，进展十分有限。海滩勤务大队经过不懈的努力，解决了滩头的混乱局面。天气却愈加恶劣，海上风大浪高，严重影响了补给品的卸载。由于岛上的部队伤亡较大，作为预备队的陆战3师21团奉命上岛投入战斗。

折钵山方面，在40架飞机轰炸开道后，28团于8时25分继续攻击，不过由于坦克燃料缺乏未能投入战斗，只能由团属火炮提供火力支援。日军从午后开始连续发动两次逆袭，均被美军击退。黄昏前后美军终于杀到山脚下，因天色将黑，便占领阵地转入防御。当晚日军只有零星炮火和小规模渗透袭扰。

2月22日，因大雨美军登陆部队被迫停止进攻，抓紧进行战地休整。3天来，美军在硫黄岛上阵亡、失踪人数已达1204人，负伤4108人。折钵山地区战斗更趋激烈，28团几乎全靠手榴弹、炸药包、火焰喷射器一步一步前进，于16时30分对折钵山形成合围。

2月23日，陆战4师以二号机场为目标发起总攻，但在日军永备发射点、坑道、地堡和岩洞工事组成的防线前，推进极为缓慢，简直像蜗牛爬行。全天，只有右翼前进了约300米，左翼和中间几乎毫无进展。这天唯一的战果是在折钵山，经4天血战，10时20分，陆战5师28团由哈罗德·希勒中尉率领的40人小分队，终于攻上了折钵山山顶，印第安血统的路易斯·查曼中士升起了一面美国国旗。不久又插起了一面更大的星条旗，美联社记者乔·罗森塔尔将插旗时的情景拍摄下来。这张照片随即广为流传，成为胜利的象征。刚赶到硫黄岛视察的美国海军部长福雷斯特尔和第五两栖军军长史密斯注视着在折钵山山顶飘扬的国旗，表现得非常激动。福雷斯特总结道："折钵山升起的国旗意味着，海军陆战队从此后500年的荣誉！"特纳将陆战5师28团留在折钵山，负责肃清山上的日军，而5师的另两个团则调到北部，协同4师攻击元山地区的日军。当晚折钵山残余日军发动最后顽抗，有的身背炸药包进行自杀袭击，有的则拼死杀开血路向后撤退。最终只有约20名日军突出美军包围，其余近2000人全部战死。而美军28团也付出了阵亡895人的惨重代价。因此美军只得将伤亡惨重的28团撤出一线，变成军预备队。

最经典的一瞬，硫黄岛插旗

2月24日，战斗殊为激烈，陆战3师21团在海空火力的大力支援下，由坦克开道，终于突破了日军在二号机场南侧的防线，推进730米，拔除了日军近800个碉堡。日军随即发动了一次逆袭，21团猝不及防，一度被迫后退，随后在舰炮支援下拼死反击，才将阵地夺回，重新巩固。很快美军就发现，随着逐渐升高的地势，日军构筑了密如蚁穴的地堡和纵横交错的坑道网，凭借着这些工事抵抗越来越顽强。至当天，美军伤亡总数已达6000人，其中阵亡1600人，面对如此惨重的伤亡，美军将作为总预备队的陆战3师9团、野战炮兵第12团送上岛，投入战斗。

2月25日，3个陆战师在硫黄岛并肩开始攻击，4师在右，3师居中，5师在左，并列向东北推进。激战至3月1日，美军才终于攻占了二号机场和元山村。硫黄岛上的美军每前进一步，都要付出巨大的代价，战斗已经成为不折不扣的消耗战，有时一整天只能前进4米，惨重的伤亡甚至使军官们都没有勇气再将士兵继续投入战斗。在

曾经不可一世的日军终于举着白旗投降

对岛上第二制高点382高地的争夺中，陆战4师屡屡陷入日军交叉火网，伤亡极其惨重，382高地因此被称为“绞肉机”，战斗部队的伤亡高达50%以上，有经验的连、排长和军士长伤亡殆尽，许多连队连长都不得不由少尉或甚至上士充任，而排、班长大都由普通士兵担任。美军必须逐一消灭侧翼的日军阵地，解除侧翼威胁后，才有可能向前推进，所以战斗异常残酷。直到3月2日，24团才攻上了高地，但所付出的伤亡代价是巨大的，有好几个连的官兵非死即伤，几乎全连覆没。左翼的5师，攻击362高地的遭遇与4师在382高地如出一辙：刚攻上山头，侧翼日军立即以密集火力封锁美军的退路，再以纵深火力和凶猛的反击将攻上高地的美军尽数消灭，美军死伤枕籍，却毫无收获，只得先消灭最突出部的日军阵地，再步步为营，艰难向前推进。日军总在坑道里躲过美军的炮火，再进入阵地迎击步兵的进攻，一次又一次粉碎了美军的攻势。美军饱尝失利的苦果，终于痛定思痛，改变战术。3月7日拂晓，美军没进行任何炮火准备，借助黎明前的黑夜，悄然接近日军阵地，突然发起冲击，打了日军一个措手不及，一举攻占了362高地。

陆战队员的巨大牺牲并没有白费，3月3日，就有一架C-47运输机在硫黄岛的一号机场降落。次日一架在空袭日本本土时受伤的B-29轰炸机在硫黄岛紧急降落，硫黄岛的价值已经开始得到了体现。

3月7日，美军发动总攻。担负中央突破任务的陆战3师势如破竹，进展神速，遇到难以克服的日军阵地就设法绕过去，继续向前推进，尽管给后续的陆战4师、5师留下不少“钉子”，但3师终于突破了日军的防线，并于2天后攻到了西海岸，占据了一段约800米长的海岸，将日军一分为二。陆战3师21团1营最先杀到西海岸，作为战绩的证据，营长在一个军用水壶里装满了西海岸的海水，贴上“只供检验不得饮用”的标签，派人送给师长厄金斯少将。

美军登陆艇正向提尼安岛海滩冲击

3月8日晚，接替阵亡的大须贺应少将指挥第2混成旅团的千代贞季少将决定，次日晚集中进行炮火轰击后组织一次总攻，但总攻时间在传达中被误传为当天晚上，结果约1500名日军向美军陆战4师阵地发起攻击，在美军猛烈的炮火下死伤惨重且毫无收获。栗林随即下令取消了第二天的总攻命令。

冲绳岛登陆在海滩上几乎未遭到抵抗

3月9日美军占领了尚未完工的三号机场。栗林得知美军突破了防线将日军一分为二时，立即组织部队进行反击。他深知美军火力之强，正面进攻难以奏效，所以进行夜间渗透反击。他命令部队尽可能穿越美军的防线，渗透到美军后方重新打通两翼联系。美军随即发现了日军的行动，发射的照明弹将黑夜照得如同白昼，许多日军越过了美军的前沿防线，有的甚至渗透到纵深达1600米，但美军预备队和后方勤务人员，依托工事顽强抗击，给予反击日军重大杀伤。天亮时，日军的反击被彻底粉碎，伤亡至少1000人。徒劳无功的反击，白白损失了大量有生力量，给以后的作战带来了极为不利的影响，这也是栗林在指挥上的一大失误。

3月10日，陆战3师将日军防线截为两段后，随即开始向两面扩张战果。9团向东，21团向西，分别策应陆战4师、5师的攻击。尽管防御态势已经相当不利，但日军仍依托工事死战不退，尤其是陆战5师面对的是由栗林直接指挥的部队，遭到的抵抗尤为激烈，陆战5师的伤亡超过75%，许多战斗部队伤亡殆尽，师部的文书、司机甚至炊事员等勤杂人员都投入了战斗。3师、4师的伤亡也很严重。出于降低损耗的考虑，陆战 4 师师长克利夫顿 · 凯兹少将向栗林和硫黄岛日军中战斗力最强的第 145 联队队长池田大佐发出劝降信，要求他们停止抵抗，但如同石沉大海，没有回音。

3 月 16 日，东北部的 800 余日军被歼灭，美军于当日 18 时宣布占领硫黄岛，但战斗仍在继续，栗林指挥残部依然在抵抗，有时战斗还相当激烈。

3 月 21 日，日本天皇晋升栗林为大将军衔，以表彰他的英勇。

从 16 日美军宣布占领硫黄岛后又经过整整一周的激战，直到 24 日美军才将残余的日军压缩在岛北部约 2100 平方米的狭小范围里。栗林于当晚焚毁了军旗，发出了最后的诀别电报，然后销毁密码，准备实施最后的决死反击。

3 月 25 日，栗林派人设法通知岛上每一个日本守军，于夜间携带武器在三号机场附近的山区集合。

3 月 26 日凌晨，栗林亲自率领约 350 名日军向二号机场的美军发起了最后的反击，许多美军在睡梦中被杀。天亮后，美军组织扫荡，四处追杀这股残余日军，激战 3 小时，将这股日军大部歼灭，日军仅遗留在美军阵地前的尸体就有 250 具，栗林负伤后切腹自杀，美军伤亡 172 人。岛上日本海军守备部队最高司令市丸利之海军少将也在当晚率领最后数十名士兵进行的反击中被美军击毙。美军于当天 8 时宣布硫黄岛战役结束，但清剿残余日军的战斗一直持续到 4 月底。最后投降的 2 名日军士兵是属于海军守备部队的山阴和松户，他们在硫黄岛一直坚持到 1951 年。

硫黄岛战役，日军守备部队阵亡 22305 人，被俘 1083 人，共计 23388 人。日军其他损失为飞机 90 余架，作战舰艇 12 艘，其中潜艇 3 艘。

美军从 2 月 19 日至 3 月 26 日，阵亡 6821 人（其中陆战队阵亡 5324 人），伤 21865 人，伤亡共计 28686 人。美日双方伤亡比为 1.23 : 1，是太平洋战场历次登陆战中唯一的一次登陆方伤亡超过防守方的战例。美军登陆部队伤亡人数占总人数的 30%，陆战 3 师的战斗部队伤亡 60%，而陆战 4 师、5 师战斗部队的伤亡更是高达 75%，第 5 两栖军几乎失去了战斗力。此次战役中，海军陆战队的伤亡之高也是其在太平洋战争中绝无仅有的。战后，尼米兹对参加过硫黄岛战役的陆战队员给予了高度的赞扬 :“在硫黄岛作战的美国人，非凡的勇敢是他们共同的特点！”

此后，美军又于 1945 年 4 月发起了太平洋战场上规模最大的冲绳登陆战役，由陆战 1 师和陆战 6 师组成的第 3 两栖军参加作战。和硫黄岛之战一样，突击上陆非常顺利，纵深作战遭到了顽强抵抗。第 3 两栖军浴血苦战，进展大大超过陆军第 24 军，甚至引发了与陆军之间的矛盾。在相同条件下，陆战队表现出大大超过陆军的战斗力，为冲绳战役的胜利作出巨大的贡献。

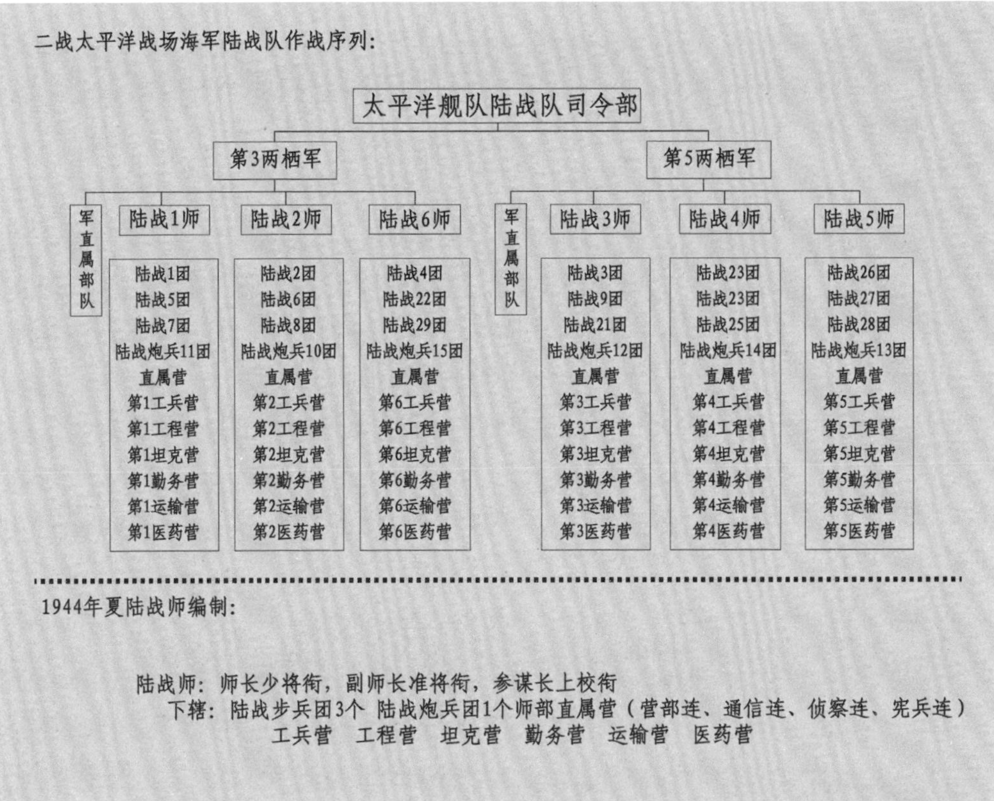

1945 年 8 月 15 日，日本宣布无条件投降，陆战 3 师 4 团于 8 月 28 日作为首批登陆日本本土的地面部队在横须贺登陆，这也是对陆战队在太平洋战场杰出表现的一种褒奖。在第二次世界大战太平洋战场上，参加战争的陆军有 18 个步兵师，这些步兵师先后参加了 26 次两栖登陆战，而参战的 6 个陆战师却进行了 15 次两栖登陆战，更要看到的是，陆军参与的 26 次登陆战基本都是没有抵抗或抵抗轻微，而陆战队参与的 15 次中却有 12 次都是遇到了顽强抵抗，特别是在塔拉瓦、塞班、关岛、佩里留和硫黄岛，都是异常惨烈的苦战。这样的对比，只是为了说明在两栖登陆战中，陆战队所占据的主导地位，因为两栖登陆就是陆战队的专业，自然要担负最危险、最重要的任务。完全可以这么说，陆战队在太平洋战场上，出色完成了自己的使命。

仁川登陆

原子弹的出现，两栖登陆过时论尘嚣一时。尤其是 1949 年 10 月 19 日，美国国会众议院军事委员会举行军队整合与战略问题听证会，当时美军最高军事领导人参谋长联席会议主席奥马尔·布雷德利五星上将就公然提出了“我认可大规模两栖登陆作战很可能不会再发生了”的论点。由于布雷德利的地位和威望，这番话对陆战队来说简直就是一枚原子弹，甚至有人认为这就是陆战队时代的终结。

然而不久以后爆发的朝鲜战争，再次证明了陆战队的价值。

1950 年 8 月，朝鲜人民军与“联合国军”在朝鲜半岛最南端的釜山地区陷入胶着状态。从表面上看，朝鲜人民军不仅占领了朝鲜半岛 90% 的土地，而且正向敌方最后防线发起一轮又一轮的猛烈攻势，似乎距离最终的胜利只有一步之遥。但是仔细分析，人民军此时几乎已经倾注了全力，连战略预备队都用上了，仍难以突破敌方最后的防线。“联合国军”因为在兵力、火力各方面都数倍于人民军，并且这一优势还在不断加大，不仅守住最后防线不成问题，而且可以实施反攻。“联合国军”掌握着绝对的海空优势，充裕的预备队（美军于 8 月中旬在日本开始组建第 10 军），加上其

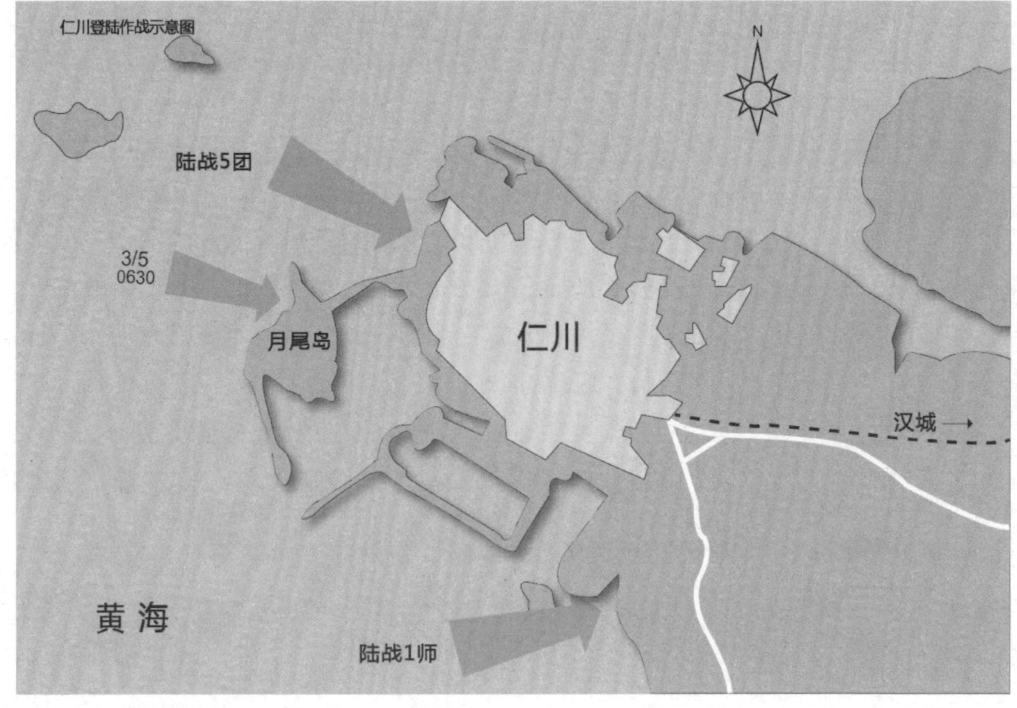

仁川登陆作战示意图

在第二次世界大战期间积累的丰富的两栖登陆作战经验，朝鲜半岛三面临海又是南北狭长的地理特点，正是实施侧后两栖登陆的绝佳条件。一旦美军在人民军侧后的两栖登陆成功，完全可能发生战局大逆转的情况。作为两栖作战专家的“联合国军”总司令麦克阿瑟早就看到了这一点。早在6月29日，也就是汉城失守的次日，大批韩国军队的溃散士兵和难民还在蜂拥而逃的时候，麦克阿瑟心里就已经萌生了在人民军侧后实施两栖登陆的打算。6月30日，麦克阿瑟提出在阻击人民军南进的同时，在仁川登陆，切断其补给线，然后南北夹击，一举击破人民军。7月4日麦克阿瑟正式命令驻日本的美第1骑兵师开始进行仁川登陆的准备。然而人民军在战场上的迅猛推进，打乱了麦克阿瑟的如意算盘。7月10日，他取消登陆计划，命令第1骑兵师改在釜山登陆，投入到洛东江防线的防御作战。

尽管骑1师的仁川登陆计划已经取消，但是麦克阿瑟仍对侧后登陆的想法念念不忘，指示作战部长莱特准将领导由陆、海、空三军登陆作战专家组成的联合作战计划与作战小组，继续研究在朝鲜实施登陆作战的有关课题。7月23日，联合作战计划与作战小组向麦克阿瑟提交了代号为“烙铁行动”的登陆作战方案，计划以从美国本土调来的暂编海军陆战队第1旅和第2步兵师在9月中旬发起登陆作战。该方案根据不同的登陆地点，分别拟定了三个子方案：在仁川登陆的100-B计划、在群山登陆的100-C计划和在汪文津登陆的100-D计划。可是，由于7月下旬人民军的凌厉攻势，釜山岌岌可危。麦克阿瑟深知如果釜山不保，仁川登陆也就无从谈起，因此为了确保釜山，麦克阿瑟于7月29日命令已经起航的暂编海军陆战第1旅和第2步兵师直接在釜山登陆，加强洛东江防线的防御力量。

正当人民军攻势如火如荼之际，麦克阿瑟也下了最后的决心——在仁川登陆，进而占领汉城和水原地区，与第8集团军形成南北夹击！8月12日，仁川登陆计划正式完成，确定登陆时间为9月15日，登陆部队就是由美海军陆战队第1师、第7步兵师以及韩国第17团和陆战团组成第10军。美国最高军事领导当局最初对麦克阿瑟的侧后登陆

9月13日，炮火下的月尾岛

方案是全力支持的，但当得知登陆地点是仁川时，态度 180 度大转弯。美国几乎所有的军方首脑都不约而同地表示了强烈的反对。反对理由太多：首先，仁川的地理、地形和潮汐情况是非常不适合进行登陆作战的（仁川的平均潮汐落差为 6.9 米，高潮时则达到 10 米，是世界上潮汐落差第二大的地点）；其次，仁川距离釜山有 240 公里，将数量本来就不多的“联合国军”再分散在相距如此遥远的两个地方，容易被各个击破；再次，根据麦克阿瑟的计划，登陆部队中包括正在釜山防御作战中担当重任的陆战旅，将会严重影响釜山防御的稳定性；最后，担心船只不足，必须要抽调为第 8 集团军运送补给的船只，才能满足登陆作战的需要，如果登陆失败，而第 8 集团军又因为缺乏船只导致补给中断，那么局势就无法挽回了。布雷德利认为仁川登陆简直就是一场孤注一掷的赌博，所以特地派陆军参谋长柯林斯上将、海军作战部长谢尔曼上将和爱德华空军中将专程前往东京，企图说服麦克阿瑟修改登陆地点。麦克阿瑟认为仁川登陆就是一场 1：5000 的豪赌，他押宝的关键就是仁川极不适宜登陆的地理特点使人民军判断美军不可能在此登陆，所以人民军在这一地区的防御异常薄弱。杜鲁门总统对这一计划也表示赞同，加之麦克阿瑟如日中天的威望和资历（他的军衔甚至比他的上级参谋长联席会议主席布雷德利都高），使参谋长联席会议尽管对登陆计划还持有保留意见，但还是在 8 月 28 日批准了该计划。

8 月 30 日，麦克阿瑟下达登陆作战部署命令：美第 10 军在仁川登陆，并夺取汉城和金浦机场，海军第 7 舰队负责输送登陆部队并给予必要支援，美国远东空军担负登陆作战的空中支援和直接空中火力支援，并同时以主力支援美第 8 集团军在釜山地区的作战。参战地面部队美第 10 军由美国海军陆战队第 1 师、陆军步兵第 7 师、工兵第 2 旅、空降兵第 187 团和韩国第 17 步兵团、陆战团等部组成，总兵力约 7.5 万人，军长爱德华·阿尔蒙德少将。海上兵力主要来自美国海军第 7 舰队，还有少量的英国、加拿大、荷兰、澳大利亚和新西兰的海军舰艇，共有包括 1 艘航母、4 艘护航航母、7 艘巡洋舰、31 艘驱逐舰、41 艘扫雷舰和炮舰、83 艘登陆舰艇、74 艘运输船和 10 余艘后勤

9 月 13 日，美军担负支援作战的军舰

支援船在内的约250艘舰船，其中有英国海军的2艘巡洋舰、1艘驱逐舰和2艘护卫舰，加拿大和澳大利亚各有2艘驱逐舰、荷兰有1艘驱逐舰、新西兰有2艘护卫舰，由美国远东海军司令乔埃海军中将统一指挥。

仁川位于朝鲜西海岸中部，距离汉城只有32公里，最大特点是潮汐落差很大，平均落差为6.9米，最大落差达10米，是亚洲第一、世界第二。而且仁川港的潮汐也很奇特，每个月只有一天的满潮，每个满潮日的高潮时间也只有早晚各3小时，而美军的登陆舰艇由于吃水所限（直接抢滩的小型登陆艇吃水为7米，登陆舰吃水为8.8米），只有在满潮时才能进入港湾。9月之后的满潮日依次是9月15日、10月11日和11月2日，这也是登陆之所以选择9月15日的根本原因（只要稍有军事地理知识，仁川登陆日是完全可以准确预测出的），即使是9月15日的满潮，满潮的具体时间只有早上6时59分和晚上19时19分两次，中间整整相距13个小时。也就是说，如果不能在早上满潮的短短3小时里将第一登陆波的人员、装备、器材卸下，那么已经登陆的部队就会暴露在仁川另一大特点的泥潭之中，成为任人宰割的刀俎之下的鱼肉。说起仁川的泥潭，那是几个世纪来潮汐所带来的泥沙淤积而成的，长达3.2公里的泥潭，不仅车辆无

1950年9月，仁川外海坦克登陆舰上，美军士兵正在给即将参加登陆作战的坦克准备弹药

在朝鲜直接支援陆战1师的陆战队VMF311中队飞机

法通行，甚至连人员行走都相当困难，因为仁川港是没有通常临海港口所拥有的沙质或石质的海滩地带的。而且第一波还要孤立无援地坚持 13 个小时之后，才能得到第二波的支援。此外，仁川登陆还有一大阻碍，那就是月尾岛。进出仁川港只有一条必经航道，长约 90 公里，宽约 1.8-2 公里，水深 10.8-18 米，潮水流速却是高达每小时 5 海里（约 9.5 公里）的飞鱼航道，航道入口处就是海拔 105 米的月尾岛，如果不能有效压制月尾岛上的守军，登陆部队就无法安全进出飞鱼航道，而只要有一艘船在航道内被击沉，那将彻底堵塞整个航道。潮汐落差、泥潭、狭窄航道以及 4、5 米高的防波堤，都构成了登陆的重重阻碍。以美国海军陆战队的登陆作战范例来看，登陆地点必须具备的十大条件，仁川没有一条符合，简直可以列为最不适合登陆的地点之一了。这也正是美国最高军事领导层强烈反对在仁川登陆的原因。

人民军虽然很早就关注仁川至汉城的防御，并成立了京畿道地区防御委员会和西海岸防御司令部，负责群山以北，仁川、汉城为核心的防御区。但是在 9 月上旬人民军主力全部投入了对洛东江防线的攻击作战之中，在该地区只有少量部队，而且绝大多数还是没有什么战斗力的新组建部队。具体配置是：仁川地区第 9 师第 87 步兵团、第 849 独立反坦克炮团以及若干海岸炮连和海岸守备队，汉城地区是新组建的第 18 师（该师也正在准备南下参加对洛东江防线攻击），金浦机场有第 31 步兵旅的 1 个营，整个仁川汉城地区的人民军总兵力不超过 6000 人，此外在铁原（距离汉城以北 80 公里）驻扎着正在整编训练中的独立第 25 步兵旅。人民军唯一有效的防御措施是从 8 月 30 日晚开始，在仁川附近海域布设水雷。

麦克阿瑟在仁川登陆这场豪赌中最重要的本钱就是美国海军陆战队第 1 师（简称陆战第 1 师），不过朝鲜战争爆发时陆战 1 师刚经过第二次世界大战后的大裁军，经过实战考验的骨干只剩下一半，只好临时以老兵保留较多的陆战第 5 团为主成立陆战队暂编第 1 旅开赴朝鲜，8 月 2 日在釜山登陆，作为第 8 集团军的预备队，充当救火队，四处奔忙堵“管涌”，为洛东江防线的稳定立下汗马功劳。而此时，陆战第 1 师下属的陆战第 1

9 月 15 日，在长达数日的炮击和轰炸准备之后，美海军陆战队 5 团的士兵作为第一波登陆部队向仁川月尾岛“绿滩”进击

9 月 15 日，麦克阿瑟在指挥舰上

9 月 15 日，仁川港美国军队的车辆及其他设备正在从轮船卸下

团刚刚重建，陆战第 7 团还在编组之中，其第 3 营还是从地中海舰队陆战队中抽调的，正在地中海穿越印度洋赶赴远东的途中，只有陆战第 5 团还勉强算得上是精锐，因此陆战第 1 师师长史密斯少将坚决要求将陆战第 5 团作为第一波登陆部队，并于 8 月 30 日正式提出报告，要求将陆战第 5 团归还陆战第 1 师建制。但是人民军 9 月初发动了攻势，使洛东江防线全线告急，在第 8 集团军里战斗力首屈一指的陆战第 5 团作为机动使用的预备队，不断被派到最紧急的地段，根本无法抽调出来。因此，在东京的美国远东司令部里为陆战第 5 团的使用展开了激烈的争论，麦克阿瑟权衡再三之，决定将陆战第 5 团归还陆战第 1 师建制，投入仁川登陆作战中。 9 月 6 日零时，陆战第 5 团从前线赶到釜山登船。

尽管美军曾在 1945 年至 1949 年间驻扎韩国期间，仁川是主要补给港口之一，但等到此时第 10 军开始需要搜集有关资料时却发现竟然没有一丝一毫的有用资料。为了精确掌握陆峭海岸的确切高度，美军派出了侦察机在特定时间进行航空拍摄，然后由参照专家从其他途径获取的资料进行航空图片分析。对于月尾岛和飞鱼航道，美军派出了克拉克海军上尉前去进行实地侦察。同时，美军进行了一系列的战略欺骗和佯动：从9月5日开始，美军战术空军第五航空队对群山周围50公里以内的公路、桥梁和铁路进行了猛烈轰炸；9月12日，由美军上校路易斯指挥的美、英军特别袭击部队在军舰炮火掩护下于群山登陆，但很快撤回；9月13日，美军飞机又向群山散发了大量传单，声称美国军队将在群山登陆，要求居民迅速转移到安全地区；美军从釜山防御圈里抽调出准备参加仁川登陆的第5陆战团，在集结期间故意向部队介绍群山地区地形特点。这些措施的作用非常明显，人民军向群山增派了部队，并加固了防御设施。9月13日，美军密苏里号战列舰、1艘巡洋舰和3艘驱逐舰对东海岸的三涉地区进行了猛烈的炮击，并实施了无线电佯动。同日，美军的航母和巡洋舰也对平壤外港进行了轰击。华盛顿的新闻媒体也充当“联合国军”战略欺骗的工具。军方故意向媒体透露消息，使各大主要媒体如报纸、杂志和广播对朝鲜战局进行了一系列的报道，这些报道都意在表明“联合国军”将在10月以后进行战略反攻，反攻将由在北朝鲜后方的仁川登陆开始。美军在制造散布这些假消息时是经过深思熟虑的，时间上刻意突出10月而隐瞒了真正的进攻时间，地点上故意提及仁川反而给人以不会是仁川的印象。

9月4日，“联合国军”开始进行仁川登陆的预先航空火力准备，从停泊在朝鲜海域的美军航母上起飞的舰载机，对以仁川为中心半径50公里以内的公路、桥梁、隧道和火车调车场等交通要隘进行了猛烈轰炸。9月9日，美军开始对仁川附近的铁路线进行系统轰炸，每天出动一架B-29轰炸机联队对元山至汉城和平壤至汉城两条主要铁路线进行轰炸，同时以两个轰炸机联队的兵力对铁路线进行轰炸。至9月13日，美军已成功炸毁了46处规定目标。9月14日，美军又以60架次轰炸机对安州至兴南铁路线的调车场进行了猛烈轰炸。至此，到登陆发起前一天，北朝鲜通往汉城仁川地区的铁路线已被全部切断。

9月15日，三个医护兵在战斗间歇时休息

位于飞鱼航道中的月尾岛面积只有0.6平方公里，不仅有600米长的海堤与仁川港直接相连，而且地势高（最高点海拔105米），能俯瞰整个飞鱼航道和仁川港湾，是登陆成败的关键。在登陆前美军对该岛进行了火力预先准备。从9月10日起，从航母起飞的第212和第323战斗机中队的F4U舰载机连续三天对月尾岛进行凝固汽油弹轰炸，以便烧去人民军防御阵地的伪装，结果大火在岛上整整燃烧了三天，将岛上90%的建筑都烧毁了。

9月16日，美军高级指挥官视察仁川港，中为麦克阿瑟

9月16日，仁川“黄滩”

9月13日7时，美军第9驱逐舰队的6艘驱逐舰、2艘重巡洋舰和英军2艘轻巡洋舰组成的舰炮支援舰队，以各舰距离630米的单纵列队形驶入飞鱼航道，空中由4架F4U舰载机进行空中掩护。军舰监听到了人民军的无线电通讯：“敌人舰队正在向仁川前进，海岸炮人员就位！”几乎同时，东京的“联合国军”司令部情报机关截获并破译了人民军前线司令部发给平壤最高司令部的密电：“10艘敌舰正向仁川接近，连日来多架飞机对月尾岛进行轰炸，敌人的登陆企图已极其明显。命令所有部队准备战斗，各部队死守阵地，阻止和粉碎敌人的登陆企图！”

11时45分，最前面的曼斯菲尔德号驱逐舰发现航道前方有水雷，美军真是幸运，炮击舰队在退潮时进入飞鱼航道，12枚黑乎乎的水雷就躺在航道的泥潭上，如果在满潮时进入航道必将遭遇水雷。可惜由于潮水上涨很快，只来得及爆破4枚，潮水就淹没了其他还未处理的水雷。希金斯少将留下1艘驱逐舰监视和处理剩下的水雷，其余舰艇继续向月尾岛前进。12时20分，2艘重巡洋舰和2艘轻巡洋舰由于吃水所限，无法继续深入，只能在仁川以南约1.5万米处抛锚。12时45分，6艘驱逐舰相继到达

9 月 15 日，美国军舰正在为登陆舰队提供火力掩护

预定炮击阵位，最近的加尔凯号驱逐舰距离月尾岛只有 720 米。12 时 55 分，戴哈本号驱逐舰突然发现人民军一门大炮正在进入炮位，便果断提前 5 分钟开始射击。接着，各舰分别开始射击。几分钟后，人民军的 75 毫米海岸炮开始还击，科利特号驱逐舰首当其冲，短短几分钟里，就已经连中 9 发，被迫撤出战斗。13 时 47 分，鉴于人民军炮火相当猛烈，其他 5 艘驱逐舰也相继撤出射击位置。13 时 52 分，停泊在远处的 4 艘巡洋舰开火，整整进行了 1.5 小时的炮火轰击，接着舰载机又对岛上目标进行了轰炸，直到 16 时 40 分，才结束了第一天的火力准备。在第一天的预先火力准备中，美军有多艘驱逐舰被人民军海岸炮击伤，1 人阵亡，8 人受伤。

9 月 14 日，炮击舰队再度驶入飞鱼航道，剩余的水雷交由昨天受伤的科利特号驱逐舰处理，其余舰艇则继续前进，直到抵达昨天相同的位置。

11 时，舰载机开始对月尾岛进行轰炸；11 时 16 分，巡洋舰开始炮击；12 时 55 分，驱逐舰开始炮击。此次舰炮轰击采取的是平均每分钟 20 发的急促射击，加上舰载机投下的大量凝固汽油弹，整个小岛上烈焰翻腾，再也看不到任何绿色的植被。14 时 10 分，驱逐舰结束为时 76 分钟的炮击，撤出飞鱼航道，截止此时，总共发射 1732 发 127 毫米炮弹，而人民军的海岸炮却没有像昨天那样猛烈开火，只有零星的还击，因此参加第二天炮击的军舰没有遭到损伤。

9 月 15 日，仁川登陆终于开始。0 时整，克拉克上尉点亮了飞鱼航道八尾岛上的灯塔。2 时，由 19 艘舰艇组成的登陆舰队排成单纵队以 3.5 节时速缓缓驶入飞鱼航道，运输船和登陆舰上运载着计划在月尾岛登陆的陆战 1 师第 5 团第 3 营和第 1 陆战坦克营 A 连的两个排（9 辆 M-26 坦克）。5 时，舰队到达指定位置，月尾岛因昨天的轰炸和炮击而造成的大火还在燃烧，难闻的焦臭味弥漫在空中。同一时间，8 架 F4U 舰载机准时飞到月尾岛上空，对岛上目标进行轰炸。人民军意识到，登陆即将开始，此前从未开过炮的仁川地区纵深海岸炮突然开火，“联合国军”的舰载机和舰炮立即对其进行压制。登陆舰队为了避免纵深海岸炮的轰击，驶到月尾岛以北 800 米。5 时 15 分，以托列多号重巡洋舰 203 毫米主炮齐射为信号，全舰队开始了登陆前的直接火力准备，同时又有 10 架 F4U 舰载机飞来，对预定登陆海滩进行轰炸和低空扫射。5 时 40 分，登陆部队开始换乘，17 艘人员登陆艇（LCVP）和 3 艘登陆支援艇（LSU，各运载 3 辆坦克）开始向月尾岛进发。

6 时 15 分，3 艘火箭炮艇驶向月尾岛，开始火箭炮弹幕射击。这些火箭炮艇上各装有 10 门火箭炮，火力非常猛烈，在极短的时间内就向月尾岛倾泻了 4400 发火箭弹。在飞机、舰炮、火箭炮的凶猛火力下，月尾岛被淹没在烈火浓烟中。6 时 27 分，运载着第一波登陆部队的 8 艘人员登陆艇驶过距离月尾岛海岸 1600 米的出发线，驶向代号“绿滩”的登陆地点。6 时 28 分，第一波人员登陆艇距离海岸 50 米，舰炮停止射击，而舰载机则低空掠过海滩，用机枪对滩头上的目标进行扫射。6 时 31 分，H 连连长伯恩中尉乘座的登陆艇第一个冲上海滩，比预定时间只晚了 1 分钟。6 时 45 分，第二波登陆部队登陆，9 辆坦克开上海滩（其中 3 辆是喷火坦克，另 3 辆装有推土铲）。

月尾岛上的人民军是装备 5 门 75 毫米海岸炮的第 918 野战炮兵团 1 个炮连和独立第 22 团陆战团第 3 营的 1 个步兵连，在两天猛烈炮火轰击下已经失去了有组织的指挥，但是孤立分布在各个阵地上的人民军依然依托残破的工事和岛上天然的洞穴进行着顽强的抵抗。美军步兵一时难以肃清，只好将坦克开上去，或者用推土铲堵塞洞口，或者用喷火坦克对洞内喷射烈焰。7 时零 1 分，美军攻占岛上的制高点 105 高地，7 时 50 分基本占领全岛。8 时，美军一个班在 3 辆坦克和 8 架舰载机的支援下向小月尾岛推进，经过短暂战斗后便占领了该岛。8 时 07 分，陆战第 5 团第 3 营营长塔普雷德中校报告：“完全占领月尾岛！”美军控制月尾岛后，美军工兵第 2 旅立即开始在岛上用浮筒建造临时码头，以便能向岛上运送重武器和装备，使第 3 营和后续部队能通过 600 米海堤突入仁川港。

人民军月尾岛守军总共约 400 人，在战斗中有 200 多人阵亡，另有 136 人被俘。美军登陆部队伤亡 17 人。

月尾岛上的战斗结束后不久，仁川港开始退潮了，受吃水限制，登陆舰队只好退到外海，只有陆战第 5 团第 3 营被孤零零地留在月尾岛上，不安、担忧与焦虑的情绪开始在军中蔓延，因为现在人民军已经清楚地知道了美军在仁川登陆的企图，而在黄昏涨潮之前，美军除了空中轰炸外，能做的只有等待。谁也不知道这漫长的 10 小时中，人民军会有什么反应。美军始终在仁川上空保持了 20 架飞机同时飞行的密度，其中 8 架用于对登陆滩头的直接空中支援，另有 8 架甚至更多的飞机负责对仁川周围交通线进行阻滞轰炸，以孤立仁川地区。当天总共出动飞机超过300架次，对以仁川为中心半径40公里范围内的任何可疑目标进行攻击，并随时召唤后备航空兵力和舰炮火力支援。而登陆舰队中的战列舰、巡洋舰几乎不间断地以大口径主炮对通往仁川的所有道路进行轰击。美军在月尾岛登陆后，人民军立即将汉城的第18师第22团派去仁川，但是被美军猛烈的空中火力所阻，部队白天根本无法运动。正是依靠着强大的海空优势，美军断绝了对仁川的一切支援，平安地度过了早晨与黄昏两次高潮之间的最危险时间。

15时30分，从船坞登陆舰里驶出24艘登陆艇靠向运输船，登陆部队开始换乘，登陆艇载上部队后，先在距离海岸1380米的集合地区编队，然后驶向海岸。16时45分，登陆前的直接火力准备开始了。考虑到仁川是个有着25万人口的大城市，而且登陆后美军还将使用仁川港的设施，所以美军特意将仁川分为危险区和非危险区。在非危险区，即使发现了目标，也必须在观测飞机的指引下进行精确射击与精确轰炸。炮火准备一直持续了45分钟，直到17时29分45秒才停止——美军的火力协同是如此精确，15秒钟后，第一登陆波就靠岸了。在第5陆战团登陆的“红滩”，位于整个登陆区域最左翼的第1营A连，士兵们利用梯子、绳索甚至人梯攀登上1米多高的陡峭海岸，刚冲上海岸，隐蔽在工事里的人民军就冲了出来，与第3排展开了激烈的白刃战。3排长洛佩兹少尉身先士卒冲在最前面，他跳进人民军的堑壕，先向左面扔出手榴弹，正要向右面扔出手榴弹，一梭子机枪子弹射穿了他的肩部和右胸，手榴弹落到地上，嘶嘶地冒着白烟，他大声叫道：“快闪开！手榴弹！”但是狭窄的堑壕里挤满了士兵，身边又有横飞的子弹，哪里躲得开？洛佩兹少尉一下子扑在手榴弹上用自己的身躯掩护了周围的战友。第3排在排长的壮举感召下奋勇苦战，终于突破了人民军的防御，但是却因伤亡惨重无力向连最重要的主攻目标——墓地高地突击了。而第2排就幸运得多，他们是从海堤上被炮弹炸开的缺口里冲上海岸的，因此隐蔽在工事里的人民军来不及进入阵地就被解决了。接着依靠墓地死角的优势，美军几乎没有遭到任何抵抗就占领了预定目标朝日啤酒厂。A连连长史蒂文森上尉见状，立即命令第2排转向攻击墓地高地，2排掉头从东南方向发起攻击，高地上的人民军正在应付3排的攻击，不曾想2排会从侧后杀来，被打了个措手不及。17时52分，墓地高地被美军占领，A连以8人阵亡、28人负伤的代价完成了任务。

9月15日下午17时，对“蓝滩”进行炮击

第1营C连也以5人负伤的轻微代价突破人民军正面防御，推进到游览山的北侧。1营营长牛顿中校随即投入B连向游览山北侧高地索敌前进，B连于16日零时前后肃清了游览山北侧高地，至此，1营以8人阵亡、39人负伤的代价完成了登陆日的预定任务。

“红滩”右翼的第2营E连突破人民军海岸防御后，迅速向纵深推进，于18时11分夺取了游览山西侧高地。但是连长杰斯基尔卡中尉派出的联络组却未能与左翼的D连取得联系，杰斯基尔卡中尉担心D连行动迟缓延误战机，果断命令预备队排攻击游览山中部高地，经过25分钟的战斗夺取中部高地。D连在登陆时遭到己方军舰的误击，1人死亡，23人受伤，整个连队建制被彻底打乱，因此没能组织有效进攻。好在E连的主动精神，才保障了营任务的完成。营长罗伊斯中校迅速投入第二梯队F连，终于抢在人民军破坏码头之前，比较完整地夺取了码头。而且第2营在战斗中损失相当微小，只有1死2伤（未包括误伤）。

9月17日，在仁川“黄滩”滩头的美军船只

至22时，在“红滩”登陆第5陆战团已顺利到达团的登陆日目标线，夺取了全部预定目标，伤亡也比预计的小得多。

在“蓝滩”登陆的是第1陆战团，于17时32分顺利到达预定登陆点，比“红滩”还早了1分钟。登陆点最大的敌人不是人民军而是5米高的护岸石堤。第一登陆波里的工兵排迅速采取措施，或是进行爆破或是布置梯子，开辟攀登通道。

9月18日，在“红滩”卸下物资

尽管人民军在“蓝滩”的防御非常薄弱，但是攀登陡峭的石堤太费时间，等到部队通过

9月20日，仁川港落潮，登陆艇进退两难

石堤，夜已深了，而且当晚几乎伸手不见五指，美军只好派出驱逐舰用直径600毫米的巨大探照灯照射登陆地点为部队照明。不久，美军发现人民军的一支小型坦克分队正向“蓝滩”疾驶，鉴于登陆部队只携带89毫米反坦克火箭筒，反坦克能力比较弱，因此第1陆战团立即召唤舰炮火力前来助阵。加尔凯号驱逐舰迅速抵近海滩，以127毫米主炮进行急射，射击速度是该舰从未有过的，射击产生的火光将整艘军舰都染成了橘红色，以至于远远看去就像军舰起火了。第1陆战团克服了人民军零星抵抗后，于次日凌晨1时许推进到汉城至仁川公路，顺利达成团登陆日的目标，此时伤亡还不到50人。

第一登陆波登陆并控制滩头后，根据计划必须立即在“红滩”卸下3000吨补给物资，以保证当日夜间和次日凌晨作战所需。由于仁川港独特的潮水，根本无法在退潮前实现这一目标，因此“联合国军”决定采取非常手段，命令满载补给品的坦克登陆舰强行靠上“红滩”海岸，并一直留到次日早晨的高潮。坦克登陆舰简直就如同搁浅那样停在海滩上，虽然陆战队保证登陆舰不会被人民军夺去，但是就在仁川港的鼻子底下，人民军的炮火是无论如何也躲不过去的，登陆舰遭到损失是肯定的，甚至很可能全部被击毁。所以美军特意选择了8艘最老最旧的登陆舰来执行这一危险任务。18时30分，坦克登陆舰开始靠岸，第一艘、第二艘都很顺利，第三艘972号登陆舰刚开始靠岸，人民军的迫击炮就呼啸而至，一发炮弹正中堆积在登陆舰首部的汽油桶，燃烧的汽油从破损的油桶里流出，四下蔓延，附近就是堆积如山的弹药，情况异常紧急，好在损管人员表现出色，迅速扑灭了大火。紧接着第四艘也被炮火击中，万幸的是损坏不多。而最后一艘799号驶近海滩时，天色已经黑了，突然遭到人民军猛烈的迫击炮和机枪扫射，2死2伤。登陆舰上昏头转向的士兵竟把岸上正在登陆的部队当作是来袭的敌人，炮手操起20毫米、40毫米机关炮就是一通猛扫，等到停止射击，已经给第5陆战团1营D连造成了1人死亡、23人受伤的重大杀伤，并彻底瓦解了该连登陆后的作战行动。一番混乱后，799号终于没能在高潮退去前靠上岸，搁浅在海滩上，好在 799 号上的推土机开上岸，不仅给其他登陆舰建起了临时靠岸卸载点，还填埋了岸上人民军的不少战壕。至此，海军陆战队第 1 师完成了登陆日的所有任务，阵亡 20 人，1 人失踪，179 人负伤，远远小于预先估计。截至 9 月 16 日凌晨，美军共上陆 1.8 万人，建立起牢固的滩头阵地。

9 月 21 日，朝鲜北部被美军飞机炸毁的火车车厢

9 月 26 日，被美国飞机用凝固汽油弹轰炸的汉城火车站浓烟滚滚

登陆成功的美军随即开始向纵深推进，9 月 16 日陆战第 1 团和第 5 团经过激烈的战斗，至日落前才推进了约 10 公里，并将两个团的登陆滩头连成一片。17 日陆战第 5 团攻占金浦机场。当天，麦克阿瑟以及美国第 7 舰队司令斯特鲁布尔海军中将、第 10 军军长阿尔蒙德少将、“联合国军”作战部长莱特准将等高级将领上岸，在史密斯的师部听取了情况汇报，并视察前线。此时陆战第 1 师已形成了正面宽 16 公里，北起金浦机场经素砂高地南至海滩的战线。9 月 20 日，陆战第 5 团强渡汉江，向汉城推进。至 21 日夜，陆战第 5 团到达汉城以西，陆战第 1 团到达永登浦，步兵第 32 团到达安养里，第 7 师装甲支队占领水原机场，步兵第 31 团位于水原以南。当日 18 时，“联合国军”在仁川和汉城地区的陆上作战指挥权正式由第 7 舰队司令斯特鲁布尔海军中将移交给第 10 军军长阿尔蒙德少将。就在这天，陆战第 1 师的最后一支部队陆战第 7 团在仁川上陆，截至 21 日，“联合国军”在仁川累计上陆总兵力已达 49568 人，车辆 5356 辆，物资 22222 吨。

9 月 22 日起美军开始进攻汉城外围，直到 26 日才从汉城东北面攻入市区，一直到黄昏，只占领了汉城一小部分地区，急不可耐的麦克阿瑟却在 14 时 10 分就发出了“联合国军”第 9 号公告，宣布完全占领了汉城。然而汉城的战斗还在持续，27 日陆

9月27日，第1陆战团在汉城市区

9月29日，韩国还都仪式在中央政府大楼国会议事堂举行

战第1师逐步向市中心逼近，越近市中心，街垒就越多，那都是以沙袋堆积起来的，前面埋设地雷，街垒后方和侧翼的建筑上部署机枪、反坦克炮和迫击炮的坚固据点。摧毁这些街垒美军都需要先由飞机进行扫射，再以得到坦克支援的工兵排除地雷，然后坦克掩护步兵冲锋，一般情况下消灭一个街垒需要耗费一小时。陆战第1团就这样步步向市中心进逼，11时占领法国大使馆，15时20分占领苏联大使馆，15时30分占领美国大使馆。而在西北部的陆战第5团上午夺取了汉城中学，下午攻占中央政府大楼和国会大厦。

直到9月28日，陆战第1师才终于肃清了市区各地的零星抵抗，完全占领汉城。随后，陆战第1师则对汉城北郊进行了扫荡。10月1日，陆战第5团开始沿汉城至平壤公路北进，几乎没有遇到有力抵抗，顺利进抵临津江南岸。陆战第7团则沿议政府至铁原公路北进，只有在10月2日遭到人民军第31师31团的阻击，在克服了三八线以南地区所遭到的最后的有组织抵抗后，于10月3日进入议政府。

就在仁川登陆成功后，洛东江前线的美军也开始发动攻势。9月19日，美第24步兵师主力强渡洛东江，美第1骑兵师第5团则攻占了关键的咽喉要地倭馆。洛东江前线人民军主力的形势开始变得险恶起来。9月21日，“联合国军”仁川登陆的消息终于在洛东江前线扩散开来，洛东江前线人民军主力的全线崩溃局面已无法挽回，人民军陷入了前所未有的困难和危险之中。第8集团军终于完成了在战线正面的全线突破，尽管在局部地区人民军还在进行殊死抵抗，但是人民军全面败退已成定局，第8集团军下达了追击令。9月23日，人民军最高司令金日成饮泣下令全军向三八线以北总退却。

至9月底，仁川登陆的美第10军和洛东江一线的第8集团军会合后，“联合国军”全力向三八线推进，9月29日已全线逼近三八线。此时，人民军在三八线北地区只有少量刚刚组建的新部队和一些警备部队，战斗力都很弱，根本无力阻止“联合国军”的北进，朝鲜战局来了个彻底的大逆转。

9月29日，陆战队士兵在汉城美国领事馆升起国旗

9月29日的仁川港景色，前景为月尾岛

仁川登陆在1950年朝鲜战局中的作用与影响，无论如何形容都不为过。它使“联合国军”彻底摆脱了被动应战的局面，使开战以来一直所向披靡的人民军主力遭到了毁灭性打击，“联合国军”一举占领三八线以南的广大地区，并向三八线以北地区席卷，几乎占领整个朝鲜。仁川登陆也因此以出其不意的奇袭在世界军事历史上留下了浓墨重彩的一笔。对于陆战队在此次登陆中的表现，麦克阿瑟评价“这是海军和陆战队无上光荣的一天”，而这丝毫不为过。

1950 年 11 月 29 日，陆战 1 师在长律湖地区

战斗结束后，疲惫的美军士兵靠在安装有四联装 12.7 毫米勃朗宁机枪的 M3 半履带车旁休息

柳潭里地区的美军医疗救护所

长津湖

1950 年 10 月 20 日，陆战 1 师被从战场上抽调下来，赶到仁川登船，从朝鲜西海岸南下绕过朝鲜半岛最南端再折向东海岸的元山，企图再来一次类似仁川的两栖登陆。但人民军在元山海域布设了大量水雷，大大减缓了美军登陆的速度，等到美军扫清水雷陆战 1 师登上元山海岸时，从陆上推进的韩国军队已早一步进入了元山。

随后陆战 1 师就作为东线“联合国军”的主力从元山长驱北上，直取鸭绿江。11 月初陆战 1 师进入长津湖地区，至 11 月 27 日陆战 1 师已分散在长津湖地区正准备一举击破志愿军，实现与西线主力夹击江界的预定计划。就在这天晚上，悄然进入战区的志愿军第 9 兵团向陆战 1 师发起了全面攻击，迅速将陆战 1 师分割包围在柳潭里、下碣隅里、古土里等几个孤立村落，此刻陆战 1 师的处境岌岌可危，全师沿一条狭窄的山间简易公路展开，如一条长蛇被切成数段，而且志愿军夺取了公路两侧绝大多数制高点，凭借着地利之优，以绝对优势兵力（最初为 8 个师，后来陆续增加到 12 个师）发动猛攻。陆战 1 师原来的北进计划在志愿军的迅猛打击下彻底破灭，只能转而依靠火力优势勉强自保。当新兴里的陆军第 7 师 31 团支队遭到毁灭性打击后，陆战 1 师不得不开始突围。最北面柳潭里的陆战 5 团和 7 团首先撤向下碣隅里，沿途志愿军进行了顽强的阻截，陆战队依靠不间断的空中支援奋力突围，终于撤至下碣隅里。从柳潭里到下碣隅里约 22 公里的路程共用了 77 个小时，惨烈的战斗，崎岖的道路，凛冽的严寒，使柳潭里突围在陆战队军史上的评价是："综观陆战队的历史，再没有什么比从柳潭里突围途中所忍受的一切更为艰苦的了！"然后，集结在下碣隅里的部队通过仓促建成的简易机场后送重伤员，继续向南后撤，途中也是和柳潭里撤退一样，饱尝了艰辛苦困，18 公里路程花费了 40 小时才蹒跚走完。好不容易陆战 1 师才全部集结到了古土里，但是在志愿军强大攻势下，来不及喘口气就继续南撤。古土里以南公路桥被志愿军彻底炸断，全靠空军紧急投下桥梁预置件才修好，再加上志愿军因为后勤断绝，严寒条件无粮无衣，出现大

激战过后的战场，山坡下为美军在柳潭里的陆战 7 团团部，近处为志愿军烈士遗体

美军向被围困在柳潭里的部队空投物资

撤出柳潭里的美军，车上是途中阵亡官兵的尸体

美军在兴南港为销毁大量的物资而进行的大爆炸所引起的浓烟也为长津湖战役涂上了最后一抹颜色

量冻伤减员，甚至整连整连冻僵在阵地上，战斗力急剧下降，才使得陆战1师得已逃出长津湖山区，然后在其他部队接应下撤至兴南港。这时陆战1师的官兵已经筋疲力尽、狼狈不堪，依靠强大的海空火力，在兴南进行一次“反向两栖登陆”登船撤出东海岸。虽然陆战1师建制基本完整地撤出长津湖，但是连陆战1师作战处长鲍泽上校都承认：“要不是志愿军没有足够的后勤保障和完善的通信联系，陆战1师决不能撤出长津湖，陆战1师完全是侥幸而还。”

此后，陆战1师继续在朝鲜半岛作战，停战协定签署生效后仍留在韩国，直到1955年5月才撤回本土。在整个朝鲜战争中，陆战1师是所有参战美军中伤亡最重的作战师，伤亡总数超过3万人，甚至超过了陆战1师在第二次世界大战中的伤亡总数。

越南溪山

1966年3月8日，3800名美国海军陆战队第3师官兵在越南岘港登陆，标志着美国全面介入越南战争的开始。不过岘港登陆是在无设防地区登陆，没有进行战斗，因此也未有详细的记载。陆战队到达越南后，虽然也实施过几次两栖登陆，但规模都较小且没有遇到抵抗，更多的是像陆军地面部队那样在内陆作战，其中最具影响的是1968年的溪山之战。

陆战队将溪山建成了一个防御极其坚固的堡垒

溪山位于越南与老挝边境附近，正处在越南战场著名的“麦克纳马拉防线”最西端，俯瞰从老挝到南越最重要的交通线9号公路，战略地位极其重要。1966年后陆战队从陆军特种部队手中接管溪山防务，此时的溪山基地如同孤岛一般处在越南军队的重重包围之中，与外界唯一的联系就是一条1200米长的飞机跑道，由C-130运输机定期运来补给品。在溪山的守军为第26陆战团的3个步兵营，以及第13陆战炮兵团的1个炮兵营，总兵力约4200人。

1968年初，美军在溪山外围不断发现有越军活动，情报机关又陆续发现越军第325师、第304师、第324师和第320师等4个主力师正向溪山地区集结。显然，溪山无疑将是越军的下一个重要目标。考虑到溪山面积狭小，驻防部队有限，只有尽可能增强守军火力，为此美军在溪山基地原有18门105毫米和6门155毫米榴弹炮基础上，还增派了6辆装备90毫米主炮的M48A3坦克、10辆装备106毫米无后座力炮的M50A1履带车。

溪山基地里碉堡、战壕随处可见，基地外围密布地雷，基地指挥官罗兹上校吸取奠边府战役的教训，在基地四周各高地上设置了许多前哨据点，作为基地的外围警戒。威斯特摩兰也向南越北方增调3个师，并专门成立了溪山作战前进指挥所。美国军界、政界、新闻界不约而同地将注意力集中到了溪山，连约翰逊总统也在白宫设立了一个特别战况室，房间里就有一个根据空中侦察照片精心制成的溪山地区巨型沙盘。

空投补给是溪山惟一能获得的支援

1968年1月21日午夜，预料之中的越军攻势开始了。861高地上的美军前哨据点首当其冲，在迫击炮掩护下，越军开始一波接一波的冲锋，美军立即以861高地和邻近南881高地猛烈的交叉火力进行压制，在美军强大的火力下，越军无功而返。

陆战队炮兵阵地

步兵冲击失利后的越军随后又组织炮火轰击溪山，美军最大的弹药库被命中，1500吨的弹药化为灰烬，加上飞机跑道又被越军炮火炸得面目全非，罗兹上校紧急发出空投补给的呼救。美军全力向溪山运送物资和援军，到22日黄昏，就得到了130吨弹药和陆战第9团第1营1400名官兵的增援。

初战失利的越军积极调整部署准备再战，1月底在溪山四周又集结了包括坦克在内的雄厚力量，对溪山志在必得。

2月5日，越军再次发动猛攻，但是在美军猛烈的炮兵及空中火力覆盖性轰击下，越军伤亡惨重却仍未得手。

2月7日，越军一举攻占美军在越老边境的另一处重要据点——良越，溪山越发孤立。

2月9日夜，越军主力再度发起攻击。在越军一波又一波的猛攻下，美军西侧的阵地终于被突破，罗兹赶紧投入预备队实施反突击。越军因为突破时伤亡较大，立足未稳无力抗击美军的反击，加之天色将亮，那时美军的飞机又将大举出动，为避免更大伤亡越军便主动撤出战斗。这是溪山之战规模最大一次地面战，双方损失都很惨重。敬业的美国新闻媒体不断将被战火中的溪山照片发回国内，引起了对溪山之战的广泛关注，而在溪山的陆战队，军装褴褛、硝烟满身仍坚持战斗的形象也频频出现在报端，使海军陆战队再次成为全国关注焦点。

深陷越南丛林的陆战队

陆战队是最早到达、最晚撤离越南的美军部队

越军在接连猛攻失利后便改变战术开始挖掘地道，美军对这招极为恐慌，出动大批飞机对溪山四周不断进行轰炸。担负空中支援的飞机是如此之多，经常在同一时刻，空中同时会出现上百架飞机，投下数以吨计的爆炸弹、燃烧弹，几乎炸毁了溪山四

周的一切，以至于战后几十年后溪山四周仍像月球表面一样寸草不生。

3 月 13 日，是奠边府大捷 14 周年纪念日，越军再次发起大规模攻势，美军 B-52 轰炸机倾巢而出，竟连续进行了 59 次地毯式轰炸，将溪山周围两公里范围炸成无法逾越的死亡地带，这才保住了溪山。

到了 3 月底，越军逐渐放弃了对溪山的攻击，美军发现越军开始后撤，组织陆战第 1 团第 1 营沿 9 号公路推进，衔尾急追，但越军早已扬长而去。溪山虽然守住了，但是从整个越南战局来看，美军在南越北部部署了 3 个师，既未能直接解溪山之围，又受溪山战斗的牵制不能转用到在越军“春节攻势”下吃紧的其他地区，从而使美军在整个越南战场上失去了战场主动权。美军为了守住溪山仅从 1 月 20 日到 3 月 30 日，就有 199 人阵亡，重伤（多半为终生残废）更高达 1600 人。美军花费了巨大代价守住的溪山基地，到了 1968 年 6 月却因战局不利而不得不放弃。

1971 年 7 月，最后一支陆战队部队撤出越南，结束了陆战队在越南惨痛的一页。在整个越南战争期间，陆战队总共付出了死亡 12893 人（其中包括两任陆战 3 师师长）、伤 88591 人的巨大代价。

格林纳达

1983 年 10 月加勒比小国格林纳达政局突变，原领导人毕晓普被政变者处死，政变者宣布成立革命军事委员会来行使国家权力。除格林纳达以外的加勒比共同体国家一致谴责政变，要求恢复合法政府，并请求美国出兵干涉。鉴于古巴已经在格林纳达修建大型机场，对美国威胁很大，而格新政府比原来政府更为激进，因此美国立即决定出兵，加勒比 6 国也派出约 300 人的军警组成联合部队共同参与。

陆战队一支小分队正在穿过一个格林纳达小镇

原计划前往黎巴嫩海域的以“独立”号航母和“关岛”号两栖攻击舰为核心的美国海军特混舰队于 10 月 21 日改道驶往格林纳达。这个特混舰队上还载有陆战队第 22 远征分队的约 2000 名陆战队员。这支陆战队将在格林纳达北路登陆担负助攻任务。

10 月 25 日凌晨 4 时 30 分，在海空火力掩护下，16 架直升机载着约 400 名陆战队员在格林纳达东北的珍珠机场机降，当地守军力量薄弱，抵抗微乎其微。陆战队迅速控制机场，后续部队约 800 人相继到达，仅 2 个小时就完全占领机场和附近要地。而同时在西南萨林斯机场发起主攻的陆军第 75 别动团却遭到顽强抵抗，伤亡较大。由于陆战队北路是助攻，加之距离岛中心较远，沿途地形复杂，所以陆战队抽出 2 个连约 250 人返回“关岛”号，其余部队缓缓南下，于 26 日下午先后攻占格军两个最大的基地：维多利亚军营和大伊斯顿军营。

奉命营救总督（由英国委任）的美军海豹突击队被有装甲车掩护的格军包围在总督府，弹药也即将告罄，处境危急。陆战队于 14 时组织了第二次登陆前往增援。“关岛”号由北向西，在圣乔治以北的大马尔湾登陆，250 名陆战队员和 5 辆 M60 坦克分乘 4 艘登陆艇和 13 艘两栖车抢滩登陆，然后在飞机掩护下迅速冲到总督府，击溃格军救出被困的总督和海豹突击队。之后，这支小分队继续南下，于 27 日攻占格军总部弗雷德里堡基军营。

1982 年 8 月 25 日，陆战队到达黎巴嫩执行监护巴解武装撤出贝鲁特的任务

28 日，南北两路美军在首都圣乔治会师，格军已丧失战斗力，一部分死伤，大部分被俘，零散残余退入山区。美军结束地面战斗后，立即以主力控制交通枢纽和要点，另以连排规模部队进行分散搜剿。30 日，陆战队抓获政变首脑革命军事委员会主席奥斯汀及多名委员会成员，随后将防务移交给第 82 空降师，撤回“关岛”号待命。

11 月 1 日，陆战队根据情报派出 300 多名队员在格林纳达岛以北的卡里亚库岛登陆，对该岛

格林纳达战斗中的陆战队

进行搜索，仅发现少量格军残部而未发现情报所说的古巴军队，便又撤回“关岛”号。

11 月 5 日，两栖特混舰队离开格林纳达，开赴黎巴嫩执行原定任务，在整个入侵行动中，美军阵亡 18 人，伤 91 人，其中陆战队伤亡仅 20 人。格林纳达之战，虽然规模小，战斗也并不激烈，陆战队又是作为偏师担负助攻任务，但是此战却是陆战队历史上首次大规模垂直登陆作战，在海军陆战队 2000 人登陆中仅有 250 人是乘登陆艇以传统的抢摊突击形式上岸的，其余都是直升机或运输机机降登陆，是陆战队 21 世纪垂直登陆作战理论的一次实战预演。

巴拿马和波黑

从拿骚号两栖攻击舰起飞的 AV8B 参与了对南联盟的空袭

在 1989 年 12 月的入侵巴拿马行动中，陆战队更是典型的配角，在全部约 2.4 万多人的参战部队中，陆战队仅 250 人，只占总兵力的 1%。参战的陆战队是陆战 2 师 6 团 1 个步兵连和第 2 装甲侦察营 1 个轻装甲连，再加上少量宪兵组成“永远忠实”特遣队，任务是抢占巴拿马运河上的泛美公路大桥，守卫运河区内的霍华德空军基地。这样的任务对于陆战队来说，简直是小菜一碟，未有任何伤亡便波澜不惊地完成了任务。

1991 年 6 月，南斯拉夫解体后，波黑（南斯拉夫 6 个共和国之一）穆斯林、塞尔维亚和克罗地亚三个主要民

陆战队航空队的飞机也参加了对波黑的空袭，图为两栖攻击舰上军械员正在为飞机挂弹

族就波黑前途发生严重分歧，进而引发战争，联合国安理会通过决议对波黑塞族和南联盟实施全面制裁，向波黑派驻维和部队，在波黑建立“禁飞区”，为穆族设立“安全区”。北约随即对波黑实施全面封锁并对“安全区”提供空中保护。1994 年 4 月，北约开始实施有限空中打击。

1995 年 6 月 2 日，美国空军第 510 战斗机中队 2 架 F-16 战斗从意大利起飞在波黑“禁飞区”执行空中巡逻，在班加卢卡上空，突然遭到塞族武装发射的萨姆 -6 地空导弹攻击，飞行员斯科特·奥格莱迪（Scott O'Grady）上尉座机被击中，奥格莱迪被迫跳伞。落地后，奥格莱迪躲过塞族武装的追捕，隐藏在丛林中，身上救生包里的饮水和食物一天就吃完了，他利用战前在华盛顿州费尔柴尔德基地接受的为期 17 天野外生存强化训练知识，在山区野外生活了整整 6 天，其间他深知如果找不到合适的时机和营救地点贸然发出求救信号只有死路一条，所以一直没有发出求救信号。一直到 6 月 7 日他终于找到了一个合适的地点，加上 PRC-112 手持式无线电话电池最多再只能维持 7 小时，才发出求救信号。在波黑上空的美军巡逻飞机立即收到了信号，由于失去联系整整 6 天担心有诈，巡逻机飞行员托马斯·汉福德上尉便以询问奥格莱迪在韩国服役部队番号的形式进行确认。得到确认之后立即报告，北约南欧盟军总司令史密斯上将立即命令正在亚得里亚海游弋的美国海军“奇尔沙治”号（LHD3）两栖攻击舰准备营救，由该舰上的陆战队第 24 远征分队具体组织实施营救。

6 月 8 日 5 时 30 分，2 架 CH-53E 直升机载着 41 名陆战队员从“奇尔沙治”号起飞，同时起飞的还有 2 架 AH-1J 武装直升机和 2 架 AV-8B 垂直短距起降攻击机。这 4 架飞机主要为营救分队的直升机护航和提供直接支援。另外还从“罗斯福”号（CVN-71）航母和意大利基地起飞 F-A18 战斗机、F-15 战斗机、F-16 战斗机、EF-111 电子战机、EA-6B 电子战机、A-10 攻击机和 E-3B 预警机等共约 40 架各型飞机，执行间接护航、空中掩护、对地攻击、电子作战和空中指挥等任务。

CH-53E 进入波黑海岸后立即降低至 60 米的超低空，以躲避塞族武装的雷达监测。6 时许，救援直升机与奥格莱迪取得联系，奥格莱迪表示一切正常，自己已作好准备，希望能尽早离开这个鬼地方。6 时 20 分，直升机飞抵奥格莱迪藏身地区，开始搜索降落地点。此时 EA-6B 电子战机发现塞族武装的雷达已经盯上了救援直升机，情况相当危急。6 时 35 分，奥格莱迪听到越来越近的直升机轰鸣声，便果断点燃烟雾信号指引目标，救援直升机随即发现了黄色烟雾，加速向目标飞去。6 时 44 分，第一架 CH-53E 直升机降落在奥格莱迪选择的降落地点，机轮刚一着地，20 名陆战队员就飞身而下，迅速在四周展开了警戒。当第二架 CH-53E 直升机降落时，就看见奥格莱迪从 50 米开外的丛林里正飞奔而来，直升机刚停稳拉开舱门不到 3 秒钟，奥格莱迪就冲到了跟前，直升机上的陆战队员伸手将奥格莱迪拉进机舱，直升机立即起飞。担负警戒的陆战队员也迅速撤回第一架直升机，起飞返航。机舱里，陆战队员给浑身湿漉漉的奥格莱迪披上毛毯，递上饮料和战地快餐。

为救援行动进行直接掩护的 AV8B 飞机员在起飞前讨论护航战术

整个营救行动，在地面停留时间还不到 7 分钟，而从接到奥格莱迪第一个求救信号到将他救回，总共才花了 4 小时 45 分钟。

返航却没有营救行动这样顺利。直升机刚飞出 60 公里，就遭到 3 枚萨姆 -7 单兵防空导弹的攻击，虽然没被击中却仍使所有人大为惊骇。还没等平静下来，紧接着就是一阵密集的轻武器射击，甚至一发 7.62 毫米机枪子弹射穿了直升机舱壁，打在一名陆战队员的水壶上再弹落在机舱地板上，整个机舱一片死寂，只有这发子弹在机舱内叮当作响。为了躲避地面火力，直升机开始以最大速度进行机动飞行，一会左右急转，一会上拉下冲，把机舱里的人折腾得够呛，饶是这样，回到两栖攻击舰后，还是发现直升机机身多处中弹，甚至旋翼也被击中（好险）。7 时 30 分，2 架 CH-53E 直升机总算安全回到两栖攻击舰，军医随即给奥格莱迪检查了身体，除了因脱水和营养不良而出现体力衰竭外并无大碍。

6 月 9 日，奥格莱迪乘直升机返回意大利阿维亚诺基地，受到了热烈欢迎，面对有人将自己称作英雄，奥格莱迪答道 :“我不是英雄，只是一只受惊的小兔，如果要说英雄的话，那些救了我的人才是英雄！”或许这句话是对陆战队最好的诠释。

海湾战争

1990 年 8 月 2 日，伊拉克入侵科威特，沙特阿拉伯随即请求美国出兵。8 月 7 日，第一批美军第 82 空降师到达沙特。8 月 14 日，海军陆战队第 7 远征旅抵达沙特，这是第二批到达沙特的美军地面部队，虽然比第一批 82 空降师晚了 7 天，但却是最早到达的重装部队，而且携带着 30 天的全部补给，甚至还向补给不济的 82 空降师提供了援助。

9 月 7 日和 12 日，陆战队第 4、第 1 远征旅相继到达战区，随即由陆战队第 1 远征部队统一指挥所有到达战区的陆战队部队。在陆战队部署期间，陆战队第 4 远征旅特别行动小组和第 13 陆战队远征分队还担负了对伊拉克海上拦截行动中的机降登船检查的任务。

在美军第二阶段部署中，陆战队第 5 远征旅和第 2 陆战师分别于 12 月 12 日和 1991 年 1 月 8 日到达战区。除了地面部队外，第 3 航空联队所属的第 11、第 16、第 26 航空大队以及第 13、第 40 航空大队，第 38 陆战队航空控制大队也陆续到达战区。其中第 13 航空大队部署在沙特的阿齐兹基地，是整个多国部队航空力量中配置最接近前线的固定翼航空兵部队。至 1991 年 1 月，陆战队在海湾部署总兵力达 6.5 万人，共有 150 余架飞机，以及约 2000 辆坦克和装甲车。

1 月 17 日，“沙漠风暴”行动开始，陆战队航空兵部队作为多国部队航空力量的一个重要组成部分，积极参与了空中突击行动。

1 月 29 日，陆战队第 4 旅第 1 营 C 连搭乘直升机在科威特乌姆迈拉迪姆岛实施机降登陆。岛上伊军已经撤走，陆战队炸毁了岛上重型装备，缴获一批文件和轻型装备后撤回。

海湾战争期间，陆战队坦克部队装备的主力坦克 M60A1

1 月 29 日晚，伊军主动向沙特边境小城海夫吉发起进攻，陆战队的阵地正好在伊军攻势的佯攻正面，双方展开了激战，陆战队在强有力的空中掩护下击退了伊军，但是这次伊军佯攻却成功地牵制了陆战队大部分航空力量，使海夫吉的沙特军队不得不在没有空中支援的情况下迎击伊军的主攻。30 日拂晓，伊军再次向陆战队阵地发起攻击，陆战队击毁伊军 10 辆坦克。31 日，陆战队作为后续梯队配合沙特为首的阿拉伯部队发起反击，收复海夫吉。

2 月下旬，多国部队完成战前展开部署，在海湾地区的陆战队部队包括陆战 1 师、陆战 2 师、第 5 远征旅、第 3 陆战队航空联队、第 1 勤务支援大队以及加强的美国陆军第 2 装甲师第 1 旅，组成陆战队第 1 远征部队部署在战线东北方向的科威特与沙特边境。

随着地面作战的日益临近，陆战队加强了侦察与监视活动，并于 2 月 21 日开始组织精干小分队向伊军防线实施渗透。这些小分队渗入伊军防线后，白天隐蔽、夜间活动，搜集情报，在主力进攻前攻击伊军前沿观察哨，并在雷场中开辟通道，为主力的推进创造条件。

2 月 24 日、25 日，陆战队两次出动，对芬塔斯、谢拜赫、布比延岛、费莱凯岛进行佯动攻击，以吸引牵制伊军海防部队。

2 月 24 日凌晨 4 时，陆战 1 师首先发起攻击，这也是多国部队“沙漠军刀”行动中最早投入地面进攻的部队。5 时 30 分，陆战 2 师也开始攻击。陆战队进攻的目标是穆特拉山口和科威特市东北公路，正好是伊军防线中防御最坚固的地段，尽管伊军进行了顽强抵抗，但陆战队仍成功地打开了缺口，突入科威特境内。到 24 日午夜，陆战 1 师、陆战 2 师均已向纵深推进 30 余公里，并俘虏了大批伊拉克士兵。

2 月 25 日，陆战队遭遇到了地面进攻以来伊军最顽强的抵抗，陆战 1 师在布尔甘油田附近遇到伊军第 7 步兵师强力反击，两军出现混战局面，甚至有少数伊军竟冲到了距离师部仅 300 米处，最后陆战 1 师在武装直升机和 AV-8B 攻击机的大力支援下粉碎伊军反击，进而夺取并巩固了艾哈迈德杰拜尔机场，其先头部队已推进到距离科威特市 16 公里处。陆战 2 师在进攻中遇到伊军第 3 装甲师和第 1 机械化师的反击，当时因为伊军点燃大量油井浓烟弥漫，能见度很低，美军依靠强大空中打击和装备的高性能夜视设备，占据了战场主动和优势，给予伊军以沉重打击。

经过 25 日夜间的短暂休整和补充后，陆战队于 26 日继续发展进攻，直取科威特机场和穆特拉山口，以切断伊军撤出科威特的主要道路。26 日晨，配属陆战 2 师的第 2 装甲师第 1 旅（即著名的老虎旅）在大量航空兵的掩护下，一路击破伊军零星抵抗，控制了穆特拉山口。老虎旅的这一行动彻底切断了伊军从科威特后撤的退路。虽然伊军在 25 日夜间就下达了撤出科威特的命令，但为时已晚，老虎旅在次日早晨占领了穆特拉山口，致使从科威特撤出的大量伊军车辆被断了退路，全都拥塞在公路上

陆战队 FA18 战斗攻击机正从航母上起飞参与空袭

陆战队是最先进入科威特的联军部队

无法前进。天亮后这些伊军车辆成为多国部队空中力量打击的绝好靶子，老虎旅也居高临下以炮火对公路实施轰击，绵延数十公里的 6 号公路，到处是燃烧和爆炸的车辆，到处是装备残骸和尸体，被称为“死亡公路”。而陆战 2 师主力则在中午突破伊军抵抗，进占贾赫腊。陆战 6 团则赢得了最早到达科威特市的荣耀。陆战 1 师同时展开 3 个团，在陆战队航空兵和海军舰炮的火力支援下并肩突击，与科威特机场的伊军装甲部队一直激战至 26 日深夜，才消灭伊军占领机场。至 2 月 27 日凌晨 3 时 30 分，陆战队第 1 远征部队顺利完成了全部预定目标。

27 日，陆战队的主要任务是巩固已占地区，肃清残余伊军，并与友邻阿拉伯联军打通联系。当天，阿拉伯联军越过陆战队防线，向科威特市区挺进。28 日，也就是地面作战的最后一天，陆战队没有采取大的作战行动，停留在科威特市区外围阵地，将收复科威特市的荣耀让给了阿拉伯联军。在地面战期间，陆战队航空兵共出动各型飞机 9569 架次，其中固定翼飞机 8910 架次，为陆战队地面部队提供了强有力的空中支援。

整个海湾战争期间，美国海军陆战队出色地完成了沿科威特海岸实施助攻的任务，不仅在伊军设防最坚固的地段成功实现了突破，并迅速切断科威特伊军退路，而且有力吸引牵制了伊军，为西线进行大纵深迂回的主攻集群创造有利条件，战争中陆战队共有 24 人死亡，88 人负伤。

伊拉克战争

经过海湾战争以及此后长期的石油禁运与国际经济制裁，萨达姆政权虽然遭到了沉重打击，但仍然有效控制着伊拉克。美国认为萨达姆政权仍在谋求发展包括核生化武器在内的大规模杀伤性武器，并有向恐怖组织扩散的危险，对于美国的国家安全威胁极大，因此美国最终决定出兵伊拉克，以武力推翻萨达姆政权。

2002 年 10 月，第 1 远征部队司令部机关首先从加州彭德尔顿军营开赴海湾，揭开了陆战队参与倒萨战争的序幕。随后，第 15 远征分队、第 24 远征分队、陆战 2 师、陆战 1 师等部队陆续到达海湾地区，至 2003 年 3 月，陆战队集结在海湾地区的地面部队总兵力已达到 6 万人。

3 月 20 日，随着空中精确打击为标志的“斩首行动”开始，倒萨战争终于打响。陆战队在地面作战中还是延续了海湾战争中的助攻使命，首先协同英军攻击伊拉克南部重镇乌姆盖斯尔和巴士拉，当西线主攻部队进展迟缓时，陆战 1 师又挥师北上进攻纳西里耶，既掩护主攻部队侧翼，又可开辟新的东线战场，以减轻主攻部队的压力。从 3 月 24 日到 4 月 3 日，陆战 1 师经过 10 天苦战，才肃清纳西里耶的伊军。当主攻的第 3 机械化步兵师逼近伊拉克首都巴格达时，陆战 1 师和陆战 2 师也不甘人后，相继粉碎当面伊军的抵抗，从东南、东北两个方向兵临巴格达城下，形成了三面合围的态势。

4 月 7 日，当美军第 3 师装甲旅从西南突入巴格达市区时，陆战 1 师也从东面攻入巴格达。两天后，随着巴格达市中心萨达姆像的轰然倒塌，萨达姆政权终于土崩瓦解。而攻占巴格达之后，陆战队人马不停蹄继续北上，迅速攻占萨达姆家乡提克里特。

与海湾战争相比，在倒萨战争中陆战队虽然还是担负着助攻任务，但是任务的分量却吃重很多，不仅独立承担了进攻纳西里耶开辟东线战争的重任，而且在最关键的攻占巴格达的战斗中，陆战队还承担了 50% 的巷战任务。到最后攻占提克里特，陆战队的纵深攻击距离甚至超过了主攻部队第 3 机步师。之所以陆战队在倒萨战争中能够挑起第二主角的担子，主要是陆军的兵力规模在海湾战争以后有了较大的裁减，而且陆军重装备部队投送能力还是相当有限的，为了能投入第 3 机步师美军除去耗尽了储备在海湾地区的全部预置重装备外，还动用了储备在迪戈加西亚岛的部分装备，已经是动足了脑筋，那么剩下的就只有陆战队了。在陆战队历史上，倒萨战争也是第一次真正意义上的内陆纵深作战，此前无论朝鲜战争、越南战争，还是海湾战争，陆战队深入敌对国家的内陆纵深都十分有限，而此次一举深入内陆达 700 公里，虽然没有遭到伊军顽强的

正在硫黄岛两栖攻击舰降落 AV8B

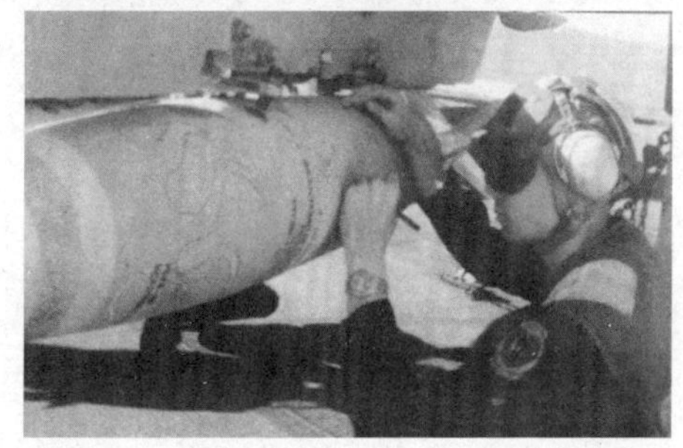

军械员在炸弹上写字

2003年1月17日，拳师号两栖攻击舰（LHD4）离开圣迭戈前往海湾

抗击，战斗并不算很激烈，但是毕竟能够顺利保障陆战队一支4万人的远征部队如此远距离深入内陆，无论是战术组织还是后勤保障，对于陆战队来说，都是一笔非常宝贵的财富。

陆战队单位缩写字母对照表	陆战队飞行中队代号：
USMC：美国海军陆战队（United States Marine Corps） MAGTF：陆战队陆空特遣部队（Marine Air-Ground Task Force） MD：陆战队师（Marine Division） MAW：陆战队航空联队（Marine Air Wing） FSSG：部队勤务支援大队（Force Service Support Group） FMF：舰队陆战队（Fleet Marine Force） MEF：陆战队远征部队（Marine Expeditionary Force） MEB：陆战队远征旅（Marine Expeditionary Brigade） MEU:陆战队远征分队（Marine Expeditionary Unit） RLT：陆战团战斗群（Regimental Landing Team） MAG：陆战队航空大队（Mrrine Air Group） BLT：陆战营分队（Battalion Air Group） SRLG：监视侦察情报小组（Surveillance Reconnaissance Lntellignce Group） CBLRF：处理生化武器部队、（Chemical Biological Lncident Response Force） MSFB：陆战队安全警卫营（Marine Corps Security Force Battalion） MSGB：陆战队安全警备营（Marine Corps Security Guard Battalion） FAST：舰队反恐安全保卫部队（Fleet Anti-terrorism Security Team）	陆战队攻击机中队VMA 陆战队攻击机训练中队VMAT 陆战队全天候攻击机中队VMA（AW） 陆战队战斗攻击机中队VMFA 陆战队战术侦察中队VMO 陆战队直升机发展中队HMX 陆战队直升机训练中队HMT 陆战队攻击直升机中队HMH 陆战队重型直升机中队HML 陆战队中型直升机中队HMM 第一个字母H表示直升机（Hellcopter）,V则表示重于空气的飞行器（相对于轻于空气的飞艇、气球而言，来自法文volplane）。而第二个字母M表示陆战队（Marine）,第三个字母则表示中队种类。

结语

综观美国海军陆战队220多年的历史，完全就是一部到处征战的历史，特别是第一次世界大战之后，美国越来越多地插手国际事务，出动陆战队也越来越多频繁。这支装备精良训练有素的精锐部队，实至名归地成为美国维护国家利益推行外交政策的急先锋与马前卒，日益为人所熟知。“9.11”事件以后，陆战队也相应强化了反恐作战的训练，增加相关编制，以适应在美国反恐行动中所担当的重要角色。可以想见，在21世纪，美国海军陆战队必将延续从19世纪就开始的“派陆战队去”的传统，在从抢险救灾、人道援助、小分队特种作战到大部队两栖登陆的各领域，成为美国最为得力的快速反应部队。

附录：美国海军陆战队大事记

1775 年 11 月 10 日，大陆陆战队成立。

1776 年 3 月，这支刚成立三个月的部队首次披挂上阵，分乘 8 艘船只驶向巴哈马群岛，参加罗德岛之战。

1776 年 12 月，参加特伦顿战役。

1783 年，大陆陆战队被解散。

1798 年 7 月 11 日，重建陆战队，正式开始了美国海军陆战队的称谓。

1798 年值 1801 年，参加与法国的海上冲突。

1801 年至 1805 年，参加的黎波里战争，清剿巴巴利海岸海盗。

1805 年 4 月，8 名陆战队员和数百名阿拉伯雇佣军在北非的沙漠里长途跋涉 1000 多公里，突袭了的黎波里附近的德尔纳镇。

1812 年至 1815 年，参加第二次美英战争。

1822 年，两次出兵古巴。

1824 年，出兵波多黎各。

1832 年，出兵富克兰群岛。

1842 年至 1861 年，参与在非洲西部海岸作战。

1846 年至 1848 年，参与美墨战争。

1859 年 10 月，镇压约翰·布朗叛乱。

1961 年至 1865 年，参与美国南北内战。

1867 年，参与远征日本战役。

1868 年，出兵乌拉圭。

1870 年，出兵墨西哥。

1871 年，出兵朝鲜。

1873 年，出兵哥伦比亚。

1874 年，出兵夏威夷。

1882 年，出兵埃及。

1885 年，出兵巴拿马。

1888 年，出兵韩国。

1888 年，出兵埃及。

1889 年，占领夏威夷。
1890 年，出兵阿根廷。
1891 年，出兵智利。
1892 年，出兵那瓦萨岛。
1894 年，出兵朝鲜。
1894 年，出兵中国华北。
1895 年，出兵巴拿马。
1896 年，出兵尼加拉瓜。
1898 年，参加美西战争，成为第一支在关塔那摩登陆的部队。
1898 年，以保护美国使馆名义进驻中国北京和天津使馆区。
1899 年至 1902 年，镇压菲律宾反美独立起义。
1900 年，陆战 1 团作为“八国联军”一部分入侵中国。
1909 年，插手尼加拉瓜内乱。
1912 年 5 月 22 日，陆战队航空部队成立。
1913 年 12 月，陆战队组建第一个旅级作战单位陆战队第 1 旅。
1914 年 7 月，陆战 5 团出兵墨西哥。
1916 年 3 月，陆战 4 团出兵多米尼加。
1916 年 12 月，陆战 3 团担负占领多米尼加任务。
1917 年 5 月，陆战 5 团被编入第一批赶赴欧洲美国远征军，参加第一次世界大战。
1918 年，出兵海地。
1918 年 4 月 15 日，陆战队航空队成立。
1918 年 8 月 13 日，女性正式进入陆战队服役。
1927 年 3 月（北伐战争），陆战 4 团在上海登陆，保护租界。
1927 年 10 月，陆战 12 团在天津登陆，保护租界。
1937 年 8 月“八一三”淞沪抗战中，陆战第 2 旅登陆上海，保护租界及美国侨民。
1941 年 2 月，陆战队第一个师级作战单位陆战队第 1 师成立。
1941 年 12 月，陆战队第 1 防御营在孤立无援情况下，顽强抗击绝对优势日军对威克岛进攻达两周之久。
1942 年 8 月，陆战 1 师在瓜达尔卡纳尔岛登陆。

1942 年 10 月，登陆并占领艾里斯群岛弗拉弗提。
1943 年 6 月，在新乔治亚岛西吉点登陆。
1943 年 11 月，陆战 2 师在塔拉瓦登陆。
1943 年 11 月，陆战 3 师在布干维尔岛登陆。
1944 年 3 月，在新不列颠岛登陆。
1944 年 6 月，陆战 2 师、陆战 4 师在塞班岛登陆。
1944 年 7 月，陆战 3 师在关岛登陆。
1944 年 9 月，在佩利留岛登陆。
1945 年 2 月，第 5 两栖军（辖陆战 3 师、陆战 4 师、陆战 5 师）在硫黄岛登陆。
1945 年 4 月，第 3 两栖军（辖陆战 1 师、陆战 6 师）在冲绳岛登陆。
1945 年 9 月，陆战 1 师在中国登陆，分别驻守北平、上海、天津、南京、青岛、唐山、秦皇岛等地。
1950 年 8 月 2 日，陆战队暂编第 1 旅在朝鲜半岛釜山登陆。
1950 年 9 月 15 日，陆战 1 师在朝鲜半岛仁川登陆。
1953 年 8 月，在希腊奥尼安岛救援地震灾害。
1954 年 4 月，第 1 陆战队航空联队在越南支援法军作战。
1955 年 1 月，在危地马拉救援洪水灾害。
1955 年 10 月，在墨西哥救援洪水灾害。
1956 年 10 月，在摩洛哥救援洪水灾害。
1956 年 10 月，在印度尼西亚救援洪水灾害。
1957 年 12 月，在斯里兰卡救援洪水灾害。
1958 年 7 月至 10 月，陆战 2 师在黎巴嫩登陆，武装干涉黎巴嫩内战。
1962 年 10 月，古巴导弹危机中，第 2 远征部队在海上进入最高戒备。
1965 年 2 月，陆战 2 师在多米尼加登陆，武装干涉多米尼加内战。
1965 年 3 月，陆战 3 师在越南岘港登陆，标志美军正式全面介入越南战争。
1974 年 7 月，参与塞浦露斯撤运西方侨民。
1975 年 5 月，陆战 3 师一部在柬埔寨通岛登陆，夺回被柬埔寨扣押的美国籍商船“马亚克斯”号。
1975 年 4 月，陆战 4 团在西贡参与撤运西方侨民。

1979年，陆战队司令成为美国武装力量最高指挥机关参谋长联席会议正式成员。

1982年8月至1984年2月，陆战2师第24远征分队在黎巴嫩执行维和任务。

1983年10月23日，驻黎巴嫩贝鲁特国际机场的陆战2师第24远征分队司令部遭到炸弹袭击，美军共有241人丧生，其中陆战队员220人。

1983年10月，陆战2师第22远征分队入侵格林纳达。

1989年12月，陆战2师6团和第2装甲侦察营组成"永远忠实特遣队"，参加入侵巴拿马。

1990年8月至11月，陆战2师一部参与"和平利刃"行动，前往利比里亚撤运西方侨民。

1990年8月14日，陆战1师出兵海湾，抵达沙特阿拉伯前线。

1991年2月，陆战1师、陆战2师参加海湾战争地面作战。

1992年12月，陆战1师一部参与索马里撤运侨民和人道主义救援行动。

1994年，参与卢旺达撤运西方侨民。

1994年，出兵海地，协助平息暴乱、恢复秩序。

1995年，陆战队航空兵参与对波黑的空袭。

1997年，陆战2师一部参与阿尔巴尼亚撤运西方侨民。

1999年5月，陆战队航空兵参与对科索沃空袭。

2001年10月，参与阿富汗反恐战争。

2003年，参与伊拉克战争。